语言测评研究丛书
四川外国语大学学术专著后期资助项目

高考英语
反拨效应实证研究

董曼霞　著

AN EMPIRICAL STUDY ON
NMET WASHBACK

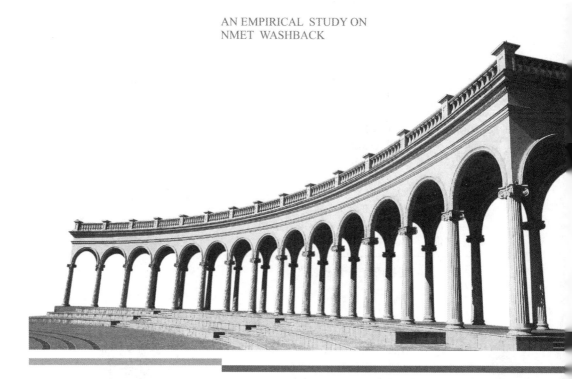

 四川大学出版社

项目策划：张　晶
责任编辑：张　晶
责任校对：周　洁
封面设计：墨创文化
责任印制：王　炜

图书在版编目（CIP）数据

高考英语反拨效应实证研究 / 董曼霞著 . 一 成都 ：
四川大学出版社，2020.9
　　（语言测评研究丛书）
　　ISBN 978-7-5690-3871-2

　　Ⅰ . ①高… Ⅱ . ①董… Ⅲ . ①英语课－教学研究－高
中 Ⅳ . ① G633.412

中国版本图书馆 CIP 数据核字（2020）第 180701 号

书名	**高考英语反拨效应实证研究**
	Gaokao Yingyu Fanbo Xiaoying Shizheng Yanjiu
著　　者	董曼霞
出　　版	四川大学出版社
地　　址	成都市一环路南一段 24 号（610065）
发　　行	四川大学出版社
书　　号	ISBN 978-7-5690-3871-2
印前制作	墨创文化
印　　刷	四川盛图彩色印刷有限公司
成品尺寸	170 mm×240 mm
印　　张	20.5
字　　数	295 千字
版　　次	2020 年 9 月第 1 版
印　　次	2020 年 9 月第 1 次印刷
定　　价	78.00 元

◆ 读者邮购本书，请与本社发行科联系。
　电话：(028)85408408/ (028)85401670/
　(028)86408023　邮政编码：610065
◆ 本社图书如有印装质量问题，请寄回出版社调换。
◆ 网址：http://press.scu.edu.cn

四川大学出版社
微信公众号

致　谢

　　本书基于笔者博士学位论文的部分内容修改完成。在上海外国语大学攻读博士学位的三年虽充满艰辛但收获丰厚。在这期间我得到了许多人的帮助、关心、支持和鼓励。可以说，没有他们的帮助和支持，我不可能如此顺利地完成学业。在本书出版之际我谨向他们表示最衷心的感谢。

　　首先，我要感谢我的导师邹申教授。三年的求学生涯中，导师在学术上给予我悉心的指导和无私的帮助。从论文的选题、开题、数据分析，论文的撰写到博士学位论文的完成无不凝聚着邹老师的心血。每当遇到困难向邹老师求助时，她总能以己之睿智拨云见日，为我解惑，令我茅塞顿开。除此之外，在生活上她对我也关怀备至，让独自在外求学的我倍感温暖幸福。求学期间我不仅从邹老师那里学到了系统的语言测试知识，还领略到了她的大家风范——高尚的人格、渊博的知识、敏锐的洞察力和谦和的为人。我时常想，假如我是一粒种子，上海外国语大学就是那方沃土，而导师邹申教授则是那和煦的阳光和甘甜的雨露，没有她的照耀与滋养，我这粒平凡的种子难以生根发芽。几乎所有攻读博士学位的同学都认为学习的过程是艰辛的、痛苦的，可我认为，有了导师的慈爱、宽容和智慧，我的求学过程充满了欢乐与成就感，也是我自求学以来人生中最快乐、最充实的时光。有此导师，此生之幸！导师是我毕生的学术典范。

　　其次，我要感谢参与研究的全体师生。感谢我的挚友重庆市黔江中学的刘菲老师和我的大学同学重庆市涪陵高中的陈晓丽老师在数据收集过程中提供的无私帮助；还要感谢黔江中学的熊良琼老师、张海波老师、汪巍老师，重庆市巴蜀中学的周陶老师、廖春红老师，重庆市黔江民族中学的张启志老师，重庆丰都高镇中学的李洁老师，重庆涪陵二十中的刘佳老师等，他们协助我发放、回收并寄回调查问卷和学习日志表。此外，我要感谢参加访谈的6位高中英语教师和6位高中学生，出于保护个人隐私的需要，在此不能一一提名致谢。感谢温州医科大学的王丽老师热心帮助联系调研学校。我还要感谢参与学习日志研究和问卷调查的全体学生，他们积极配合，认真参与，使研究得以顺利开展。没有他们的无私帮助和支持，本研究难以完成，对于他们的贡献，我将铭记于心。

接着，我要感谢上海外国语大学的各位师长。感谢上海外语教育出版社孙玉社长的引荐，让我有机会认识邹申教授并有幸成为其门下弟子，感谢孙社长在我攻读博士学位期间给予的关心与鼓励。梅德明教授多次精彩的讲座与授课犹如醍醐灌顶，令我茅塞顿开。郑召利教授讲授的"认识论和方法论"课程不但激发了我对哲学的兴趣，还启发了我在研究上的一些新思考。我在上海外国语大学访学期间，导师束定芳教授的理解与支持，让我有充足的时间和精力备考。陈坚林教授、李基安教授、查明建教授、郑新民教授、李维屏教授生动有趣的授课和讲座开阔了我的视野。感谢班主任杨雪莲老师在学习和生活上给予我的关爱。

然后，我要感谢攻读博士学位期间我在加拿大女王大学访问学习时的导师程李颖教授。自2012年学术会上相识后，程教授知性优雅的气质、谦和的为人、严谨的治学精神一直是我仰慕的。访学期间，程教授不但鼓励我积极参加国际学术活动，还创造各种机会让我得到更好的锻炼。一学期的访学时间虽短，我却收获颇多，不但开阔了视野、丰富了知识，还增强了学术自信，愈发坚定了做科研的决心。我也要感谢我的硕士导师，重庆大学辜向东教授。辜老师将我领进了语言测试领域的大门，不仅对我有授业之恩，她孜孜以求、勇往直前的精神也一直激励着我。我长期得到辜老师的关心和鼓励，在此向她表示衷心的感谢！

我要感谢墨尔本大学范劲松博士在我博士备考和求学期间给予的关心，以及在学习结构方程建模软件时提供的帮助。感谢奥克兰大学刘晓华博士慷慨分享文献资料，他在我做调查问卷和学习日志表编制过程中提出了宝贵的建议。感谢重庆大学肖巍博士和重庆科技学院杨志强老师对我调查问卷和学习日志表提出的宝贵建议。感谢王玉山博士在我博士学位论文设计和撰写过程中给予的中肯建议。感谢徐建博士的学术交流和分享。

此外，我要感谢我的诸位同门。感谢淮南学院方秀才博士在我博士备考和研读期间给予的无私关心和慷慨帮助，感谢西安外国语大学汪顺玉教授在我备考时给予的鼓励和关心，感谢湖南师范大学邓杰教授对我研究概念框架的点拨，感谢上海外国语大学徐倩博士慷慨分享文献资料，感谢张文星博士、孔菊芳博士三年来的陪伴和关心，感谢吴雪峰博士多次提供的热心帮助。

我还要感谢我的家人。衷心感谢我的公公、婆婆拖着年迈且病痛的身体为我照顾孩子，分担家务，让我安心求学，顺利完成博士学位论文。感谢我的爸爸、妈妈对我的鼓励与支持，让我有了奋斗的动力。感谢我的侄女董颖和侄儿董重阳不辞辛劳参与数据录入。我要由衷地感谢我的丈夫汪元宏十年如一日对我学业的支持和默默付出。十多年来我们为了各自的学业与工作，聚少离多，他没有任何怨言。读书期间，为了让我顺利完成学业，除了忙于自己繁重的工作，他还承担起照顾老人、辅导儿子功课以及做家务等各种事务。一路走来，没有他的理解与支持，我不可能走到现在。在此，我向他表示深深的谢意！我还要感谢我们懂事可爱的儿子汪柏宇，他的独立、懂事、理解使我能安心完成博士学位论文。家人的关爱与付出是我顺利完成博士学位论文的条件与动力。

最后，我要衷心感谢四川外国语大学科研处为本书提供的出版基金，以及四川大学出版社张晶女士和其他编辑同志为本书的顺利出版倾注的大量心血。

纵有千言万语，也难以道尽心中的感激之情。我将把所有的帮助和关爱化作我前进的动力，用实际行动去回馈所有关心和帮助过我的人。

由于笔者学识有限，书中疏漏或谬误之处难免，恳请专家、同行、读者予以批评指正。

董曼霞

2020 年 9 月

提要

　　大规模高风险考试对教和学产生的影响在教育领域早已达成共识，这种影响在应用语言学中被称为"反拨效应"。反拨效应是考试后效的重要组成部分，也是评价考试质量的重要标准之一。早在 20 世纪 80 年代，国际教育测量专家麦塞克（Messick）就提出，反拨效应是考试构念效度不可分割的一部分。国际著名语言测试专家巴赫曼和帕尔默也强调，考试效应是考试设计者在设计和使用考试时应考虑的第一要素（Bachman，Palmer，2010）。考试的反拨效应不仅得到了考试设计者和使用者的重视，也受到了考试研究者的广泛关注。自 20 世纪 80 年代起一些研究者针对各种大规模高风险考试开展反拨效应研究，涌现出了大量研究成果。在国内，高考英语被视为典型的高竞争、高利害、高风险的大规模选拔性考试。高考英语除了肩负为普通高校选拔优秀人才的重要职责，还要发挥对教和学积极的反拨作用（即反拨效应）。有关高考英语的反拨效应尽管在 20 世纪 90 年代初已引起了研究者的注意，然而，此后二十多年里国内对高考英语考试反拨效应的研究仍然很少。为数不多的几例研究也主要针对高考英语对教学的影响，极少有研究关注高考英语对学生学习的影响。学生是考试最直接的参与者和风险承担者，考试反拨效应研究应该更多地从学生角度去研究考试对他们学习的影响。鉴于此，本书拟以重庆市高考英语为例，探究高考英语对高中生英语学习的反拨效应影响。

根据研究目的，本书参考了休斯（Hughes，1993）、贝利（Bailey，1996）和史（Shih，2007）的反拨效应模型并借鉴了反拨效应相关实证研究成果构建了本研究概念框架。根据研究目的和研究概念框架，本研究提出以下3个研究问题：（1）高中生怎样认识高考英语？哪些因素影响了他们对高考英语的认识？（2）高考英语对高中生英语学习过程产生了什么影响？（3）高考英语对高中生英语学习结果产生了什么影响？为使研究问题明确、研究概念清晰且具有可操作性，研究者对研究问题中的关键概念进行了界定。基于研究问题的特点，本研究采取量化和质性相结合的混合研究方法。量化研究工具是研究者编制的封闭式问卷，质性研究工具包括学习日志、对教师和学生进行的半结构性访谈。为了确保研究工具的质量，正式研究前研究者对两个主要研究工具（调查问卷和学习日志表）进行了试测。根据问卷试测结果以及师生对学习日志表的反馈，本研究对问卷和学习日志表进行了反复修改。正式研究中，研究对象的确定主要采用分层抽样和便利抽样的方法。来自6所不同类型中学的3 278名高中生参与了问卷调查，收到有效问卷3 105份。41名高中生参加了为期一学期的日志追踪研究。通过对学习日志表的清理和筛选，33名高中生的1 363篇学习日志（包括课堂678篇和课外685篇）纳入了正式的分析。6名高中英语教师和6名高中生参与了半结构性访谈，在征得他们的同意后对访谈进行了全程录音。研究者随后对访谈录音进行了逐字转写，形成了访谈文稿。在对正式研究的数据进行分析时，研究者首先用SPSS21.0对问卷数据进行描述性统计分析、探索性因子分析、单因素方差分析和事后多重检验；然后采用NVIVO8.0质性软件对1 363篇学习日志资料进行了编码和分析。访谈内容主要用于解释和补充调查问卷和学习日志分析中反映出的问题，因此仅进行了内容分析，没有进行编码。

基于对问卷数据、学习日志和师生访谈资料的分析，本研究依次对3

个研究问题进行了回答。关于高中生对高考英语考试的认识及其影响因素，研究发现高中生既肯定了高考英语给他们的英语学习带来的积极影响及其在他们学习生活中的重要性，也认为高考英语给他们的英语学习带来了负面影响。调查发现，高考备考策略、高考命题设计、个人对高考的看法等因素会影响学生对高考英语考试的认识。对于高考英语对高中生英语学习过程的影响，本研究从英语学习动机、课堂英语学习和课外英语学生 3 个方面进行分析。结果表明，高考英语考试影响了学生英语学习动机、课堂和课外学习活动类型、学习内容的侧重、学习时间的投入、学习材料的选择、学习活动从事的目的和原因以及学习方式方法的偏爱等。高考英语对学生学习结果也产生了影响，具体表现为高考英语对学生英语语言知识的促进作用大于语言技能，对语言技能的促进作用大于非语言成分。总之，无论是学生对高考英语的认识，还是他们的学习过程和学习结果，均表明高考英语对其产生了反拨效应影响，其影响既有正面也有负面。正面的反拨效应影响表现为高考英语激发了一些学生英语学习的热情、学习动机、学习自信，促进了学习时间的投入、自主学习意识和学习策略的形成、学习方式方法的改进以及英语能力的提升。负面的反拨效应表现为考试导致正常教学时间明显减少，学习范围狭窄，学习方式单一，关注应试技巧训练、为试而学的现象严重。考试的影响基本贯穿了整个高中学习阶段，在高一、高二年级影响呈隐性且相对较弱，在高三年级影响明显且强烈。研究也发现，高考的风险程度、考试相关政策、试题设计、考试内容、考试权重、施考次数、考试的重要性、考试题型、学校的教学理念、学校层次、教师教学理念和方法、教学经历、学生英语水平、学生学习经历、学生的家庭条件、学生和老师对考试的认识等，都会调节考试反拨效应的产生、性质和强度，从而导致考试反拨效应的复杂性。

本研究在理论与实践应用上有一定启示。在理论研究方面，本研究部分地验证了先前的反拨效应假设和理论模型，对丰富反拨效应理论模型、拓宽反拨效应研究视角有新的启示。在实践应用方面，根据研究结果本研究对高中生的英语学习、高中教师的英语教学、高考英语考试命题以及高考的组织实施提供了一些参考和启示。研究者还通过对本研究的归纳和反思论证了本研究在理论视角、研究方法和研究内容上的创新之处。最后研究者总结了本研究的局限性并指出了未来研究的方向。

目录

表格目录

图示目录 LIST OF FIGURES

第一章

绪论

1.1 研究缘由

开展当前研究，不是一时兴起，也不是盲目跟从，而是基于以下缘由。

笔者曾担任中学英语教师，对中学英语教学比较熟悉，也有深切感受。即使离开中学十余年，还一直和曾经在中学工作的同事以及在中学工作的大学同学保持密切联系。他们中绝大多数是高中英语教师，有的常年负责高三毕业班教学。在交往和交流中，他们谈论更多的是工作，如他们所教班级在高考中取得的成绩、学校的高考升学率以及高考给他们生活和工作带来的压力。在和他们的交流中研究者深切感受到高考极大地影响了他们的教学乃至生活，如奖金的多寡，职称的晋升，能否被提拔以及在家人、同事中乃至社会上的认可度都很大程度上取决于他们所教班级在高考中取得的成绩。在交谈中，他们还经常谈到教高中尤其是教高三压力很大。按他们的话说：上一届高三考得好，他们压力很大，考得不好，压力仍然很大。其原因在于，如果上一届高三考得好，学校领导以及年级负责人希望比上一届考得更好，至少不能比上一届差；如果上一届高三考得不好，学校领导、教务主任、年级主任都希望打个翻身仗，日常教学抓得更紧，教学压力也就更大。他们有的甚至说，从高一开始就进入了紧张的状态，几乎是每周一小考，每月一大考，每次月考试卷都按高考要求命题。针对月考成绩各年级还要召开有分管校长、教研组长、年级组长、班主任和任课老师参加的考试总结大会，其目的是对考试结果进行分析总结，发现教和学中的不足，为学生能在高考中取得好成绩做准备。全面的高考备考从高二暑假开始拉开帷幕，在他们看来整个高三无论是老师还是学生都要经历一场"血雨腥风"的拼搏。可见高考对学校的管理、教师的教学、学生的学习乃至身心都产生了很大的影响。

考试尤其是高风险考试对教和学产生影响在教育领域早已达成共识，而在应用语言学领域，这种影响被称为"反拨效应"。杨惠中、桂诗春（2007：368）指出："从语言考试发展的历史看，语言考试工作者的研究重点逐步从提高考试信度和改进考试效度发展到关注考试的后效。"反拨效应是考试后效的重要组成部分，1989年国际教育测量专家麦塞克（Messick）就认为反拨效应是考试构念效度不可分割的一部分。语言考试专家巴赫曼和帕尔默（Bachman，Palmer，2010）也提出考试效应是考试设计者在设计和使用考试时应考虑的第一要素。一项考试若产生负面影响，冲击教学，必遭质疑和抨击，这是反拨效应在国内和国际语言教学和考试界备受关注的主因（亓鲁霞，2012）。在我国，高考属于典型的高风险考试，它必然会对教和学产生影响。有关高考英语对教学的反拨效应影响已被实证研究证实（如，Qi, 2004a）。然而，高考英语对学生学习是否产生了影响？其影响表现在哪些方面？影响强度多大？影响时间多长？影响的性质是正面、负面，还是兼而有之？是什么促成了高考强大的影响力？这一系列疑问使笔者萌生了对此进行研究的想法。

在高考统考科目中，英语、语文、数学是高考的基础科目，除少数学校开设有其他外语科目外，英语基本是所有考生参加的必考外语科目。而且在历次高考改革中，如1985年标准化考试的首次推行，2013年一系列高考英语改革方案的出台，到近期讨论最为热烈的高考社会化推行，都是以外语学科（主要是英语）作为试点科目。近年来关于高考英语考试改革的呼声越来越强烈，甚至全国"两会"上也有对英语教育和考试进行改革的提案。高考英语科考试成为上至国家高层，下至普通百姓关注的焦点。社会对一系列高考英语改革有不同的反响，有赞成也有反对。面对当前形势仅是唇舌之争似乎没有多大意义。我们需要理性思考并付诸实践，探究当前高考英语考试对教和学究竟产生了什么影响，影响的机制是什么，哪些因素促成了高考英语考试的反拨效应……对这些问题的回答必须基于有力的事实证据。

反拨效应涉及考试对教和学的影响，涉及考试的相关人员较多，如行政人员、教师、学生、家长、教材编写人员、试题设计者、教材出版商。研究应聚焦哪个范围？研究对象选择哪个群体？通过对文献的查阅可知，多数研究涉及教师和教学，直接针对学生学习的反拨效应研究较少（如 Andrews，Fullilove，Wong，2002；Gosa，2004；Shih，2007；Zhan，Wan，2014；Xie，Andrew，2013）。汉普·里昂斯（Hamp-Lyons，1997）指出，学生是考试的直接参与者和考试最直接的风险承担者，我们需要更多地从学生的角度来研究考试对备考、应试和学习结果的影响。邹申（2012：2）指出："在教学对象层面，考试反拨效应研究应注重考试对学生的影响：学习动机、学习态度、学习效果、学习策略等。如果我们把教学层面视为宏观层面，学生层面视为微观层面，两个层面的研究结果可以提供多维度的信息，合成一幅考试反拨效应的全景图，这对我们认识考试反拨效应的性质、作用等有着重要价值。"因此，笔者把高考英语对学生英语学习的影响确定为研究目标。

1.2 研究背景

反拨效应现象虽源于考试，但也与考试所处的教育背景密不可分。对考试反拨效应的研究必然要把考试置于大的教育背景中，下文将介绍本研究的背景。

1.2.1 中国的教育体制

教育体制是指教育机构与教育规范的结合体或统一体（孙绵涛，2004）。在教育体制的两个构成要素中，孙绵涛（2004）认为，教育机构是教育体制的载体，教育规范是教育体制的核心，没有教育机构，教育体制就失去了赖以存在的组织基础；没有教育规范，教育机构也就无法建立，即使建立了也难以正常运行。从教育体制的层级来看，我国的现行教育体制包括学前教育、初等教育、中等教育和高等教育，其中小学至初中属于九年义务教育阶段。完成义务阶段教育后，一部分学生进入中等职业学校学习，一部分学生步入社会，还有部分学生继续 3 年的高中学习。高中毕业后除参加毕业会考，还要参加高等学校招生全国统一考试（简称"高考"），高考是迈进高等教育殿堂的必经之途。现行教育体制是在新中国成立以后不断发展演变而来的。

伴随着新中国的诞生，中国的教育体制也走上了新的发展道路。新中国成立后的 70 多年里，中国的教育体制经历了艰难的发展历程，大致可划分为 5 个时期。

第一个时期，新中国成立之初学制的变革期。新中国在改革旧体制的同时制定了建设所必需的新体制。在新体制中最具历史意义的就是 1952 年全国统考制度的确立，它标志着新中国高等学校招生制度改革的开始。同时统考制度的确立对培养各领域高层次人才、促进人民教育事业、提高人民文化水平都发挥了重要作用，做出了积极的贡献。

第二个时期，"大跃进"后的教育整顿时期以及冰冻期。在当时大跃进"左"的思潮的鼓动下，全国掀起了大办高等学校的热潮，整个教育工作面临困难。与此同时，统一高考制度也受到了极大影响，1958 年一些高校采取单独招生或联合招生的方式取代统一高考，并加强对报考学生的政治审查，这些做法造成了新生质量的下降。中央采取系列措施进行调整并制定和试行了《高教六十条》《中教五十条》和《小教四十条》3 个条例，对提高我国的教育教学质量、促进我国教育事业的健康发展具有十分重要的意义。然而，受多种因素的影响，1966 年 7 月发出了《关于改革高等学校招生工作的通知》，决定取消高考考试制度，代之以推荐入学的方式，推荐对象以工农兵为主，采取自愿报名、基层推荐、领导批准、学校审批的"十六字方针"准则（杨学为，2003）。由于高考统一考试制度的废除以及"文化大革命"的影响，我国的教育事业尤其是高等教育事业进入长达十年的冰冻期。

第三个时期，教育的历史转折时期。"文化大革命"十年间，我国在经济、教育、社会发展等方面跌入低谷，远远落后于世界其他国家。粉碎"四人帮"后，邓小平拨乱反正，把教育放到进行"四化"建设基础的战略地位，重新恢复停止了十年的高考，使教育走上正常的发展道路，教育界的面貌焕然一新。1977 年高考制度的恢复与重建，拉开了新时期我国高等教育改革的帷幕，也成为新中国高等教育史乃至整个中国教育史上具有里程碑意义的一次破冰之举。

第四个时期，教育发展的蓬勃期。新世纪之初，党中央、国务院召开了一系列教育工作会议，制定相关政策，深化教育改革，全面推进素质教育，落实教育优先发展战略。在这个时期，我国的教育事业取得了巨大成就。与此同时，自 1999 年起高考改革试验进入频密期（刘海峰，2007）。如1999 年开始网上录取、探索"3+X"科目改革、高校扩招，2001 年取消考生年龄和婚姻条件限制，2003 年高考时间从每年 7 月提前到 6 月并开始实行自主招生，2004 年推广分省命题，2007 年四省区实行新课程高考方案。如火如荼的高考改革进程也是高考制度进一步走向完善的过程。

第五个时期，教育改革和发展的攻坚期。改革开放以来，我国教育事业虽然取得了举世公认的伟大成就，但始终没有解决好外延发展与内涵发展的矛盾，满足人民群众的升学需求与促进人的全面发展的矛盾，提高全体国民受教育水平与培养拔尖创新人才的矛盾（张志勇，2014）。面对复杂的社会矛盾、多样的利益诉求、纷繁的体制改革局面，中国共产党十八届三中全会通过的《中共中央关于全面深化改革若干重大问题的决定》（以下简称《决定》）明确提出"深化教育领域综合改革"，试图破解教育战线长期面临的矛盾。《决定》涉及教育改革诸多方面，但最引人注目的是"探索全国统考减少科目、不分文理科、外语等科目社会化考试一年多考"。
2013 年 12 月初步公布《考试招生改革总体方案》，在探索"外语科目实行社会化一年多考"改革方面进一步明确："外语不再在统一高考时举行，由学生自主选择考试时间和次数，增加学生的选择权，并使外语考试、成绩表达和使用更加趋于科学、合理。"这标志着中国的高考制度即将步入新的历史时期。

通过对新中国成立以来教育体制发展的回顾，我们发现几乎每个时期教育体制改革都把高考作为其改革的重要一环，高考制度的变革可以折射出我国教育体制的演进历程。高考制度在我国教育中扮演着重要角色，从某种程度上说，它甚至可以看成我国教育体制的晴雨表。

1.2.2　高考的角色与性质

中国是考试制度的发源地，不仅是一个考试古国，而且是一个考试大国（刘海峰，2010：3）。考试在中国教育体制中扮演着重要角色，几乎每位考生从求学开始都要经受各种考试的考验（Qi，2004a）。在国内各种大规模考试中，"中国的全国高等学校招生统一考试（简称高考）是典型的高竞争、高利害、高风险的大规模选拔性考试，是中国各类考试中最重要、影响最大的考试，也是上至高层领导人、下至基层老百姓都关心的大事。"（刘海峰，2010：2）教育部原部长袁贵仁也曾强调，高考涉及千家万户，事关人民群众切身利益和教育公平公正的问题。不难看出，高考在我国教育体制中有着举足轻重的地位。"作为中学与大学之间联系的桥梁，高考一头连着教育，一头连着社会，牵涉千家万户的切身利益，因为高考实际上关系到每个人选择职业和未来生活的方式。"（刘海峰，2010：3）刘海峰（2010：3）还进一步指出："许多西方国家的大学招生考试只是一种测量手段，只是引起小范围的关注，只是少数人关心的话题。然而，受传统和现实的制约，中国人却将高考变成了文化，变成了产业，变成了盛大的仪式，变成了一种各方面关注的社会活动，变成了一种惯例式的全民动员。它不仅是一种考试，也不仅仅是教育，在一定意义上说，还是一种文化、一种经济，有时甚至还会成为一种政治。"

伴随着高考制度的恢复，社会对高考的争议从未间断。有人认为高考作为我国教育教学和人才选拔的重要方式，在促进我国基础教育发展、保证教育公平、重构教育秩序方面发挥了重要作用。也有人认为高考一考定终身，唯分取人，教育脱离实际，片面追求升学率，导致教师"为试而教"，学生"为试而学"的应试教育局面。在我国，高考除了肩负为普通高校选拔优秀人才的重要职责，还有对教学积极的反拨作用功能。有鉴于此，有关部门对高考实施了系列改革，如高考时间的调整、考试科目的改革、分省市自主命题的实施、自主招生的实行，然而这些改革似乎都没有跳出"一考定终身""唯分取人"的窠臼。刘海峰、蔡培瑜（2013）在《光明日报》上评价高考改革是中国教育中一个带有全局性的关键问题，是深化教育改革、全面推进素质教育的关节点，改革敏感而复杂，涉及面广，是关乎民生的重大议题。2014 年 8 月 18 日习近平总书记主持召开了中央全面深化改革领导小组第四次会议，会议审议了《关于深化考试招生制度改革的实施意见》。在这次高考改革中，主要突破两个"自主权"问题：一是赋予高中学生课程选择权和考试自主权，二是赋予高校招生考试和招生录取自主权。一旦实现了这两点突破，学生全面而有个性的发展权和高等学校的自主办学权就有了制度上的保障。

高考试题最初全国统一命题，后来实行各省市自主命题。高考考试科目在不同时期有所不同，如 1981 年固定下来的文科考 6 门、理科考 7 门的"六七模式"，从 1994 年开始的会考基础上的高考"3+2"科目改革，1999 年推行"3+X"，以及即将推行的"3+3 模式"等。关于高考的性质，2015 年新课程标准考试大纲做了明确说明："普通高等学校招生全国统一考试是合格的高中毕业生和具有同等学力的考生参加的选拔性考试。高等学校根据考生成绩，按已确定的招生计划德、智、体全面衡量，择优录取。因此，高考应具有较高的信度、效度，适当的难度和必要的区分度。"

1.2.3 高考英语的历史发展与地位演变

我国高考制度的确立迄今已有 60 多年，外语在高考中的历史发展和地位也经历了不同的变革期。吴根洲、郑灵臆（2012：46）将外语科目在高考中的地位划分为"文化大革命"前高考外语科目地位变革的"有心无力期"、"文化大革命"后高考外语科目地位变革的"有心有力期"、三大统考科目形成后高考外语科目地位变革的"稳定微调期"、新课程改革阶段高考外语科目地位变革的"多元动荡期"4 个时期。刘矗（2014：24-25）则根据外语科目在高考中的地位划分为 3 个阶段：外语必考科目"名不副实"阶段（1949—1965），外语科目地位直线上升阶段（1978—1990）和高考外语地位稳固，权重在各省略有差异阶段（1990 年至今）。刘庆思（2008）根据高考英语科的考查内容和试卷结构的不同调整结果将改革开放 30 年来高考英语科的发展分为 8 个时期。综合他们的划分标准，本节将其划分为 5 个阶段进行回顾，以便较全面地了解高考英语在我国的发展情况以及历史地位的演变过程。

第一个时期：外语在高考中地位名不副实时期（1952 年—1965 年）。

从 1952 年高考制度创立到"文化大革命"前夕，外语科目成为高考统考科目，但在高考中的地位并不稳定，间断性地以统考科目身份出现。而且即使作为统考科目，也由于当时外语基础教育薄弱加之当时一些政策的导向，出台了很多免考外语的条件，使得外语在高考中时断时续，高考外语考试徒具形式。如 1953 年，工农速成中学、中等专业学校毕业生及产业工人、革命干部、小学教师除志愿报考外语系科者外，免考外国语（杨学为，2003）。1954 年，工农速成中学、中等专业学校毕业生，机关、企业、学校、团体等工作人员经批准升学及部队中准予转业的人员可免试外语，而不论是否报考外语系科（转引自刘橐，2014:24）。1955 年，鉴于当时中学外国语教学进度不齐，还有的学生没有学过外国语，学生进入高校后须一律从头学起，高考的外语考试徒具形式，在理工、农医、文史三类考试科目中未见外语（杨学为，2003）。直到 1958 年，外语重新成为高考必考科目，仍分俄语和英语两种，考生根据所学，任选一种，没有学过外国语的考生仍然可以免试（杨学为，2003）。因此，从高考制度创立到"文化大革命"之前，外语在高考科目体系中的地位一直不高，相当部分考生可以免考使得外语在统考科目中的地位名不副实。这除了与当时外语基础教育整体薄弱有关外，落实高等学校为工农开门的方针也是一个重要原因（刘橐，2014）。

第二个时期：外语科目在高考中地位崛起时期（1978 年—20 世纪 90 年代中期）。

1977 年是恢复高考的第一年，由于时间仓促，外语没有纳入当年高考科目，只有报考外语专业的学生需加试外语。1978 年虽然外语成为统考科目，但外语成绩不计入总分，仅作为录取参考，没有学过外语的考生仍可以免考；但是，报考外语学院或外语专业的考生，不仅外语笔试成绩必须计入高考总分，还需要进行口试（杨学为，2003）。经过两年过渡后，外语在高考科目中的地位确立，权重逐渐提高。1979 年报考重点院校的考生，外语成绩开始以 10% 计入高考总分，并明确指出之后逐年提高计分比例。1980 年报考本科院校的考生，外语成绩以 30% 计入高考总分，1981年报考本科院校考生的外语成绩按 50% 计入总分，1982 年报考本科院校考生的外语成绩按 70% 计入总分，从 1983 年起，报考本科院校考生的外语成绩按 100% 计入高考总分（刘海峰，2013）。外语科目花了 5 年时间完成了从成绩不计入总分到全部记入总分的过程，其地位直线上升（刘橐，2014）。这个时期，英语科目注重考查语言知识，运用能力考查较少。到1985 年广东省进行高考标准化改革试验，拉开了考试现代化的序幕。所谓

"标准化"是指考试的各个环节，包括试卷设计、命题、考务实施和分数处理，均按照统一的标准和规范进行，这无疑有助于提高考试的科学性和公平性，促进考试的现代化。高考外语科目提供了英、日、俄、德、法、西 6 个语种供考生选择，但选择英语的考生每年均超过考生总数的 99%（刘庆思，2008），英语是绝大多数高考考生必须参加的考试科目。

第三个时期：高考外语科目地位的稳固微调期（1990 年—2006 年）。

国家教委 1990 年公布的高考科目设置通知里，实行了 4 组四科模式，语文、数学、外语为统考科目。再加上"上海方案"和"三南方案"试验的基础，教育部于 1994 年选择了会考基础上的高考"3+2"科目设置模式，语文、数学、外语三门科目开始作为统考科目（刘犇，2014）。此后，语文、数学、外语成为高考统考科目的格局在 1994 年推广的"3+2"模式中得以确立。1999 年广东省率先实行"3+X"模式，后来许多省份陆续变革，从 2000 年起，全国各省份都实行了"3+X"模式，最终形成了"3+ 文科综合 / 理科综合"、"3+ 文科综合 +1"和"3+ 文理综合"的模式。1999 年高考推行"3+X"科目改革之后，语文、数学、英语三门主科各占 150 分，英语的分值与语文、数学同等，高于其他科目，中国的高考进入有史以来最重视英语的时期（刘犇，2014）。

高考制度恢复后，1978 年开始全国统一命题。1985 年上海首先开始试点单独命题，2002 年北京也开始自主命题，到 2004 年，实行自主命题的省市从两个增加到 11 个，到 2006 年，除港、澳、台全国实行分省命题的省市达 16 个。关于分省命题的优势，刘海峰、谷振宇（2012）认为，分省命题有利于减少因地域差异带来的考试偏向，有利于新课程标准的实施，有利于地方政府对基础教育的统筹管理，有利于各省之间相互学习、相互促进，共同提高命题质量和水平，还有利于扩大各省市教育考试院的功能，增加省级考试机构的专业性，促进地方考试机构研究考试科学等方面的作用。

第四个时期：新课程高考外语科目地位的改革期（2007 年—2012 年）。

2004 年广东、山东、海南和宁夏 4 省（区）率先开始了高中阶段的新课程改革，三年后这批实施新课程改革的实验区开始实施新课程改革后的高考。随后其他省市陆续推出新课程改革后的高考方案，一些地方在英语考试方面做了更为大胆的尝试，使得外语科目在各省高考中所占的比重有所区别，这体现在两个方面：第一，听力实施一年多考或取消。如浙江省在英语科目中试行听力一年多考，英语 150 分，30 分的英语听力考试在每年 3 月和 9 月举行，由学生自主决定参加考试的时间和次数（限定在两次以内），从中选择较高一次考试成绩计入高考总分。此外，江苏、天津、重庆等省（市）也进行了将高考英语听力考试与笔试分开的改革。山东省明确提出外语考试科目中的听力考试不纳入夏季高考统一考试内容，考生外语听力成绩取高中学业水平考试外语科目听力成绩中最好的一次记入考生电子档案。一些省（市）甚至不将听力成绩计入总分或直接取消听力考试，如四川、陕西等。第二，降低英语考试分值。江苏省此前有过类似的举措，语文和数学分别从 150 分增加至 160 分，两门考试的附加分也分别从 30 分增加到 40 分，外语科则从 150 分降至 120 分。这样的分数调整提升了语文和数学在高中学习中的地位，降低了对英语的要求。

第五个时期：高考英语考试社会化探索时期（2013 年至今）。

2013 年，教育部发布了 2013 年 1 号文件《教育部关于 2013 年深化教育领域综合改革的意见》，明确提出将研究高考英语科目实施一年多考的办法。此文件在全国掀起了高考改革的热潮。考试改革从英语这个科目破冰，各省市陆续出台高考英语考试改革方案。如 2013 年 10 月 21 日北京市公布未来三年中高考改革框架方案，高考中英语分值从 150 分降到 100 分，并逐步向一年两次社会化考试过渡；江苏实行英语一年两考，英语成绩不再计入总分，而是以等级形式计入高考成绩，高校在录取时对英语等级提出要求；山东将取消听力考试等。2013 年 11 月 12 日中国共产党十八届三中全会通过的《中共中央关于全面深化改革若干重大问题的决定》（以下简称《决定》）中明确提出："探索全国统考减少科目、不分文理科、外语等科目社会化考试一年多考。"2013 年 12 月初步公布的《考试招生改革总体方案》，在探索外语科目实行社会化一年多考改革方面明确指出："外语不再在统一高考时举行，由学生自主选择考试时间和次数，增加学生的选择权，并使外语考试、成绩表达和使用更加趋于科学、合理。"关于探索有的科目一年多考、实行社会化考试的设想早在 2010 年 7 月颁布的《国家中长期教育改革和发展规划纲要》中已经提及，只是《决定》把规划纲要中的"有的科目"明确为外语这门科目。把外语作为探索社会化考试的试点科目是由外语科目本身的性质和特点决定的，因为外语考试成绩稳定性比较强，外语考试标准化程度高，测量结果比较可靠，外语社会化考试在国际上有比较成熟的经验，技术上也比较可行，且有一些成熟的外语考试如托福、雅思等考试可以借鉴，以外语科目采用社会化考试容易达成共识（刘海峰，2014）。将外语作为试点科目实施社会化考试将成为中国教育发展中最具历史意义的变革之一。

1.2.4 重庆市高考英语的特点

高考英语的内容和要求主要根据普通高等学校对新生文化素质的要求确定，依据中华人民共和国教育部 2003 年颁布的《普通高中课程方案（实验）》和《普通高中英语课程标准（实验）》。有关考试对语言知识、语言运用的具体内容和相关要求在考试大纲中都有详细说明。自 2003 年起高考于每年的 6 月 7～9 日实施，外语安排在 8 日下午 15:00～17:00 进行，部分省（市）还举行外语口试，一般安排在 9 日举行。本研究主要针对外语科目中英语科考试的笔试，其评分采用客观题机器阅卷和主观题人工评阅相结合的方式。

由于教育部对高考实行"国家统考，分省（市）命题"的举措，上海（1985 年）、北京（2002 年）、天津和重庆（2004 年）先后开始实施自主命题。自主命题是在教育部统一的《新课程标准》和《考试大纲》指导下，根据各省市的教育水平和实际情况，确定高考形式和内容。因此，不同地区的高考英语考试既有统一的地方，也有自己的特色。鉴于本研究调查对象是来自重庆地区的考生，对高中生英语学习带来的反拨效应影响也应该来自重庆市高考英语考试。因此，有必要介绍重庆市高考英语考试的内容与形式（见表 1.1）。

表 1.1　重庆市高考英语自主命题试题结构与内容

结构	节	题目数量	赋分（分）	问题形式	权重（%）	注：2013–2014 年进行了部分改革
第一部分听力	第一节	5	7.5	多项选择（三选一）	20	高三学年可参加两次 PETS-2 级听力考试，以最高成绩计入高考总分
	第二节	12	18	多项选择（三选一）		
	第三节	3	4.5	填空		
第二部分英语知识运用	第一节单项填空	15	15	多项选择（四选一）	30	完形填空由一篇增加为两篇，文章总字数基本不变
	第二节完形填空	20	30	多项选择（四选一）		
第三部分阅读理解	一般五篇短文	20	40	单项选择（四选一）	26.7	不变
第四部分写作	第一节改错	10	10	错误辨认并改正	23.3	取消改错题，写作任务增加为两个，第一篇 60 词，第二篇 80 词，总分不变
	第二节书面表达	1	25	短文写作		
总计：		86	150		100	笔试 120 分，PETS-2 听力 30 分

重庆市自 2004 年实施自主命题以来，英语科考试突出了稳中求变的特点。考试结构包括听力、英语知识运用、阅读理解和写作四个部分，较全面地检测了高中生的英语语言知识掌握和语言运用的能力。在全国掀起高考英语改革的大背景下，重庆市高考英语也顺势进行了相应的调整和改革：完形填空由过去的一篇增加至两篇，文章总词数基本不变；写作部分从 2013 年开始取消改错题，改为两个写作任务，第一个写作任务要求不少于 60 词，分值 15 分，第二个写作任务不少于 80 词，分值 20 分，该部分总分不变。2014 年重庆市对高考英语听力实施了改革。具体做法是高考英语中取消听力，学生在高三可以参加两次 PETS-2 级听力考试，以最高成绩计入高考总分。本研究并不分析具体题型，只针对整个重庆市高考英语对高中生英语学习的影响进行研究。

1.2.5　高考英语与高中英语教学

高考英语考试与高中英语教学之间究竟有何关系？刘庆思（2008）认为，高考与中学教学在对学生所掌握知识和所具备能力的要求方面既有密切的联系，也存在明显的区别。文中他进一步指出，高中英语教学的任务是培养学生达到相应级别课程目标的要求；而高考作为常模参照性选拔考试，其任务是将合格的高中毕业生再划分出若干不同的层次，供高校选拔人才之用，两者的任务和目的明显不同，因此，不应用高考英语科的成绩来评价中学英语教学的水平。在中国，高考除了用来为高校选拔合格人才外，还有一项重要的功能就是为教学带来积极的反拨作用。高考和教学的关系如何？高考命题依据和高中教学的依据是什么？教育部 2003 年颁布的《普通高中课程标准（实验）》中明确指出，课程标准作为教育纲领性文件，是教学、教材编写以及考试的重要依据。高中英语课程标准、高考、教学之间关系见图 1.1：

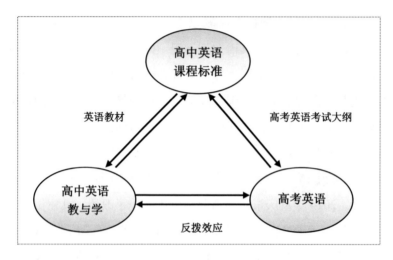

图1.1 高中英语课程标准、高考英语同高中英语教与学的关系

　　图1.1中，实线箭头表明高中英语课程标准中对语言技能、语言知识、情感态度、学习策略和文化意识5个方面的具体内容标准主要通过英语教材这个载体在高中英语教与学中贯彻落实，同时高中英语课程标准的各项目标要求也通过高考英语考试大纲在高考英语考试中得以实现。因此，高中英语课程标准作为纲领性文件，是高中英语教与学和高考英语考试命题的主要依据。图1.1中高中英语教与学指向高中英语课程标准的实线箭头表明，高中英语教与学可以反映课程标准的实现情况，反映程度越高，课程标准实现越好，教与学的效果一般也越好，这可作为我们研究高中英语教与学效果的视角。高考英语考试指向课程标准的实线箭头表明考试也应最大限度地反映课程标准要求，反映程度越高，考试的效度也越高，这可以作为研究考试本身的一个视角。本研究既不探讨高中英语教与学效果，也不研究考试本身，而是关注高考英语考试与高中英语教学的关系。图1.1表明，高考英语作为大规模、高风险考试会对高中英语教与学产生影响，即反拨效应，而高中英语教与学也能反映考试反拨效应的性质、强度、长度（持续时间）等情况。

1.2.6 高考英语反拨效应相关研究

考试尤其是高风险考试对教与学的影响已被大量实证研究证实。高考英语作为大规模高风险考试必然会对高中英语教与学产生影响。关于高考英语的反拨效应开展过哪些研究？邹申、董曼霞（2014）对国内近 20 年反拨效应研究现状进行了回顾。她们通过对 1994 年至 2013 年刊登在 17 种外语专业期刊上具有较好代表性反拨效应论文的分析得出，国内有关反拨效应的研究主要针对大学英语四、六级考试，占全部实证研究总数的 2/3，有关高考英语考试的仅有 1 例，约占总数的 3.7%。为更全面地了解高考英语考试的研究情况，我们把文献检索的范围扩广至国外期刊、非外语专业期刊、专著等，收集到有关高考英语考试反拨效应研究的文献情况（如表 1.2 所示）：

表 1.2　高考英语反拨效应研究情况

文献来源	国外期刊	国内 CSSCI 期刊	国内一般刊物	专著	总计
数量	2	2	13	2	19

表 1.2 显示，国内对高考英语考试反拨效应研究很少，实际研究的成果数量会更少。[①]通过对为数不多的高考英语反拨效应文献的分析，笔者发现这些研究基本都针对教学开展，有的研究立足于整个考试对高中英语教学的影响，有的研究则着眼于考试的具体题型，如口试、写作、阅读等对教学的影响。针对高中生英语学习开展的反拨效应研究目前尚未发现。尽管，才慧玲（2012）以《高考英语测试效度对学习策略的反拨作用——2011 年高考英语课标卷分析》为题撰写了论文，然而该研究仅通过对考试试卷的分析对学生学习策略提供指导和建议，不是真正意义上的对学生学

---

① 刊发的文章中有的根据博士学位论文和专著中部分研究成果整理发表，还有同样的研究分别发表在国内和国外期刊上，统计文献数量时都分别计入。

习的反拨作用实证研究。

高考英语考试反拨效应的研究数量虽少，但研究历史较长，始于20世纪90年代初。国内对高考英语反拨效应进行较为系统的研究目前有3例。第一例是李筱菊（Li，1990），也是国内最早进行反拨效应研究的学者，她通过大规模问卷调查了解高考英语在中学的影响力。十多年后，亓鲁霞（Qi，2004a）通过比较中学英语教学现状、高考英语设计者及命题人员的意图，揭示高考英语是否达到了预期效果。她得出的研究结论是，高考英语考试的预期反拨作用有限，诸多因素都会参与考试反拨作用的形成。十年后，董连忠（2014）调查了北京市2002年试行自主命题以来高考英语改革对高中英语教与学带来的实际影响和变化。他发现，北京市高考英语自主命题在试卷结构、试题内容和难度等方面的改革对教学带来积极的反拨作用的同时，也带来了一些负面的影响。

通过对高考英语考试反拨效应研究的回顾，我们发现，针对高考英语考试进行反拨效应的研究很欠缺，为数不多的研究也仅关注高考对教学的影响，关于高考对学生学习影响的研究极少。这些尚未涉及的领域即本研究的关注点。

1.3 研究目的与意义

本研究以调查问卷、学习日志、师生访谈为研究工具，采用量化和质性相结合的研究方法，探讨国内最大规模的高风险考试——高考英语——对高中生英语学习产生的影响。具体而言，本研究拟探究以下3个研究问题。

研究问题1：高中生怎样认识高考英语？哪些因素影响了他们对高考英语的认识？

研究问题2：高考英语对高中生英语学习过程产生了什么影响？

研究问题3：高考英语对高中生英语学习结果产生了什么影响？

通过对以上研究问题的深入探讨，本研究将总结研究中的相关发现，为反拨效应理论研究与实践方面提供一些启示。因此，本研究在理论层面和实践方面都有一定的积极意义。首先，在理论方面，本研究不仅验证了先前的研究和假设，同时还对丰富和发展反拨效应理论模型具有积极意义。其次，在实践方面，通过当前研究，我们可以了解高考英语对高中生的英语学习究竟带来了什么影响，影响是正面的还是负面的，具体表现在哪些方面，影响强度多大，持续时间多长，高考英语对不同年级的学生的影响是否有差异，其差异表现在哪些方面，引起差异的原因是什么。因此，研究结果可以为教师的教学和学生的学习提供反馈，从而进一步强化高考英语对高中英语教和学积极的反拨效应影响，减少或避免其消极不利的影响。研究结果还可以为高考英语考试设计者、命题工作者以及考试组织实施者改进考试命题和考试组织实施提供一些启示和建议。此外，本研究是在高考英语社会化实施之前进行的，可以为高考英语社会化后的相关研究提供基础数据。

1.4 本书结构

本研究主要探讨高考英语对高中生英语学习产生了什么样的反拨效应，其反拨效应影响在不同年级是否有差异。为了实现上述目标，本书将分 7 个章节对相关研究问题进行探讨。

第一章为绪论。本章主要介绍研究缘由、研究背景、研究目的与意义以及本书结构，有助于对当前研究形成总体的认识。

第二章为文献综述。文献综述涉及反拨效应起源、反拨效应概念界定、反拨效应与效度、反拨效应研究的维度、促成反拨效应产生的因素、有关学生和学习的反拨效应实证研究、文献综述对当前研究的启示。对反拨效应文献的回顾和梳理有助于更好地理解反拨效应现象、了解反拨效应研究现状，为研究问题的提出、研究方法的选择以及研究的顺利开展奠定基础。

第三章为研究设计。本章包括研究概念框架、研究问题与关键概念界定、研究方法、研究工具编制、研究工具试测、正式研究、研究信度与效度保证、研究过程中的伦理考虑等。

第四章至第六章为研究结果的分析和讨论。考虑到本研究涉及的数据类型较多，进行结果分析和讨论时以研究问题为导向，每一章探讨一个研究问题。第四章对研究问题1，即高中生怎样认识高考英语，哪些因素影响了他们对高考英语的认识，进行了分析和讨论。第五章对研究问题2，即高考英语对高中生英语学习过程的影响，进行分析和探讨。第六章对研究问题3，即高考英语对高中生英语学习结果的影响，进行分析和讨论。

第七章为结论与启示。本章先根据研究问题逐一总结研究发现并得出结论，然后根据研究发现提出理论和实践启示，阐释本研究的主要创新点，指出当前研究的不足以及未来研究的方向。

第二章

文献综述

2.1　引言

上一章为本书的绪论。该章介绍了研究缘由，概述了研究背景，阐释了研究目的和意义，展现了本书章节结构。

本章为文献综述，通过对本研究相关文献的梳理和总结，为确定本研究理论视角和研究问题提供理论支持和实证证据。本研究的目标是探究高考英语对高中生英语学习产生的影响。因此，本章梳理和整合了与当前研究密切相关的文献，具体包括以下 9 小节：2.1 节是引言，对本章内容进行概述；2.2 节探究反拨效应的起源；2.3 节对反拨效应概念进行界定，厘清与反拨效应相关的几个易混淆的概念和术语；2.4 节阐释反拨效应与效度之间的关系；2.5 节探讨反拨效应研究的维度；2.6 节阐述促成反拨效应产生的因素；2.7 节梳理和归纳有关学习的反拨效应实证研究文献；2.8 节基于对文献的回顾和梳理总结出对当前研究的启示；2.9 节对本章内容进行小结。

2.2　反拨效应的起源

本研究目标是探讨高考英语对高中生英语学习的反拨效应。进行此研究之前有必要弄清楚反拨效应的起源。通过对相关文献的阅读和梳理，笔者发现目前关于反拨效应研究的起源主要有以下三种观点。

第一种观点认为，反拨效应源于考试被赋予了多重功能以及考试的社会权重。一般情况下，在学校考试用来诊断教与学中的问题或评价教与学的效果，然而，在有些教育体制和教育背景中，考试还有其他目的，当考试有多重目的时，考试的影响力就会增强（Qi，2004a）。马道斯（Madaus，

1988）认为考试的反拨效应源于考试的重要性，即考试的社会权重，它指考试结果对考生或考试相关人员所产生的重大影响。"考试的影响面越广，后果越严重，其社会权重就越高。"（亓鲁霞，2006：29）根据考试的社会权重和影响力，考试可分为高风险考试和低风险考试。高风险考试"是指一项考试，无论结果对与错都会被学生、教师、行政人员、父母或大众用来做出对他们有即时和直接影响的重要决定"[①]（Madaus，1988：87）。与考试相关的重要决定有毕业、晋升、学生分班，对老师或行政人员的评价或奖励，学校资源的分配，学校或学校体制的认证等。与高风险考试相对应的是低风险考试，低风险考试不会把重要的奖励或决定直接与考试表现联系起来（Madaus，1988）。

沃尔（Wall）认为，高风险考试通常具有以下功能：

☆ 在社会范围内选拔人才；

☆ 防止庇护和腐败；

☆ 鼓励高水平的能力与知识；

☆ 分配高等教育中稀缺的资源；

☆ 检测和改进学校教学的有效性；

☆ 限制课程的差异。

（Wall，2005：30—32）

考试的上述功能必然会增强考试的影响力，这种影响力会渗透到社会生活众多领域。在教育背景下考试的基本目的是为做决定提供信息，即评价（Bachman，1990）。本研究针对的是语言考试，与一般考试的功能和目的相比，语言考试的功能和目的有何特点？程李颖对此总结如下：

---

① 本书中的译文均为笔者所译。

☆ 对考生语言能力做出推断或预测，或对他们使用语言去完成非考试情景下的任务的语言能力进行预测；

☆ 基于考试分数对考生做出某些决定（如选拔、诊断、分班、进度、等级证书、就业），这些决定能让决策者了解考生的语言能力或他们在非考试情境下的语言使用能力；

……

（Cheng，2005：25）

在当前教育背景下，考试尤其是高风险考试的影响会深入课堂，从而导致反拨效应的产生。正如一些教育者所说，考试在课堂上有很大的影响力（如 Alderson，1986；Davies，1968；Hughes，1989；Morrow，1986；Pearson，1988；Vernon，1956；等）。奥尔德森（Alderson，1986）、沃尔（Wall，1993）甚至提出，考试会在很大程度上决定课堂上所发生的一切，即考试会影响教学。

第二种观点认为，在教育测评领域中进行的一些测评驱动下的改革是促成人们关注考试反拨效应的另一原因。亓鲁霞（2011a）指出利用考试改善教学是国内外教育界的普遍做法。她认为"决策者或新建一个考试，或改革现有考试，通过考试的内容和形式传递新的教学理念和方法"（2011a：51），如我国的英语高考（桂诗春、李筱菊、李崴，1988）、以色列的阿拉伯语考试（Shohamy，1993）等。这种做法源于一个假设："考试具有引领力，能够改变教师、学生、管理人员以及教材编写者的观念及行为，达到改善教学的目的。"（亓鲁霞，2011：51）埃尔顿、劳利拉德（Elton，Laurillard，1979）认为，改变学生学习最快的方式就是改变考试体制。这些说法均说明考试对教学相关人员的观念和行为会产生影响。根据程李颖、柯蒂斯（Cheng，Curtis，2004）的观点，考试对教学的这种影响植根于测评驱动教学（measurement-driven instruction，简称 MDI）的理念。换句话说，考试内容能充当强大的课程磁石激发教师去追求考试所体现的目标

(Cheng，2005)。测评驱动教学（MDI）是20世纪80年代由波帕姆（Popham）、兰金（Rankin）、桑迪弗尔（Sandifer）和威廉姆斯（Williams）等人提出的一个新术语。测评驱动教学理念的基本假设是，高风险考试只要设计和实施得当就能有效促进教与学。考试结果的重要性使得教师和学生可能更加关注考试所要求的内容。因此，考试不只是教学评价的手段，它还可以作为教育改革的一部分来推动教学（Linn，1992；Petrie，1987）。"为试而教"一直以来使教师备受指责，但在测评驱动教学理念下却备受欢迎（Khattri，Sweet，1996）。波帕姆（Popham，1987）甚至认为测评驱动教学是提高公众教育质量最经济有效的方式。由是，这种理念进一步推动人们关注考试对教学的影响，有关反拨效应的概念以及相关研究也由此展开。

第三种观点认为，反拨效应的概念和研究源于语言考试的近期发展。语言考试的近期发展源于人们对语言能力性质的认识的改变。语言能力性质已由奥勒（Oller，1979）提出的"能力单一性假设"转变为人们普遍接受的"语言能力多成分"的观点。巴赫曼（Bachman，1990）提出的交际语言能力模式包括语言能力、策略能力和心理生理机制，可全面描述语言能力的性质和组成部分。对语言能力性质的认识的变化必然引起考试方法和考试分数解释的变化。语言考试分数不再被简单地解释为某种语言能力的表征。因为除考生语言能力，许多其他因素如考试任务特征、考生特征、考试方法、考生完成考试任务时所采用的考试策略等都会影响考试相关人员对分数做出种种解释和推测，而且这些因素还会交互影响，使得对考试分数的解释变得更加困难。因此，学者对考试的研究从关注考试分数本身转向了对考试影响的研究。

2.3 反拨效应的界定

了解了反拨效应的起源后，需要对反拨效应进行界定。对反拨效应概念进行清楚的界定需要厘清"反拨效应"这一概念，对"washback"与"backwash"、"washback"与"impact"进行区分，并对反拨效应的表现形式进行阐释。

2.3.1 反拨效应的定义

皮尔逊（Pearson，1988）把反拨效应当作一种隐喻来描述教学与考试的关系，并解释了这个词的起源。他认为"公共考试影响教师、学习者和父母的态度、行为和动机，并且考试经常会在课程结束后才进行，其方向朝后，因此叫'反拨效应'"（Pearson，1988：98）。后来，在应用语言学领域考试对教与学的影响被定义为反拨效应（如 Alderson，Wall，1993；Bailey，1996；Buck，1988；Cohen，1994；McNamara，2000；Shohamy，1992；Spolsky，1994；Weigle，2002；等）。巴克（Buck，1988：17）把反拨效应描述为"教师和学生进行与考试要求一致的课堂活动的现象，尤其是当考试对学生的将来非常重要，考试通过率被用来衡量教师教学成功与否的时候"。巴克的定义强调考试对教师和学生课堂行为的影响。休斯（Hughes，1989：1）简要地把反拨效应概括为"考试对教和学的影响"。尽管已有学者对反拨效应现象进行了各种描述，但有关反拨效应的正式定义是由奥尔德森和沃尔（Alderson, Wall）于1993年在他们所发表的《反拨效应存在吗？》（"Does Washback Exist？"）一文中提出的。他们将反拨效应定义为"考试影响教师和学生去做因为有考试才会去做的事"（1993：117），他们还对反拨效应的性质进行了质问并建议慎重对待反拨效应这一概念。此后的研究对反拨效应都有较清楚的界定。麦塞克（Messick，1996）将反拨效应定义为"考试的引入和使用会影响语言教师和学习者去做那些如果没有考试他们就不会去做的那些或促进、或阻碍他们语言学习程度的事"。这意味着反拨效应是一种程度的问题，即一项考试或多或少地会对教学产生影响。肖哈密（Shohamy，1997）则认为反拨效应是用语言考试去影响和推动学校环境下的外语学习的。昆南（Kunnan，2004：39）认为："反拨效应是一项考试对教学实践的影响，如教学、材料、学习、考试策略等。"反拨效应的定义涉及对反拨效应范围的界定。大多数反拨效应的定义探讨的是考试对课堂环境下教师和学生的影响，科恩（Cohen）则把反拨效应定义为"评测工具怎样影响教育实践和信念"（1994：41）。这意味着反拨效应不只针对考试，还涉及比考试范围更广的测评工具，其研究重点也不限于教和学，还关注其他实践活动和理念。本研究采用目前学界普遍认可的反拨效应定义，即反拨效应是指一项考试对相应的教和学产生的影响。

2.3.2 "washback" 与 "backwash"

在教育和应用语言学文献中，除了"washback"，也有学者用"backwash"一词。这两个词有何异同？有的学者认为这两个词意义相同，可以互换，也有学者认为两者有很大区别。为使反拨效应的界定更明确，这里有必要对这两个词进行区分。

奥尔德森、沃尔（Alderson，Wall，1993）指出，在教育和应用语言学文献中考试影响教学的提法很普遍，教育界把这种现象称为"backwash"，在英国应用语言学界内则称作"washback"。安德鲁斯（Andrews，1995）也持同样的观点，认为在教育文献中多用"backwash"，而在语言教育中则更偏向用"washback"。这说明"backwash"和"washback"两个词的使用范围不同，前者使用范围更广，后者多用于语言教育或应用语言学领域。再看词典对两个词的定义，"washback"虽是应用语言学较普遍使用的一个术语，但在词典中很少出现；而"backwash"在一些词典中可以见到，如《新韦氏综合英语词典》（*The New International Webster's*

Comprehensive Dictionary of the English Language）、《柯林斯合作英语词典》（*Collins COBUILD English Language Dictionary*）。《新韦氏综合英语词典》将 "backwash" 定义为 "对一些社会行动不受欢迎的反响"。《柯林斯合作英语词典》则将其定义为一个 "事件或情形产生令人不舒服的事后影响"。这说明 "backwash" 更多与负面的影响有关。根据《柯林斯合作英语词典》对 "backwash" 的定义，斯波尔斯基（Spolsky）指出："'backwash' 更适用于考试偶然的副影响，不适合于那些主要目的是用来控制课程预期影响的考试。"（1995：55）此外，一些学者还把 "backwash" 用于负面消极的场合（如 Khaniya，1990a；Prodromou，1995）。

尽管 "backwash" 和 "washback" 在使用范围和词典定义上不同，但在应用语言学和语言测试领域，多数学者把这两个词视为同一概念，认为二者可以互换使用（如 Alderson，2004；Bachman，1990；Cheng，Curtis，2004；Wall，1997；等）。也有学者认为 "washback" 比 "backwash" 在应用语言学中使用更普遍（如 Alderson，Wall，1993；Bachman，Palmer，1996；Cheng，Curtis，2004）。二十多年来有关语言考试反拨效应的研究也证明了这一点，人们基本一致采用 "washback" 这一术语。因此，本书也采用 "washback"，国内将其翻译为 "反拨作用""反拨效应""后效作用"，本书采用 "反拨效应" 这一译法。

2.3.3 "washback" 与 "impact"

除 "washback" 外，在应用语言学和教育文献中使用较广泛的还有 "impact" 一词（参见 Airasian，1987；Bachman，Palmer，1996；Cheng，1998a，1998b；Hamp-Lyons，1997；Shohamy，1993；Shohamy，Donitsa-Schmidt，Ferman，1996；Wall，2000；Wall，Alderson，1993；等）。阿来萨（Airasian，1987）和泰勒（Taylor，2005）使用 "impact" 指高风险考试对考生的职业生涯或人生际遇的重要社会后果以及对教育体制乃至整

个社会所产生的影响。简言之，"impact"指一项考试对个人、教育系统乃至社会产生的影响。麦克纳马拉（McNamara，2006：43）还形象地把考试的"impact"描述为"考试在课堂之外所产生的影响，在更广泛的教育和社会环境下所激起的浪花或波纹"。

"washback"和"impact"都指考试的影响，二者之间有何关系？测试界对二者之间的关系观点各异，厘清它们之间的关系对界定本研究的范围很重要。总体来说，有关"washback"与"impact"的关系有 4 种观点：第一种观点是当前学界的主流观点，即用"impact"描述考试的微观（教与学）和宏观（教育系统和整个社会）层面的影响（如 Hawkey，2006；Hawkey，Thompson，Turner，2006；McNamara，2000），认为反拨效应只是考试影响的一个部分（如 Bachman，Palmerm，1996；Hamp-Lyons，1997；Saville，2010；Shohamy，2001；Wall，1997；等）。沃尔（Wall，1997：291）也指出，"impact"指的是考试对课堂、学校、教育系统乃至整个社会背景下的个人、政策或实践活动所产生的影响，"washback"常用于指考试对课堂上教师和学生行为的影响。因此，必须把反拨效应视为影响的一种，并且认为影响会渗透到考试乃至评分过程的每个方面（Hamp-Lyons，1997）。第二种观点把反拨"washback"（效应）与"impact"（影响）视为同一概念（如 Wall，Horák，2008；Hughes，2003；等）。正如休斯（Hughes，2003：53）所言："反拨效应是一项考试对教师和学生、教育系统和整个社会影响的一部分。"第三种观点认为"washback"和"impact"彼此独立又相互关联（如 Booth，2012）。萨维尔和卡基（Saville，Hawkey，2004）把考试的反拨效应限制为考试对教与学的影响，他们进一步指出不全面考虑考试使用的社会后果是不允许的。换言之，要研究考试对学习的反拨效应，不在更大的环境中去考虑考试与学习之间的关系几乎不太可能（Booth，2012）。第四种观点甚至认为反拨效应具有更宽泛的意义，如皮尔斯（Peirce，1992：687）曾这样描述："反拨效应影响有时也称考试的系统效度，指的是考试对课堂教学、课程、考试开发和教育政策的影响。"本书采用目前学界普遍接受的观点，即把"washback"视为"impact"的一个方面，指考试对教与学的影响。

2.3.4　反拨效应的表现形式 ▶

一项考试所产生的反拨效应影响有的显而易见，有的却融在日常的教学活动中，难以甄别。普罗德罗莫（Prodromou，1995）根据反拨效应显示出的特点将反拨效应分为显性反拨效应（overt washback）和隐性反拨效应（covert washback）。

显性反拨效应表现为明显的应试行为，如以往年考卷、模拟试题等备考材料的使用代替课本和常规教学，因而很容易被发现。对学习的显性反拨效应体现为有目的地通过备考以最大限度地提高考试分数（Xie，2010）。她认为对学习显性的反拨效应通常表现为通过提升目标技能或缩小学习范围或者通过演练应试技巧以最大限度地提高考试成绩。显性反拨效应基本上是绝大多数反拨效应研究关注的焦点。

隐性反拨效应通常融于正常教学中不易被人发现，导致教师、学生、管理者和研究者等很难把考试的反拨效应影响与正常教学区分开。如教材或练习题的编写体现了考试要求或者与考试形式相似，讲评练习时只关注答案等。刘晓华、辜向东（2013）指出，隐性反拨效应极可能是由整个考试系统或考试文化而非某一特定的考试所造成的，这给我们区分特定考试的反拨效应和正常的教学行为带来更大的困难。正由于反拨效应尤其是隐性反拨效应难以甄别，使得一些研究将反拨效应泛化，把所有教和学中的变化都归结为反拨效应。因此，为避免陷入反拨效应研究的泛化现象，本研究在分析高考英语对高中生英语学习的反拨效应时主要关注显性反拨效应，另外还通过对师生的访谈甄别出部分隐性的反拨效应。

2.3.5　本书对反拨效应的界定

通过对反拨效应定义的梳理，对"washback"和"backwash"，"washback"与"impact"的区分，对反拨效应表现形式的分析，我们认为：（1）反拨效应多用于应用语言学领域，指考试对相应的教和学产生的影响；（2）尽管"backwash"在词典中有较明确的定义且使用范围更广，应用语言学领域近二十年的研究表明更倾向使用"washback"，本书拟采用"washback"一词；（3）反拨效应与考试影响之间关系复杂，目前有4种观点，本书赞成学术界的主流观点，即反拨效应属于考试影响的一个方面；（4）反拨效应影响通常通过显性和隐性的方式表现，为避免反拨效应研究的泛化，本研究主要关注显性的反拨效应影响以及那些可以通过数据分析和访谈进行甄别的部分隐性的反拨效应影响。

基于对上述文献的回顾和梳理，结合本研究的目的，本书对反拨效应研究的操作定义界定为考试（本书指高考英语）对高中生英语学习的影响。研究对象是高中生，研究内容为高中生的英语学习，包括学生对考试的认识及其影响因素、学习过程（学习动机、课堂学习和课后学习）、学习结果三个方面。分析时主要关注显性的反拨效应影响以及部分容易甄别的隐性反拨效应影响。

2.4 反拨效应与效度

反拨效应的研究就是探讨考试反拨效应与考试效度的关系。要进行反拨效应研究，必须明确二者的关系。学界关于反拨效应与效度的关系主要有两种观点，以下先阐释这两种观点，然后提出本研究对此关系的看法。

2.4.1　反拨效应与效度密切相关

第一种观点认为考试的反拨效应与效度密切相关。20世纪80年代以来，一些研究者提出一项考试的效度应该由考试对教与学影响的程度来评判（如 Messick，1996；Morrow，1986；Shohamy，Donista-Schmidt，Ferman，1996；Weir，1990；等）。莫罗（Morrow，1986）甚至为此专门杜撰了一个术语"反拨效度"（washback validity）来指代考试与教学之间关系的质量。他指出："有正面反拨效应的考试就有效；相反，有负面反拨效应的考试就无效。"（Morrow，1986：6）他还说："（对这些考试）我提出的第一个效度标准是考试的期望反拨效应在实际情况下实现的程度。"（Morrow，1986：6）尽管他声称在测量反拨效度时应考虑考试的内容和形式，并且研究者应在实际的课堂中去观察考试的影响，不过他自己也承认不确定该怎样去测量反拨效度。他还引用了威金斯（Wikins）、威多森（Widdowson）等研究者的观点，提出直接考试对反拨效应更有益，并且认为英语作为外语的交际使用功能对课堂有强烈的正面的影响。弗雷德里克森、柯林斯（Frederiksen，Collins，1989）提出了类似于反拨效度概念的系统效度，把反拨效应与考试效度联系起来。其定义如下："有系统效度的考试能带来教育系统内课程和教学的变革，而这些变革有利于促进考试所要测量的认知技巧的发展，具有系统效度的证据是，随着考试进入教育系统一段时间后考试要测量的那些认知技巧得到了提高。"（Frederiksen，Collins，1989：27）即是说，如果一个考试不能促成期望的反拨效应，也就没有系统效度。麦塞克（Messick，1989，1994，1996）从考试效度的角度考虑反拨效应，进一步确认了反拨效应与效度的关系。他认为，考试的效度、考试解释与使用和潜在的社会影响有着复杂的关系。麦塞克对许多研究者热衷于考试的内容效度（content validity）、尺度关联效度（criterion-related validity）和构念效度（construct validity）的研究，而缺乏对考试解释与使用所存在的潜在社会影响进行深入的思考表示惋惜。因此，他于1989年提出了"后果效度"（consequential validity）这一概念，以期引起人们对这一长期被忽略问题的关注。在他的效度框架中，反拨效应归属为后果效度的一方面。麦塞克（Messick，1996：3）还指出："在语言考试设计中最大限度地减少那些导致考试无效的因素，考试中存在的不足及其所受到的污染，那么导致负面反拨效应的因素就会降到最低，从而增加其正面反拨效应的可能性。"他认为考试的构念不足（construct under-representation）和构念无关（construct irrelevant）都是导致语言考试设计中考试无效的原因。除上述研究者的观点，受普遍推崇的"教育与心理测量标准"（Standards for Educational and Psychological Testing，即 SEPT）似乎也主张如果考试声称带来某种后果，那么这个考试的效度就与反拨效应相关。在该标准中，美国教育研究协会（American Educational Research Association）、美国心理协会（American Psychological Association）、全国教育测量委员会（National Council on Measurement in Education）把效度定义为"证据和理论支持考试分数解释以及考试使用的程度"（American Educational Research，1999：9）。测量标准在效度部分中还进一步表明，如果考试使用中明确或隐含声称会产生某种后果，那么就应当提供理论支持和相关证据。测量标准还称考试的期望后果应当被视为考试效度的一部分。

2.4.2 反拨效应与效度没有必然的直接联系

也有一些研究者不赞成上述观点，认为考试的反拨效应与效度没有必然的直接的联系。奥尔德森、沃尔（Alderson，Wall，1993：116）指出："反拨效应可能是一种复杂的现象，它不可能与考试的效度直接联系起来。" 教育环境下的其他外力也会促成考试对教与学的反拨效应影响。后来就连麦塞克本人也承认反拨效应的复杂性，因为反拨效应牵涉考试背景、个人因素、考试内容和形式等诸多因素的作用。因此，他建议"不是把反拨效应看作考试效度的一个符号，而是把效度作为反拨效应可能的依据"（Messick，1996：252）。戴维斯（Davis，1997）也持同样的观点，他认为后果效度显然是一个开放式的问题，考试人员不可能考虑到所有可能的社会后果。费尔曼（Ferman，2004）也认为，由于效度不是考试本身的属性，而是考试分数意义的解释，因此很难看出二者之间的直接关系。关于反拨效应与效度的关系，亓鲁霞（2011：23）认为："把考试所产生的影响提升到效度的高度来认识，意味着考试人员对反拨效应负有不可推卸的责任。在设计一个考试时，必需考虑到考试可能产生的影响，采取一切措施保证积极作用，减少负面影响。"她进一步指出，她完全赞同将反拨效应作为衡量语言考试工作最重要的指标，却不赞成将反拨效应纳入考试的效度。其理由是，用效度概括反拨效应易使问题简单化，误导考试使用者，以为考试对教学能起决定性作用，考试搞好了，教学也会跟着好转。实际情况是，考试对教学影响的大小和好坏，不全由考试决定，社会和教学中的诸多因素与考试会发生交互作用，产生不同程度、不同性质的反拨效应，这点已被研究证实（亓鲁霞，2011）。一项考试没有产生期望的反拨效应并不必归结于考试缺乏效度，因为除考试本身外，在社会、教育、学校等环境下的外力也会阻止反拨效应的产生，或者影响反拨效应的性质，即便考试具有交际性。好的考试不一定能产生积极的后效作用，产生消极后效作用的考试不一定质量就不好（Shohamy，2001）。

2.4.3 本书对反拨效应与效度关系的观点

通过对文献的回顾我们发现，20 世纪 80 年代至 90 年代初的研究者认为反拨效应与效度紧密相关，甚至将反拨效应作为评判考试效度的依据。随着研究的推进，人们对反拨效应现象有了更深的认识，意识到反拨效应现象的复杂性，认为反拨效应与效度之间没有必然的直接联系，故不赞成把反拨效应作为考试效度的一部分。本书倾向于考试的反拨效应与考试效度没有必然联系的观点。如果一项考试没有产生期望的反拨效应并不必归结于考试缺乏效度，因为除考试本身外，社会、教育、学校等环境的外力也会阻止反拨效应的产生，或者影响反拨效应的性质，即便考试具有交际性。因为好的考试不一定能产生积极的后效作用，产生消极后效作用的考试不一定质量就不好（Shohamy，2001）。考试的效度不是产生积极反拨效应的充分条件，程李颖（Cheng，1998a）的研究也证实了这一观点，即反拨效应与考试本身关系不大。进行反拨效应研究不必先对考试本身进行研究。因此，本书仅针对考试的反拨效应进行研究，不涉及效度。

2.5 反拨效应的维度

多数反拨效应研究都提到了反拨效应现象的复杂性（如 Bailey，1996；Cheng，1997；Watanabe，1996a；等）。要全面深入了解这一复杂现象，需要从多个维度进行研究。亓鲁霞（2011：23）认为："反拨效应维度的界定，是深入开展研究的前提。"沃尔、奥尔德森（Wall，Alderson）在广泛的实证研究基础上提出："考试开发者和考试使用者不能简单认为考试对教学有影响，而必须对涉及具体的范围进行研究（如教学内容、教学方法、评估成绩的方式），方向（正面的还是负面的）和影响的程度。"（1993：41）沃尔和奥尔德森所说的具体涉及范围就是反拨效应研究的维度。对反拨效应的维度描述最全面且具影响力的是瓦塔纳比（Watanabe，2004a）提出的特定性、意图、长度、强度、性质 5 个维度。

2.5.1 特定性

反拨效应分为普遍反拨效应和特定反拨效应。普遍反拨效应指的是"任何考试都会产生的反拨效应"（Watanabe，2004a：20）。如考试会促使学生学习更加努力，同时也会引起相应的备考活动等。特定反拨效应（即反拨效应的特定性）指"仅针对某具体考试或考试某一方面带来的影响"

（Watanabe，2004a：20）。如一项考试新增加的题型对教与学产生的具体反拨效应。反拨效应的特定性涉及新增题型前后的对比，对普遍反拨效应和具体反拨效应进行对比，才能得知某项考试或考试某一题型是否产生了反拨效应，以及产生了怎样的反拨效应。反拨效应的普遍性和特定性之间的区分比较模糊，针对一项备考活动，很难界定是普遍反拨效应还是具体反拨效应。因此，少有针对考试反拨效应具体性的研究。本研究主要探讨高考英语反拨效应的普遍性，不涉及反拨效应的特定性。

2.5.2 意图

瓦塔纳比（Watanabe，2004a）将反拨效应的意图分为期望反拨效应和期望外反拨效应。期望反拨效应通常指的是考试设计者或教育主管部门所期望的反拨效应，而期望外反拨效应通常指的是超出考试设计者或教育主管部门期望的反拨效应。程李颖、柯蒂斯（Cheng，Curtis，2004：21）指出："命题人不会希望考试带来负面的反拨效应，期望反拨效应通常与正面反拨效应联系起来，期望外反拨效应既可能是正面反拨效应也可能是负面反拨效应。"在整个考试历史中期望反拨效应一直是考试设计者或决策者追求的目标。研究表明，考试设计者或决策者的预期目的并不一定能实现，可参看安德鲁斯（Andrews，1995）、程李颖（Cheng，2005）、亓鲁霞（Qi，2004a，2004b）、亓鲁霞（2004）等的研究。这既可能与考试自身在功能上的矛盾有关（亓鲁霞，2004），还可能与考试参与者对考试目的、考试设计者意图的解读有关（Andrews，1995；亓鲁霞，2004，2007）。有关高考英语反拨效应的意图，亓鲁霞（2004）已进行了相关研究，本书不再探讨反拨效应的意图。

2.5.3 长度

瓦塔纳比（Watanabe，2004a）提出了与时间有关的反拨效应维度，即长度，它指考试影响所延续的时间。瓦塔纳比（Watanabe，2004a）将反拨效应分为短期和长期的反拨效应。正如他所言，如果入学考试的影响只在考试备考时存在，入学后影响就消失，就称为短期反拨效应。长期反拨效应是指考试结束后，对学生的影响仍然存在。笔者认为，对反拨效应长度的界定不能仅依据考试结束后影响所延续时间的长短，还应把考试实施前对教与学影响的时间作为考虑因素，即备考持续的时间。有的考试备考时间持续几周，有的考试则需备考数月甚至几年。本书没有对考试结束后影响持续的时间进行调查，而是把考试实施前备考时间界定为反拨效应的持续时间。

2.5.4 强度

程李颖（Cheng，1997）首先提出了反拨效应强度的概念，她认为反拨效应的强度指考试在一个或多个教学范围内影响的程度。程李颖和柯蒂斯（Cheng，Curtis，2004：13）明确提出："反拨效应的强度是指考试所带来的反拨效应在教学某一或某些领域强弱的程度。"瓦塔纳比（Watanabe，2004a：20）则认为："如果一项考试有很强的影响，它会决定课堂上所发生的一切，并使所有的老师以同样的方式针对考试进行教学；如果一项考试有弱的影响，它只会影响课堂部分活动或部分老师。"然而目前为止，多数研究表明，考试的反拨效应影响不会强到影响所有的老师和学生（如辜向东，2007；Alderson，Hamp-Lyons，1996；Burrows，2004；Gu，2007；Watanabe，1996a，2004a）。

为什么有的考试反拨效应强而有的考试反拨效应弱？奥尔德森（Alderson，2004）指出，高风险考试比低风险考试有更强的反拨效应影响，这说明反拨效应的强度与考试风险程度有关。根据格林（Green，2007a）的融合强度和方向的反拨效应模型，亓鲁霞（2011：25）认为："反拨效应的强度，还受制于涉考者对考试重要性与难度的评估，考试越重要（或风险度越高）反拨效应也越强，反之亦然。而难度与反拨效应的强度不成正比，过难过易的考题或考试都不会导致高强度反拨效应，惟有那些考生认为具有挑战性且能通过训练提高成绩的考试，才会引发高强度的反拨效应。"实证研究表明，反拨效应的强弱差异可以表现在不同的考试、不同的参与者、不同的行为过程以及不同的时间段上（刘晓华，辜向东，2013）。即反拨效应的强弱程度因考试、参与者和时间段的不同而不同，这是反拨效应研究常发现的现象（如辜向东，2007；Burrows，2004；Cheng，2005；Gu，2007；Wall，2005；Wall，Alderson，1993；Watanabe，1996b）。然而，衡量反拨效应的强度并非易事，因为一项考试对一些人有重要影响，却未必对另外一些人也有重要影响。

有强反拨效应的考试更易受到研究者的关注，到目前为止，绝大多数反拨效应研究关注的都是高风险考试，如托福、雅思、高考等（Cheng，2005；Green，2007a；Hawkey，2006；Qi，2004；Wall，2000，2005；Watanabe，2000，2001）。本研究将反拨效应的强度界定为，高考英语影响范围越广，涉及群体越多，进行备考活动越频繁，反拨效应就越强；反之，反拨效应就越弱。

2.5.5 性质

在反拨效应的 5 个维度中，最受关注也最重要的是反拨效应的性质。所谓反拨效应的性质是指反拨效应是正面的还是负面的（Watanabe，2004a），有人也称为反拨效应的价值或方向。休斯（Hughes，1989）把反拨效应定义为考试对教与学的影响，并认为考试对教与学会产生有益的或有害的影响，即正面的或负面的影响。由于高风险考试的社会权重和影响力更大，它比一般的学业考试或小规模考试更容易带来反拨效应影响，因此高风险考试受到的关注也越多。考试尤其是高风险考试反拨效应的性质一直以来备受争议，有人认为考试能带来正面的反拨效应，有人认为考试带来了负面的反拨效应。下文是对这两种观点的梳理和总结。

（1）负面反拨效应。

奥尔德森、沃尔（Alderson，Wall，1993）认为任何考试都会带来有益或有害的反拨效应影响。然而人们最初认为考试的影响似乎多是负面的。如弗农（Vernon，1956）指出，教师会忽视那些不利于学生通过考试的教学内容和活动，而过度训练与考试一致的内容，由此他声称考试扭曲了课程。戴维斯（Davies，1968）认为考试促使教与学的内容关注过往考题，使得教学活动而变得狭窄而缺乏生趣。奥尔德森、班纳吉（Alderson，Banerjee，2001）在一篇关于语言考试的评论中提到考试被认为对教与学产生了有害的影响。而高风险考试对教与学产生的负面影响更强，因此受到的批评也最多。高风险考试对教与学产生的负面影响主要体现在以下方面。

琼斯等（Jones M.，Jones B.，Hargrove T.，2003）和拉普（Rapp，2002）认为高风险考试会消除而不是激发学生的内在动机。史志民（Shih，2006：15）也持同样观点，认为"高风险考试扼杀学生学习动机，挫伤学生学习自信心和勇气，增加学生的失学率或辍学率"。他还指出标准化考试主要关注课程以外的东西，忽视课堂教学。此外，对高风险考试的负面影响还体现为人们认为高风险考试迫使老师为考而教。萨德克、齐托曼（Sadker，Zittleman，2004）指出，老师通常以牺牲非考试科目为代价，只教考试科目，极力敦促学生备考，如艺术课、音乐课、社会研究、外语课等因为不考就不受重视。正如达林·哈蒙德、怀斯（Darling-Hammond，Wise，1985）所言，教师不会去重视那些要求复杂思维或解决问题的能力，而是关注那些考试会涉及的内容和材料。考试对教与学产生的负面影响还表现为正常教学时间大大减少，教学范围变窄，教学方式单一，鼓励死记硬背和猜测，关注应试技巧训练，减少或忽略与考试无关的内容和材料，采用与考试一致的题型进行练习（如 Cooley，1991；Corbett，Wilson，1991；Khaniya，1990a，1990b；Madaus，1988；Smith，1991；

Smith, et al., 1990; Stecher, et al., 2004)。一些研究表明高风险考试的负面影响还体现为增加辍学率（如 Cala, 2004; Sacks, 1999; Sadker, Zittleman, 2004)；引发不道德的备考行为和考试成绩的造假，如作弊。福尔克（Falk, 2002）提到，在当地考试中一些学校官员会冒险篡改学生的考分。考试的负面反拨效应使得考试受到舆论谴责。史志民（Shih, 2006）把标准化高风险考试受到的舆论谴责归纳为以下 4 个方面：（1）对教学产生负面的冲击；（2）对学习产生有害影响；（3）引发了道德问题；（4）把它作为评价学生成绩的唯一依据是不恰当的。

是什么原因导致考试对教与学产生负面影响？马道斯（Madaus, 1988）通过对一些有关考试影响教学的研究的分析，总结出以下 7 个方面的原因：

☆ 考试和测验影响个人、机构和教学，这种影响受个体认识的影响。如果学生、教师或行政人员认为该考试结果重要，无论该考试结果是否真的那么重要，其影响都会以他们所认为的那样产生；

☆ 用来做出社会决定的定量指标越多，就越有可能扭曲和破坏它所监控的社会过程；

☆ 如果重要的决定被认为与考试结果有关，那么教师就会为考而教；

☆ 在高风险考试实施的每一个环节中，以往考试开发的传统将决定课程的实施和课程的内容；

☆ 教师尤其关注高风险考试的题型（例如简短问答、多项选择）并且会相应调整教学内容；

☆ 当考试结果作为将来教育或生活选择唯一的，甚至偏袒的裁决标准，社会倾向于把它们作为学校教育的主要目标，而不是作为反映学业成就的指标；

☆ 高风险考试把对课程的控制转移到命题或负责考试的机构；

……

（Madaus, 1988: 88—97）

由于高风险考试存在种种弊端，有的研究者提出高风险考试结果不应作为高风险考试目的的单一证据源。要做出重要决定必须收集多种信息（Elford，2002；Thompson，2001）。如汤普森（Thompson，2001）引用了国家研究委员会对恰当使用考试结果的建议，主张对考生产生重要影响的教育决定不应仅根据一次考试分数做出。一些专家和学者开始着手开发备择性评估（alternative assessment）来改革课程和改良教学（如 Cheng，Curtis，2004）。

（2）正面反拨效应。

与上述观点不同的是一些学者认为高风险考试会对教学带来积极影响（ 如 Alderson，1986；Bailey，1996；Biggs，1995；Cizek，2001a，2001b，2003；Davis，1968，1985；Mehren，Cizek，2001；Phelps，1998，2003；Reville，2004；Swain，1985；Wall，2000）。奥尔德森（Alderson，1986）指出考试的性质和使用决定其潜在的反拨效应，即考试如被恰当使用就能产生有益的影响。皮尔逊（Pearson，1988：107）赞成这一观点，并声称"好的考试不但激励好的教学过程，而且考试本身也可用作教学活动，同样，好的教／学任务也可用作考试，尽管这种可能性会受实际情况或财力的限制"。奥尔德森还建议"可以通过语言考试的改革带动语言课程的改革"（Alderson，1986：104）。波帕姆是高风险考试促进教育实践这一观念著名的倡导者，他提出了"测评驱动教学"，并认为考试能为教学带来重要的、有益的变革（Popham，1987）。比格斯还认为高风险考试不只推动了课程，还推动教学方式和学生学习方法的变革（Biggs，1995）。高风险考试充当了"课程磁石"角色，吸引课程与其内容和形式一致（Shepard，1990，1991）。

这种一致在世界其他一些地方也能见到（如 Ferman，2004；Cheng，1997；Qi，2007）。弗雷德里克森、柯林斯（Frederiksen，Collins，1989）也相信高风险考试有正面的影响力，他们指出为了能带来好的教与学必须确保考试有系统效度。麦塞克（Messick，1989，1996）从后果效度的角度考虑了考试的影响，并认为后果效度包括考试使用、考试对教师和学生的影响、决策者对分数的解释，以及考试的误用、滥用和非预期使用。麦塞克认为，如果考试是直接的、真实的，影响考试无效的因素就会降低到最小，考试就能带来正面的影响。为了使考试有利于教学，韦尔（Weir，1990）认为，我们应该考虑反拨效度，反拨效度反映期望的考试影响在实际课堂的实现程度。反拨效度对考试的效度有重要启示，因为"对反拨效度的研究把考试研究者带到了课堂以观察考试在实际课堂上的影响"（Morrow，1986：6）。在驳斥对高风险考试的指责时，西泽克（Cizek，2001b）列举了 10 个高风险考试所产生的有利影响，如专业发展、通融性、考试知识、信息的收集、信息的使用、教育选择、责任体制、教育者对所属学科的熟悉、考试质量、促进学生学习等方面。

一些研究者认为高风险考试产生了正面的反拨效应，另一些研究者认为产生了负面的反拨效应，越来越多的研究者承认反拨效应具有双重性，即反拨效应既有有害的一面，也有有利的一面（如 Brown，Hudson，1998；Cheng，Curtis，2004；Hughes，2003；Messick，1996）。如布朗、哈德森（Brown，Hudson，1998：668）认为，"当测评的程序与课程目标一致时就会产生正面的反拨效应"，相反，如果测评程序不能反映课程目标就可能产生负面的反拨效应。总之，大量实证研究表明高风险考试反拨效应具有双向性，高考英语作为国内最大规模的高风险考试，其产生的反拨效应既有正面的影响，也有负面的影响。

2.5.6 本研究涉及的反拨效应维度

本研究的目的是探究高考英语对高中生英语学习的影响。研究涉及对高考英语反拨效应普遍性的认识，不涉及反拨效应的具体性。亓鲁霞（Qi，2004a）已对国内高考英语命题人员的意图与实际教学情况进行了对比研究，因此意图也不再是本研究的重点。在进行研究结果的分析和讨论时，本研究主要涉及反拨效应的长度、强度、性质三个维度。通过分析高考英语对高一、高二、高三三个年级学生英语学习的影响，可以推知高考英语对学生英语学习影响的时间长度。对反拨效应强度的研究主要通过分析高考英语影响涉及的范围、高考备考活动的频率等。而对反拨效应性质的判断一直存有争议，即使针对同一现象也可能得出不同的结论。程李颖、柯蒂斯（Cheng，Curtis，2004）认为，考试的影响是正面还是负面应取决于在具体教育环境下进行该项研究的人员、研究地点、时间、原因以及方式。亓鲁霞（2011：24）也指出，"研究一个考试的反拨效应，划分正面效应和负面效应，是一种价值判断，判断标准至关重要"，一些研究者提出了自己的判断标准。如辜向东（2007）认为考试引起管理层对英语教学的重视是正面反拨效应；刘润清（1999）认为考试对教学的影响如果符合学习过程，对学生有一种有利的引导作用和督促作用，就是好的影响；谢琴（Xie，2010）参考了反拨效应研究成果把学界对正负面反拨效应相对一致的认识作为评判标准；马道斯（Madaus，1988）认为一项考试如导致教学偏离大纲或考试影响教学的正常实施，则被认为产生了负面的反拨效应。为了避免对反拨效应性质分析的主观随意和混淆不清，本研究借鉴相关研究成果，从三个方面对反拨效应的性质进行判断：一是依据分析学生对高考英语认识的调查结果，二是依据分析学生英语学习过程中的一些表现和做法，三是依据分析高考英语对学生英语学习结果的影响。

2.6　促成反拨效应产生的因素

20 世纪 90 年代的反拨效应研究主要关注反拨效应是否存在，如存在，其反拨效应为正面还是负面（如 Alderson，Wall，1993；Watanabe，1996a）。随着反拨效应研究的不断推进，研究者们发现反拨效应作为一种现象不但真实存在，还极为复杂（如 Andrews，2004；Fullan，2001）。反拨效应的复杂性表现在牵涉者众多，如学生、教师、行政管理人员、家长、教材出版商、教育主管部门，还表现在促成反拨效应产生的因素繁多，如考试因素、个人因素和环境因素。对反拨效应的研究逐渐由关注反拨效应是否存在和反拨效应性质的划分，转向对促成反拨效应复杂现象原因的探究（Alderson，2004；Cheng，Curtis，2004）。一项考试要产生预期的反拨效应不可能仅通过考试的实施来实现，其他因素如环境因素（contextual factors）、涉考者（stakeholders）个人因素等也会与考试因素一起共同促成反拨效应的产生（Alderson，2004；Brown，1997；Shohamy et al.，1996；Wall，1996；Watanabe，1996a；等）。一些研究者已对促成反拨效应产生的因素进行了较系统的总结，如瓦塔纳比（Watanabe，2004a）把影响考试反拨效应的因素总结为考试因素、声望因素、个人因素、微观环境因素和宏观环境因素。史志民（Shih，2007）把影响因素归纳为外部因素、内部因素和考试因素。刘晓华和辜向东（2013）在对国内外 20 年反拨效应实证研究进行综述时，将参与反拨效应过程的潜在因素总结为考试因素、个体因素和环境因素。本研究在刘晓华和辜向东（2013）的分类方法基础上对促成反拨效应产生的因素进行了进一步总结。

2.6.1 考试因素

考试因素是影响考试反拨效应最直接的因素。诸多研究发现，与考试相关的因素会影响反拨效应的性质、强度、长度等。肖哈密、多尼萨·斯密特和费尔曼（Shohamy，Donitsa-Schmidt，Ferman，1996）认为考试风险程度、考试重要性、所测语言的地位、考试目的、考试形式以及所测技能都能促成反拨效应的产生。瓦塔纳比（Watanabe，2004a）在总结影响考试反拨效应的 5 种因素时，提出考试因素包括考试方法、考试内容、所测技能、考试目的、基于考试结果所做出的决定等会促成反拨效应的产生。此外，他提出与考试相关的声望因素（指考试的风险程度、整个教育系统下考试所处的地位等）也会影响考试反拨效应的产生。哈格兰德（Hungerland，2004）通过研究发现，考试因素包括考试知识、考试形式、难度水平、备考、实际与考试之间的不匹配会促成反拨效应的产生。史志民（Shih，2007）也指出考试因素会促成反拨效应的产生，他认为考试因素涉及考试风险程度、考试重要性、考试难度、考试内容、考试性质等，基本覆盖了与考试相关的各个方面。总体而言，促成考试反拨效应产生的考试因素主要涉及以下方面：考试内容（如 Green，2007a；Hawkey，2009；Shih，2007；Wall，2005；Wall，Horák，2011；等）、考试形式（如 Andrews et al.，2002；Green，2007a；Gu，2007；Qi，2004a，2007b）、考试风险程度（如 Alderson et al.，1996；Gu，2007a；Lumley，Stoneman，2000；Qi，2004a；Shohamy et al.，1996；等），考试的使用、功能或目的（如 Qi，2004a，2007；Gu，2007；唐雄英，2005），考试地位等（如 Qi，2004a，2007；Shi，2007；Stoneman，2006）。

2.6.2　个人因素

研究表明，除考试外，个人因素也是促成反拨效应产生的重要因素。谢琴（Xie，2010）曾指出，课堂环境下对反拨效应影响最重要的个人因素是教师因素和学生因素。个人因素包括教师的教育背景，教师和学生以前的学习经历、学习态度和信念等（如 Alderson，Hamp-Lyons，1996；Andrews，1995；Andrews et al.，2002；Green，2007a；Gu，2007；Hawkey，2006；Wall，2005；Wall，Horák，2011；Watanabe，2004a；等）。几乎所有反拨效应的研究表明，教师是个人因素中的关键（Spratt，2005）。与教师有关的因素包括教师的信念、教学经历、使用与考试相关的教材（如 Alderson，1993；Cheng，2005；Qi，2004a；Watanabe，1996b）以及教学方法（如 Andrews et al.，2002；Gu，2007；Watanabe，

1996b；等）、个人教学风格（如 Alderson，Hamp-Lyons，1996）。瓦塔纳比（Watanabe，2004b）对先前提出的因素进行了拓展，他认为教师对学生能力水平的关注、教师对教学方法的熟悉程度对促成或抑制正面反拨效应的产生起着重要作用。此外，其他个人因素包括父母、材料编写人员、出版商、政策决定者或决策者的信念、态度和知识等（如 Alderson，Hamp-Lyons，1996；Andrews et al.，2002；Tsagari，2009；Shih，2010）也会促成反拨效应的产生。费尔曼（Ferman，2004）还提到学生的语言能力水平、学生对考试的焦虑程度、父母在语言教与学中的参与程度也会引起反拨效应。

2.6.3 环境因素

最近的一些反拨效应研究还表明反拨效应对环境因素很敏感，容易受环境因素的影响（如 Andrews et al.，2002；Cheng，1997；Qi，2004a；Shahomy et al.，1996；Wall，Alderson，1993；Watanabe，2000；Shi，2007）。瓦塔纳比（Watanabe，2004a）在总结影响反拨效应产生的 5 种因素时，提到了微观环境因素和宏观环境因素。在他看来，微观环境因素指对反拨效应产生调节作用的课堂环境和学校环境，宏观环境因素指考试的社会环境。环境因素所涉及的课堂环境、学校环境、社会生活环境等诸多方面都会促成反拨效应的产生（如 Hayes，Read，2004；Hawkey，2006；Green，2007a；Tsagari，2009；Wall，2005；Watanabe，2004a;等）。在哈格兰德（Hungerland，2004）的研究中，环境因素范围比较宽泛，包括对英语的态度、在达成目标过程中考试所扮演的角色、对语言学习环境的态度、课堂内外考试、在备考中老师的角色、父母的期望、情感反应、考试结果的后果、考试公平性的评判等。环境因素还包括所在学校的文化（Watanabe，2000，2004b）；教育传统和考试的社会价值，比如在一些教育传统中强调把公平性和客观性作为考试的主要特征（Carless，2005；

Davison，2007）；甚至包括教室的物理条件（Wall，Alderson，1993），如沃尔、奥尔德森（Wall，Alderson，1993）指出受一些物理条件的制约，一些有效的教学方法未能实行。在日本，瓦塔纳比（Watanabe，1996a，2000，2004b）发现当地的考试文化、学校氛围、学习传统、教师信念共同决定了反拨效应的性质。为此，沃尔（Wall，2000）还提醒考试改革者在引进与当地教育传统不相容的新考试时要谨慎，不要太激进。

然而，影响反拨效应产生的因素绝不是彼此孤立的，而是互相交织、共同作用的，这也是促成反拨效应现象纷繁复杂的重要原因之一。如奥尔德森、汉普·里昂斯（Alderson，Hamp-Lyons，1996：296）声称，"考试的地位、考试与一些现行做法背离的程度、教师和教学材料设计者认为学生备考方式恰当的程度、教师和材料设计者愿意革新且具备这种革新能力的程度"等因素会影响考试反拨效应的产生。促成反拨效应产生的因素不会穷尽，随着更多实证研究的实施，将会有更多新的发现。

2.7 关于学习者和学习的反拨效应实证研究

在教育领域，考试与教与学之间关系密切这一点早已达成共识。然而，在应用语言学领域，考试影响教学这一基于实证证据的主张直到20世纪90年代初才引起研究者的注意，由此他们展开了一系列研究（如Alderson，Wall，1993；Alderson，Hamp-Lyons，1996；Andrews，2004；Bailey，1996；Cheng et al.，2004；Cheng，2005；Elder，Wigglesworth，1996；Green，2007a；Hawkey，2006；Qi，2005，2007；Shih，2006，2007，2010；Wall，2000，2005；Watanabe，1996，2004a；Xie，2010；Xie，Andrews，2013；Zhan，Andrew，2014）。反拨效应是指考试对教与学的影响，因此，其研究内容应包括教师的教和学生的学两方面。考试对教师和教学的影响虽不是本研究的研究内容，然而若没有早期对教师和教学反拨效应的研究，就没有后来的对学习者和学习反拨效应研究的发展。为了对反拨效应实证研究有较全面的认识，有必要先对教师和教学反拨效应的文献进行简要梳理。

通过对文献的回顾和梳理，我们发现，早期研究普遍认为考试对教学内容有影响（如 Alderson，Wall，1993；Alderson，Hamp-Lyons，1996；Cheng，1997，1998a，1999，2005；Ferman，2004；Hayes，Read，2004；Lam，1993，1994；Li，1990；Qi，2004a，2005；Shohamy，1993；Shohamy，et al.，1996；Stecher，et al.，2004；Wall，Alderson，1993；Watanabe，2004b；等）。就考试对教学方法的影响而言，一些研究表明考试改变了教师的教学方法（如 Alderson，Hamp-Lyons，1996；Ferman，2004；等），而另外一些研究表明考试对教学方法没有影响或者影响有限（如 Alderson，Wall，1993；Cheng，1998a，2005；Qi，2004a，2005；等）。此外，还有研究认为所测语言的地位和风险程度（如 Ferman，2004；Shohamy et al.，1996；等），教师对有效教学和备考的认识（如 Alderson，Hamp-Lyons，1996；Wall，Alderson，1993；Watanabe，1996；等），对教师的培训（如 Shohamy，1993；Wall，Alderson，1993；Watanabe，1996）、学校管理（如 Wall，Alderson，1993）、教学经历（如 Watanabe，1996b）、考试与当前教学做法背离的程度（如 Alderson，Hamp-Lyons，1996）、被测的语言技能（如 Shohamy，et al.，1996）等因素都会影响考试对教学的反拨效应。少数研究结果还表明考试对教师的反拨效应因人而异 （如 Burrow，2004；Watanabe，1996b）。

语言学习者是考试最重要的参与者，他们的学习会受到语言考试最直接的影响。尽管研究者承认反拨效应研究对学生进行研究的重要性，然而与教学反拨效应研究相比，针对学生学习的反拨效应实证研究仍比较欠缺（Cheng，Andrews，Yu，2011；Shi，2006；Xie，Andrew，2013；詹颖，2013）。近十年来，有关学习者和学习的反拨效应研究受到了关注。

本书拟对英语作为外语学习（EFL）环境下的有关学习者和学习的主要反拨效应实证研究进行回顾。这些实证研究简要情况见表2.1：

表2.1　在EFL环境下的学习者和学习的反拨效应实证研究

研究者及发表时间	研究地点	研究考试对象	涉及对象	数据收集方法	主要发现
Hughes（1988）	土耳其	大学入学英语能力考试	学生、教师	问卷调查、考试结果、分析	新英语能力考试引入后学生的英语水平提高了
Li（1990）	中国大陆	高考英语科考试	教师、教研员	问卷调查	学生英语学习的动机被激发，课后学习的方式也发生了变化
Watanabe（1990，1992）	日本	大学入学考试	156名一、二年级大学生	问卷调查	参加了入学考试的学生趋向比推免生使用更多策略，然而考试不能帮助学生使用社会情感策略
Shohamy（1993）	以色列	阿拉伯语考试、英语口语考试、第一语言阅读考试	教师、学生	教师访谈、文件分析、课堂观察、问卷调查	一些学生的学习动机增强，而另外一些学生感到焦虑
Shohamy, et al.（1996）	以色列	阿拉伯语考试、英语口语考试	学生、教师、教研员	问卷调查、访谈、文件分析	学生对两种考试表现出不同的态度
Cheng（1998b）	中国香港	英语教育证书考试	1 287名中学生	学生问卷	学生对考试的态度以及对学习动机和学习策略的认识方面没有明显的改变
Lumley, Stoneman（2000）	中国香港	大学毕业英语水平测试（GSLPA）	教师学生	访谈、问卷调查	学生认为"学习包"对备考有影响，但该影响因学生水平不同而不同
Andrews, et al.（2002）	中国香港	英语运用口语考试	93名学生	考试、话语分析	英语运用口语考试的引入对学生口语表现有影响，其影响有迟滞，不同学生影响有所不同

研究者及发表时间	研究地点	研究考试对象	涉及对象	数据收集方法	主要发现
Read, Hayes (2003)	新西兰	雅思考试	教师、学生	问卷调查、教师访谈、课堂观察、考试	雅思考试对两组学生的英语学习有影响，但由于两组学生学习时间长短差异较大，而且学习目的不同，反映出的影响特征不同
Gosa (2004)	罗马尼亚	罗马尼亚英语毕业考试	10 名学生的日志	日志、访谈	学生期望教师课堂上的教学针对考试进行，实际情况并非如此，因此学生在课外积极备考，考试对学生学习的影响更多表现在课外学习中
Ferman (2004)	以色列	EFL 大学入学考试中的口语考试	教师、学生、教学督导	文件分析、问卷、访谈	考试影响了学生对学习重心、学习策略、学习结果和考试焦虑的认识，其影响在不同水平学生之间有差异
Stoneman (2006)	中国香港	某高校中具有不同地位的两个英语出口考试	学生	访谈、问卷调查	有较高地位的考试会引起更多的备考活动，但两项考试备考活动的本质相同
Shih (2006, 2007)	中国台湾	通用英语水平考试	系主任、教师、学生、家长	访谈、课堂观察、文件分析	考试对两所学校学生的学习产生了不同程度的反拨效应，考试影响了学生的学习内容、学习材料、学习时间、学习策略以及学生的心理
Green (2007a)	英国	雅思学术写作考试	学生、教师、课程主任	小组访谈、课堂观察、问卷、考试	三种课程的学生在学习内容上有所不同，但在雅思写作成绩上没有显著差异，即备考课程没有比非备考课程使学生获得更好的分数

续表 2.1

研究者及发表时间	研究地点	研究考试对象	涉及对象	数据收集方法	主要发现
Qi（2007）	中国大陆	高考英语	学生、教师、教研员	访谈、课堂观察、问卷调查、文件分析	学生忽视写作的交际环境，重视考试情景并且偏爱考分
Fan，Yu（2009）	中国大陆	中级口译资格证书（第二部分）	学生	问卷调查、半结构性访谈	该考试对学生的英语学习产生了正面和负面的反拨效应
Tsagari（2009）	希腊	剑桥英语第一证书考试	学生	日志	学生在备考过程中产生了焦虑、疲惫、厌烦等负面情绪，但该考试的重要性使得他们在课内外投入了大量时间学习和进行相关的备考活动
Xie（2010）；Xie，Andrew（2013）	中国大陆	大学英语四级考试	大学生	访谈、两次考试、问卷调查	学生对考试设计和考试用途的看法直接影响备考行为和策略，与考试用途相比，对考试设计的认识似乎对备考产生的影响更大
Booth（2012）	韩国	托业考试	学生	访谈、半结构性日志	研究结果证实了托业考试高风险考试的性质，支持了反拨效应是一个复杂的系统，牵涉诸多影响学生学习的因素
Xie（2013）	中国大陆	大学英语四级考试	大学生	备考前后实施两次考试、问卷调查	备考对测试分数的影响非常小，仅占前测因素的 1/3，其影响主要通过缩小课程范围、反复操练实现

续表 2.1

研究者及 发表时间	研究 地点	研究 考试对象	涉及 对象	数据收集方法	主要发现
Fan, Ji, Song (2014)	中国大陆	复旦大学校本考试	335名大学生	问卷调查、半结构性访谈	尽管学生认为考试给他们的英语学习带来了动力和压力，但该考试对学生学习活动产生的反拨效应影响有限；随着学生英语水平的提高，学生对考试的态度越来越积极；而且性别和英语能力可调节考试反拨效应的产生
Xu (2014)	中国大陆	英语专业八级考试	学生	问卷调查	考生对英语专业八级考试评价较高，该考试对考生的英语学习有一定促进作用
Zhan, Andrew (2014)；詹颖(2013)	中国大陆	大学英语四级考试	大学生	学习日志、访谈	考试对学生英语课外学习的内容产生了影响，对学习方法没有影响，许多因素参与调节考试的后效，反拨效应的类型与学生塑造的"可能的自我"有关
唐雄英 (2005)	中国大陆	大学英语四级考试	学生	问卷调查、访谈	考试影响了学习态度、学习内容、学习方式、学习速度和顺序、学习广度和深度，这些影响在学习者因素上表现出了一定的差异
石晓娟 (2010)	中国大陆	大学英语四、六级听力考试	大学生	问卷调查、深度访谈	新听力考试设计及试题权重的增加影响了学习者听力学习的态度、时间、内容及效果，但这些影响在不同的学习者之间有一定差异

续表 2.1

研究者及发表时间	研究地点	研究考试对象	涉及对象	数据收集方法	主要发现
辜向东，肖巍（2013）	中国大陆	大学英语四级考试	学生	问卷调查	大学英语四级考试对大学生考试策略使用产生了反拨效应，但强度一般，对考试策略使用的反拨效应趋向正面
董连忠（2014）	中国大陆	高考英语考试	刚进校的大学一年级新生	问卷调查、访谈	高中英语教学的重点是词汇、语法、阅读和写作；教材使用与教学内容的选择取决于教学计划和教师对高考试题风向标的理解；听力教学主要以做题为主，形式单一
肖巍，辜向东，倪传斌（2014）	中国大陆	大学英语四级考试	学生	问卷调查	大学英语四级考试改革后 1～1.5 年为反拨效应较强烈的窗口期，窗口期内大学英语四级考试取得了一定的正面反拨效应，窗口期过后负面反拨效应有所回升
王海贞，王永双（2014）	中国大陆	英语专业四级口语考试	英语专业二年级学生	问卷调查、课堂观察、访谈	专业四级口试对英语学习的正面影响大于负面；影响最大的是学习内容，接下来依次为学习深度、学习方法等；对学习结果的影响表现为考试提高了英语口语的学习质量
辜向东，张正川，刘晓华（2014）	中国大陆	大学英语四、六级考试	学生	学习日志、访谈	改革后的大学英语四、六级考试在一定程度上对学生课外英语学习过程产生了积极的反拨作用，但这种积极反拨作用持续时间较短

以上是国内外二十多年来有关学生及学习反拨效应实证研究的概况。以下将根据休斯的三分法并参考詹颖（2009）关于考试对学习者和学习反拨效应影响实证研究的分类方法，结合本研究目的，从考试对学习者认识和态度、学习过程、学习结果影响三个方面对这些实证研究进行概述。多数研究针对认识、过程、结果单一方面进行，少数研究涉及两个方面，对三方面进行全面探讨的很少（如王海贞，王永双，2014；肖巍，辜向东，倪传斌，2014）。在回顾文献时，如果既涉及认识也涉及过程，我们会根据研究的侧重点将其归入相应类别。以下将选取较有代表性的文献进行进一步梳理。

2.7.1　对学习者认识和态度的反拨效应研究

考试对学习者认识和态度的影响是反拨效应研究的主要领域，如程李颖（Cheng，1998a，1998b，2005）、费尔曼（Ferman，2004）、辜向东（Gu，2007）、李筱菊（Li，1990）、肖哈密（Shohamy，1993）、亓鲁霞（Qi，2004a，2004b）、韦斯德罗普（Wesdorp，1983）、徐倩（Xu，2014）等等。代表性的研究如下：

肖哈密（Shohamy，1993）通过对学生实施问卷调查获取学生对阿拉伯语作为第二语言的考试（ASL）和英语口语考试（EFL）这两个以色列高风险语言考试的认识。调查结果表明，两个考试使一些学生的学习动机比以前增强，但也使一些学生感到焦虑。三年后，肖哈密等再次用问卷对62名阿拉伯语作为第二外国语和50名英语作为外语的学生进行调查以了解他们对这两个考试以及对教师教学方面的看法，其目的是看这两个考试的影响是否仍在持续。调查表明，学生对这两个考试持不同态度，大多数学生认为ASL考试对他们并不重要和必要，而多数EFL学生却认为英语口语考试重要。

拉姆利、斯通曼（Lumley，Stoneman，2000）探讨了教师和学生对香港高等教育阶段的高风险英语考试——大学毕业英语水平测试（GSLPA）备考材料"学习包"（Learning Package）的看法。他们对教师进行访谈并对学生进行调查，然后对参加问卷调查的学生进行了小组访谈。被访谈的教师支持"学习包"，并认为"学习包"可以成为"教学包"，因为"学习包"包括一些有价值的与教学相关的活动。而学生对此的反应有所不同。调查表明，几乎所有学生都很关心"学习包"的考试形式，但他们对"学习包"里提出的学习策略以及一些提高英语能力的建议却反应比较冷淡。

李筱菊（Li，1990）认为，由于高考的权威性以及庞大的考生队伍的外在力量，以及来自考试自身效度和信度的内在力量，高考必然会对教学造成影响。鉴于此，她对中国高考英语在中学的影响进行了研究。研究中她主要通过对教师实施大规模问卷调查来了解学生对高考英语的态度，调查结果表明学生对考试持积极态度。学生对考试的认识需要对学生进行调查才能得知，通过对教师的调查来推断学生对考试的态度可能与学生对考试的实际态度不符。李筱菊对中国高考英语考试进行研究十多年后，亓鲁霞（Qi，2004a，2007）也对高考英语的反拨效应进行了探究。她主要探究了命题人期望的反拨效应影响在高中英语课堂上是否真正得到了实现。调查中学生的认识支持了教师的观点，然而，学生在问卷中回答的情况与他们实际学习中的情况是否一致还需进一步证实。

程李颖（Cheng，1998a，1998b）进行了1996年香港教育证书考试（HKCEE）对香港中学课堂英语教学的影响研究。1996年HKCEE是新修订的针对中学五年级毕业的学生进行的英语考试。她在1994、1995两年间对参加新旧HKCEE的两批学生进行了问卷调查，以探究新的HKCEE给学生英语学习认识和态度带来的变化。问卷内容是关于学生对课堂内外教学活动的态度，以及考试对他们学习过程和学习结果产生影响的认识。通过对两次问卷调查结果进行对比，她发现新的考试对改变教与学的方式的影响有限，没有对学生的学习产生根本的影响。如学生英语学习的动机以及学习策略两年多来没有发生大的变化，对考试的态度也没有变化；英语课堂上仍是以教师讲解为主，没有给学生更多练习的机会。不过教师课堂活动类型发生了改变，直接针对新的 HKCEE 考试。这表明从学生角度看，考试对课堂活动产生了反拨效应影响（Cheng，1998b）。

徐倩（Xu，2014）通过问卷对 250 所英语专业八级考试（TEM-8）参考院校的 6 863 名考生进行了调查，以探索现行 TEM-8 对英语专业本科学生的影响。调查结果显示：（1）考生对 TEM-8 评价较高，认为 TEM-8 能够反映其英语水平；（2）TEM-8 对考生的英语学习有一定反拨作用，且部分考生认为这种反拨作用正面大于负面；（3）TEM-8 的备考现象在考生中较为普遍，包括课堂上的备考活动和课后学生自己备考两个方面，但是备考持续时间不长，强度不大，并未影响到考生的正常学习；（4）TEM-8 对考生的学习有一定促进作用，但与学习兴趣、自身努力等因素相比，TEM-8 对考生英语学习效果的影响有限。调查中还发现考生的个人因素，如性别、英语水平等，对 TEM-8 考试反拨作用类型有一定影响，TEM-8 考试对女生的反拨作用大于男生，对英语水平中等考生的影响大于英语水平高和低的考生。

范劲松、季佩英和宋小梅（Fan，Ji，Song，2014）进行了复旦大学英语考试对学生英语学习的反拨效应研究。他们的研究采用了问卷调查和半结构式访谈两种方式。问卷调查对象为 335 名复旦大学的学生，目的是了解他们对复旦大学校本英语考试的认识和态度。调查结果表明：总体上学生对复旦大学校本英语考试持积极的态度，认为该考试能反映他们的英语水平；但学生对该考试中口语考试的效度表示怀疑，认为考试的真实性不强；学生对考试的难度水平也不太满意。对学生的访谈再次证实，学生对考试设计总体比较满意，认为该考试能对学生听、说、读、写水平进行较全面的测量。访谈中学生表达了对考试难度的不满以及对口语考试的否定态度，认为口语考试不能反映他们的口语水平。除了了解学生对复旦大学英语考试的看法外,他们还探究了学生对考试的认识在性别和英语水平层面上是否有差异。结果发现:男女生对考试的认识和态度不存在显著性差异;性别与学生英语水平的交互影响也没有统计上的显著性差异;不同英语水平的学生对考试的认识有显著性差异,表现为英语水平越高的学生对考试的态度越积极。

考试对学生英语学习认识和态度的反拨效应证实了反拨效应的复杂性。詹颖(Zhan,2009)认为,这种复杂性体现在以下方面:考试对学生的认识和态度不会产生反拨效应影响;考试对学生的认识和态度产生正面或负面的影响;考试对学生的认识既会产生正面的影响也会产生负面的影响;考试对一些学生的认识和态度产生影响,而对另外一些学生的认识和态度不产生影响;考试对学生认识和态度的影响不同于对教师的影响;考试不只影响学生的认识和态度,还会影响他们的学习过程。

2.7.2 对学习过程的反拨效应研究

休斯(Hughes,1993)认为,"过程"是指参与者采取的任何有助于学习过程的行动。对学习过程的反拨效应主要涉及学生学习的内容、学习策略或考试策略的使用等。以下列举部分关于学习过程反拨效应的代表性研究:

瓦塔纳比(Watanabe,1992)通过问卷的方式调查了日本大学入学考试对日本 EFL 学习者学习策略的反拨效应影响。参与调查的学生分为两组:一组是参加大学入学考试被录取的学生,另一组是推荐免试入学的学生。问卷调查进行两次,一次是在大学入学考试实施两个月后进行,一次是在大学新生入学后第一周进行。调查结果发现,参加过入学考试的学生比推荐免试入学的学生使用了更多的学习策略。也就是说,考试对学生学习策略的使用带来了有益的影响。这一结果不但与研究者的预期相反,与当时许多关于大学入学考试负面影响的评论也相反。研究中他还发现:

个体语言能力的差异、备考课和学生学习动机都会成为影响学生学习策略使用的因素，然而该考试却不能帮助考生使用社会情感策略。詹颖（Zhan，2009）认为该项研究存在两个不足：（1）由于调查是在入学考试实施两个月后进行，不能确信考试的影响在那段时间是否还存在且影响明显；（2）由于研究只使用了问卷调查，没有进行三方验证，无法得知或验证考生在问卷中反映的情况与他们的实际情况是否一致。就连瓦塔纳比（Watanabe，1992）本人也承认，由于变量和参与者类型有限、缺乏历时研究、研究方法单一等局限性，应谨慎对待研究的结论。后来，瓦塔纳比还通过访谈进一步了解日本大学入学考试是否激发了学生的学习积极性。结果表明："不是考试本身激发了学生，而是考生对考试难易程度的认识调节了积极反拨效应产生的过程。"（Watanabe，2001：109）他的研究进一步证明了奥尔德森、沃尔（Alderson，Wall，1993）提出的考试只是决定改革成败诸多因素中的一个的结论。

格萨（Gosa，2004）采用日志的方法研究罗马尼亚中学生毕业英语考试（Baccalaureate，简称 Bac）对课堂和课后学习的影响。通过对 10 名学生日志数据的分析，格萨发现：（1）学生期望课堂上教师的教学针对考试进行，然而他们的期望在课堂上没有实现，因此学生就主动在课外加强对考试任务的训练；（2）学生对任务类型和语言技能的选择很大程度上受 Bac 的影响，Bac 考试所强调的内容和任务类型会受到师生的重视，反之，Bac 中不考的技能（如听力和口语技能），教与学中就会被忽视；（3）Bac 反拨效应产生的方式因学生的不同而不同。这些研究结果与先前的反拨效应研究结论基本一致。格萨本人承认她的研究也存在一些不足：首先，仅采用日志的方法不能对数据分析过程中反映出的问题进行进一步探究；其次，由于日志的不可控性，日志方法似乎不是探究反拨效应最好的工具，应采用其他辅助方法配合使用。詹颖、安德鲁斯（Zhan，Andrews，2014）还认为格萨的研究虽用"期望"来解释学生在课堂上几乎没有经历反拨效应的原因，但她却没有建立起期望和反拨效应程度和类型的联系。

斯通曼（Stoneman，2006）调查了香港理工大学学生对两项毕业出口考试"大学毕业英语水平测试（GSLPA）"和"雅思统一英语水平评核计划（IELTS-CEPAS）"的看法，以了解他们是否为考试做过相应准备。该项调查是基于奥尔德森和汉普·里昂斯（Alderson，Hamp-Lyons，1996：296）的反拨效应假设"考试的风险或地位影响反拨效应的程度和类型"所开展的。斯通曼用学生问卷调查和半结构性访谈的方式收集数据。通过对学生备考活动的分析和比较，她发现参加 IELTS-CEPAS 考试的学生比参加 GSLPA 的学生有更多的备考活动，这似乎表明学生的备考行为受考试地位的影响，即有较高地位的考试会引起更多的备考活动。不过，她指出两项考试备考活动的本质没有什么差异，因为两组学生所选择的学习活动的主要目的都是应试或针对考试的训练。斯通曼的研究局限在调查考生的备考行为，而"备考行为是反拨效应普遍现象中的一部分"（Lumley，Stoneman，2000：51）。香港理工大学学生正常情况下的英语学习怎样受这两个毕业考试影响尚不清楚，还需进行进一步调查（Zhan，2009）。

史志民（Shih，2006，2007，2009，2010）探讨了台湾通用英语水平考试（GEPT）对学校政策制定、教与学的影响。他选取了两所制定不同毕业政策的科技大学的英语专业学生作为研究对象。大学 A 在毕业政策中没有规定 GEPT 要求，大学 B 毕业时对学生 GEPT 成绩有具体要求。数据收集主要采用了访谈、课堂观察、文件分析等质性研究方法。他对调查结果进行分析发现：尽管 GEPT 对两所学校英语学习产生了不同程度的反拨效应，大学 A 的学生似乎比大学 B 备考活动少，但学生都没有对考试进行长期系统的准备。他还发现 GEPT 对学生学什么以及怎样学有影响，具体而言：在 GEPT 的影响下，学生更注意听力、阅读技能的训练并且经常使用 GEPT 备考书目和往年考题作为学习材料；在学习策略方面，学生使用了大量备考策略，如去培训学校、朗读和应试策略训练。研究还发现学生在备考口语方面比其他语言技能采用了更多的学习策略，如一些学生采取和同学练习的方法，一些学生独自练习，还有的学生采取大声朗读课文的方法等。史志民（Shih，2007）认为这是由于学生平时很少训练口语技能，他们希望形成自己的口语考试应试策略。他发现通用英语水平考试似乎对一些参与者的英语学习动机产生了负面影响。史志民（Shih，2007）认为一些学生表现出的挫败情绪和学习动机缺乏是因学校英语课程与考试内容之间的差异所致，因为学生不能把课堂上学到的东西运用于考试。然而，史志民对研究方法和研究的具体信息交代不够清楚，如研究时间是在GEPT 实施之前什么时候，这在一定程度上影响了对研究结果的解释。

唐雄英（2005）通过问卷调查和访谈调查了 508 名大学二年级和 511 名大学三年级学生对大学英语四级考试的态度，以及他们自己如何理解大学英语四级考试对其英语学习的影响，以揭示该考试在特定教学情境中的后效影响。研究结果显示：总体上学生对大学英语四级考试的态度在年级和性别上不存在显著差异，但在专业、学习兴趣和学习意义上差异明显。大学英语四级考试影响了学生学习的态度、内容、方法、速度和顺序以及学习的深度和广度等。然而，这些差异在一定程度上因人而异。一些其他因素如动机、兴趣、年龄也会干预考试的影响。她的研究还发现，学生对学习的兴趣有助于减少考试对教学的负面影响，对女生产生的负面影响少于男生。她得出的结论是，考试作为一种评价手段，其自身的效度不能保证对教学产生好的后效作用，如何运用考试是影响考试后效作用的重要因素（唐雄英，2005）。

范劲松、俞理明（Fan，Yu，2009）采用问卷调查和半结构性访谈方式研究了中级口译考试对学生学习的反拨效应。调查包括学习动机、学习内容、学习策略、学生对考试的总体认识、语言能力提高 5 个部分。结果表明考试对学生的英语学习产生了正面和负面的反拨效应。正面的反拨效应表现为考试激发了学生英语学习的动机和热情，拓展了学习内容和方法，学生对考试设计的科学性持正面的认识并认为考试促进了他们语言能力的提升。负面的反拨效应表现为学习范围变窄、内容多为应试性的（如注重模拟练习）、死记硬背的应试做法以及焦虑情绪。

辜向东和肖巍（2013）通过问卷调查了解我国大学英语四级考试（CET-4）对我国非英语专业大学生考试策略使用的反拨效应，并探讨考生考试策略的使用特征、CET-4对策略使用的反拨效应强度和方向。研究结果表明：（1）学生在考试时更关注应试技巧和考试管理技巧而非语言学习和使用本身；（2）CET-4对考试策略使用产生的反拨效应强度一般，对认知策略使用有中等促进作用，对考试管理策略和应试技巧有微弱的促进作用；（3）CET-4对考试策略使用的反拨效应趋于正面。根据研究结果，他们对大学英语考试和大学英语教学提出了如下建议：通过增加主观题数量适度降低客观题比重，引导学生积极运用各种认知和元认知策略，抑制应试技巧的使用，增加备选考试题型，开发新题型，以减少应试技巧的训练。与此同时，他们还指出应试技巧对考试成绩的提高作用有限，认知策略才能显著提高考试成绩，应重视对认知策略能力的培养，坚定"平时学好了，考试没问题"的信念（肖巍，2013）。

辜向东、张正川和刘晓华（2014）用学生学习日志并辅之访谈的方法收集数据，对备考CET-4、CET-6和已通过CET-6的三个学生群体就课外英语学习的活动类型、投入时间、学习目的三个方面进行了对比分析，以探究2005年改革后的大学英语考试对学生课外英语学习过程是否产生了影响以及产生了怎样的影响。研究表明：备考CET-4和CET-6的学生在单词识记和五项基本技能训练方面的频率均高于已过六级的学生，说明改革后的大学英语考试在一定程度上对学生课外英语学习过程产生了积极的反拨效应影响，但持续时间较短。三个群体在单词识记、阅读和听力技能训练方面的频率均高于写作和翻译技能，他们认为考试的分值分配、题型设计和技能提高的难度是主要影响因素。此外，他们还认为学生的英语水平、考试经历、对考试重要性的认识以及考试难度、课程设置、教材、师资水平等也是引起反拨效应差异的因素（辜向东，肖巍，2013）。

詹颖（2013）和詹颖、安德鲁斯（Zhan，Andrews，2014）通过学习日志和访谈对来自同一所大学的三名学生的课外英语学习情况进行为期一年的追踪，旨在探究现行大学英语四级考试对非英语专业大学一年级学生课外英语学习过程的影响。通过对 106 篇学生日记和 30 次访谈数据的分析，她发现：在大学英语四级考试的影响下，三名大学生更倾向于改变学什么而非怎么学。除考试外，其他因素如学生对四级考试的理解、对自己作为英语学习者的认识、过去的考试和学习经历、他人的四级考试经历以及学习环境等因素都会调节四级考试的后效作用。研究者采用动机领域中"可能的自我"概念解释了学生对可能的自我的认识会很大程度上调节反拨效应的类型。正如研究者本人提到的，研究的数据收集是在新的四级考试刚刚全面实施之时，其积极后效也许并不能在早期就显现出来。其次，该研究是个案研究，样本量较少，个案均为一所大学的女生且英语水平中上，因此，该结论在借鉴和推广上存在缺陷。另外，参与者的课堂学习和课外学习密不可分，四级考试对学生课堂学习行为的影响也值得进一步研究。

范劲松、季佩英和宋小梅（Fan，Ji，Song，2014）对复旦大学校本英语考试（FET）的反拨效应进行了研究。除了调查学生对考试的看法，他们还调查了考试对学生英语学习的影响。问卷调查结果显示：FET 没有对学生的英语学习态度、备考策略和学习内容产生很大影响。相比而言，FET 对备考策略的影响较大，对学习态度产生的影响最小。调查还表明，由于考试，学生会更加重视英语学习，然而他们并不认为备考和参加 FET 能提高他们英语学习的信心；学生会因为考试进行更多的口语方面的活动。访谈结果也表明，考试给他们的英语学习带来更多的动力和更大的压力，他们会投入更多时间在英语学习上。但是考试的反拨效应影响在范围和强度方面很有限，学生只有在临近考试的一个月和几周内才会花时间备考，如做一些模拟题。由于 FET 仅是学校范围内新开发的一项考试，考试对学生的学习动机没有产生很大的影响。研究者还检验了性别和学生英语水平对反拨效应的影响，结果表明，性别和学生英语能力对学生学习态度、备考策略和学习内容没有显著影响。

多数关于学习的反拨效应研究都会涉及对学生学习过程的研究。通过文献回顾研究者发现，对学习过程的反拨效应研究方法既有定量方法，如瓦塔纳比（1992），也有质性的方法，如格萨（Gosa，2004），詹颖、安德鲁斯（Zhan，Andrews，2014），辜向东、张正川、刘晓华（2014）。采用量化和质性研究相结合的方法不多见，如斯通曼（Stoneman，2006）。量化研究可以针对大样本群体，但是不能对研究中的一些具体问题作更全面深入的回答。质性研究虽然能对学习过程进行深入的探讨和挖掘，但由于涉及样本很小，研究结果不能推广到更大范围，难以形成对学习过程的反拨效应更全面深入的认识。因此，有关学习过程的反拨效应研究在研究方法上还需进一步完善。

2.7.3 对学习结果的反拨效应研究

休斯的参与者、过程、结果三分法以及贝利的反拨效应模型都涉及考试对学习结果的反拨效应，奥尔德森、沃尔（Alderson，Wall，1993）的 15 条反拨效应假设中关于考试影响学生学什么以及学习的程度与深度都与考试对结果的反拨效应有关。根据休斯（Hughes，1993）的观点，结果指学到了什么（如技能）和学习的质量（语言的流利度）。标准化考试对教育结果的影响以及对考试分数的解释已成为教育领域关注的中心问题，然而很少有研究者关注考试对学习结果的影响（Green，2007b，2013；Wall，2000）。学生是否为某一考试学得更多或者更好，却少有证据支持（Wall，2000）。一些研究者建议重视考试对学习产出或学习结果的反拨效应研究（如邹申，董曼霞，2014；Messick，1996；Tsagari，2007）。对学习结果的反拨效应研究有的采用考试的方法（Hughes，1988；Khaniya，1990a），有的采用问卷调查和访谈的方法进行验证。以下是对学习结果反拨效应的几例研究。

休斯（Hughes，1988）对伊斯坦布尔海峡大学（Bogazici）新设计的一项英语能力考试进行了研究，以实现通过考试方法评价考试对学习结果的影响的目标。该项考试设计的目的是检测那些要进入大学学习的学生的英语能力和水平，要求学生必须通过考试才能进入大学学习。考试的内容包括听力、阅读、写作。研究表明，新考试引入后大学生英语能力确实得到了提高。休斯通过两个指标说明这一点：一是新考试引入一年后学生能达到可接受的最低分数的比例从先前的 50% 增加到 83%；另一个来自对老师的调查，老师认为通过了新考试的学生英语能力比之前没有经过考试入学的学生好很多。休斯认为这一结果是考试的正面反拨效应所致，因为"为考而教（被认为不可避免的）使得教学针对恰当的课程目标"（Hughes，1988：145）。然而，休斯关于学生英语能力提高的结论是尝试性的，因为她所提出的方法不能直接得到这一结果。例如，在休斯的研究中没有证据显示学生为考而学使得更多学生通过这项考试（Zhan，2009）。

肖哈密、多尼萨·斯密特、费尔曼（Shohamy，Donitsa-Schmidt，Ferman，1996）对 1993 年在以色列的研究对象进行了重访。他们使用教师访谈和学生问卷的方法了解考试是否促进了学生的学习。高年级教师认为考试没有促进学生 ASL 的学习，而低年级教师认为考试对促进 ASL 学习有一些影响。老师们坚持认为，EFL 口语考试直接推动了学生口语水平的提高，然而学生的观点与教师不同。调查显示，34% 的学生认为他们的英语水平很大程度上受考试影响，46% 的学生认为几乎没有影响。两年后，费尔曼调查了修订后的 EFL 口语考试是否促进了学生英语学习，她用同样的方法得到了与肖哈密等（Shohamy et al.，1996）相似的研究结果。

在香港，安德鲁斯、弗利洛夫、王娅玛（Andrews，Fullilove，Wong

Yama，2002）调查了"应用英语口语考试"UE引入后是否促进了学生英语能力的提高。为防止考生针对考试进行大量训练影响研究结果，他们设计了一项中立性考试。该考试与课程六级、七级目标和口语考试大纲一致，考试形式上也与UE一致。因此，该考试被认为是适合他们研究目的的一项理想的考试。共有三批学生参加了他们的研究，第一批（1993年批）是不参加UE口语考试的学生，第二批（1994年批）是考试实施第一年参加口语考试的学生，第三批（1995年批）是考试实施第二年参加考试的学生。通过比较三批学生的考试结果并分析他们口语考试内容的语言与结构特征，安德鲁斯等（Andrews et al.，2002）发现UE的引入对学生口语表现有一些影响，且影响在考试实施的第二年比第一年明显。此外，研究还表明UE对学生口语表现的影响因学生不同而不同。在一些情况下，考试确实促进了学生口语能力的提高，但在另外的情况下，考试只显示了学生表面学习结果的进步，并未真正提高其口语能力，如学生通过熟悉考试形式、死记硬背考试相关内容以及考试的程式化来优化学习结果等。换句话说，学生虽学会了一些语言使用特征，但他们不知道该何时以及怎样恰当运用。对学习结果反拨效应的实证研究再次表明，我们不能想当然认为好的考试会促进学习的进步，一项不好的考试会导致学习的退步。

里德、海耶斯（Read，Hayes，2003）对两种雅思课程进行了比较。课程A是为期一个月的雅思（IELTS）备考课程，主要向学生提供考试信息、考试策略建议和各种考试训练。课程B是为期8个月的雅思课，课程注重语言知识和技能的开放式话题并附带一些考试任务。通过实施访谈、课堂观察、问卷调查、前测和后测发现，两门课程有较大差异，课程A的教学仅围绕雅思考试进行，课程B更多的是以学生为中心，鼓励学生运用多种技能和策略与教师互动，课堂气氛更为活跃。两种课程存在差异的主要原因是教学时间长短差别较大，且教学目的不同。通过前测和后测数据的比较，研究者发现，两种课程中几乎一半的学生都有0.5

分到 1.5 分的增长。然而，通过配对样本 t 检验对所有学生分数进行比较，发现其增长并不显著。不过，研究者发现课程 A 的学生在雅思听力模块中分数的增长具有显著性，意味着课堂上投入大量时间进行听力考试和练习对课程 A 的学生有益。然而，我们很难区分学生分数的增长是听力能力提高所致还是考试方法促成的，以及这种听力能力是一般性技能还是针对 IELTS 的听力技能。换句话说，没有对学生所学知识技能的详细分析，很难仅通过考试分数就说明考试带来了正面的反拨效应，促进了技能的提高。里德和海耶斯（Read，Hayes，2003）认为，学生需要经历一个强度较大、时间较长的学习过程才可能在像雅思之类的能力性考试上的分数有实际的增长。因此，考试对学习结果的反拨效应检验需要的时间相对较长，适合追踪研究。

费尔曼（Ferman，2004）对土耳其大学入学口语考试的反拨效应进行了研究。该考试包括口语和阅读，具体由四部分构成：延展性访谈、角色扮演（使用提示卡）、对两本书的口头报道和对考试之前两年来所学过的一些文学作品的考试。受试为 18 名教师和 120 名来自 3 所不同中学 6 个班的不同水平的 12 年级学生。研究采用了结构性问卷、开放式访谈和文件分析的方法。研究结果表明，英语教学督导、教师和学生认为口语考试对促进学生全面掌握英语有影响，但对其掌握的程度三者意见不一。教学督导认为口语考试产生了很强的反拨效应影响。他们认为尽管口语考试针对高年级学生，但在低年级就开始重视口语技能了。教师认为并不是考试所有的部分都会对口语能力的提高产生预期的影响，他们对阅读能力的提高持怀疑态度（Ferman，2004）。80% 的学生认为考试对他们英语能力的提升有促进作用，但不同水平的学生提高程度不同。获得 4 分（平均能力水平）的学生更赞同他们整体英语能力水平提高了，而且这些学生的父母参与他们学习的程度显著高于其他分数的学生群体。这说明除学生自身因素外，父母对他们学习的关注和投入也会影响他们学习的结果。

在英国，格林（Green，2007b）对雅思备考课程、学业目的英语预备课程（English for Academic Purposes，简称 EAP）、两者兼具的课程三种课程类型学生的学习内容以及学习表现进行了比较，其目的是了解三种不同课程类型学习上的差别，以及雅思备考课程是否比非备考课程更有助于学生在雅思写作考试中获得更高的分数。结果发现，三种不同课程的学生在学习内容上不同，如在雅思备考课上，课程作业直接指向雅思，布置给学生的写作任务与雅思密切相关；在 EAP 课上既包括与考试类似话题的限时写作训练，也包括与学生学业课程相关的具体话题。在研究考试对学习结果的反拨效应时，除了学习者雅思学术写作的分数，还通过问卷调查和考试获得了三种不同课程类型学习者的数据。通过对数据的分析发现，雅思备考课程的学习者与学业准备课程学习者在雅思写作考试分数上没有显著差异。也就是说，教学范围狭窄的雅思备考课程并不比教学范围宽泛的基于学业目的的英语课程更有利于提高学生雅思写作的分数。简而言之，雅思写作考试备考课程并不比非备考课程更能使学生获得更高的分数。然而，学业准备课程中的学习者在学术写作技能方面是否有更大的提高，以及在学业准备课程中教授学术写作技能是否有助于学业成功，还需要进一步研究。

相对于对学生认识和态度以及学习过程的反拨效应研究，对学习结果的反拨效应研究比较匮乏，这与进行此研究有较大难度有关。关于这一点，沃尔（Wall，2000）曾指出："在探讨对学习结果影响的反拨效应中涉及两个问题，一是需要对考试引入前、后进行比较，二是需要一项能测量这个'合适'东西（课程目标）的独立的考试，这两点在目前研究形式下都难以做到。"这也是造成此类研究较少的重要原因。

2.7.4 小结

通过对文献的回顾，我们发现，对学生和学习的反拨效应实证研究已有二十多年的历史，不过早期关于学生和学习的反拨效应研究主要是为了对教师和教学反拨效应研究提供证据补充或三角验证（如 Cheng，2005；Ferman，2004；Li，1990；Qi，2004；Shohomy，1993；Shohomy，et al.，1996；等），直接针对学生和学习开展的反拨效应研究很少。近十多年有关学生和学习的反拨效应逐渐受到关注。这些研究中，考试对学生认识和态度的影响是反拨效应研究主要讨论的领域，大多关于学生和学习的反拨效应研究都会涉及（如董连忠，2014；Cheng，1998a，1998b；Ferman，2004；Gu，2007；Li，1990；Shohamy，et al.，1996；Qi，2004a；Xu，2014；等）。对学习过程的反拨效应研究相对较多的有瓦塔纳比（Watanabe，1990），格萨（Gosa，2004），斯通曼（Stoneman，2006），史志民（Shih，2006，2007），詹颖、万志红（Zhan，Wan，2014），詹颖、安德鲁斯（Zhan，Andrews，2013），辜向东、张正川、刘晓华（2014）。与对学生认识和态度以及学习过程的反拨效应研究相比，针对学习结果开展的反拨效应研究较少，仅有为数不多的几例，这主要与对学习结果进行研究比较困难有关。

2.8 文献综述对本研究的启示

本章通过对反拨效应相关文献的回顾发现，在应用语言学领域反拨效应已引起研究者的广泛关注，不同教育背景下采用不同研究方法针对不同类型考试进行的反拨效应研究数量在不断增加。研究表明，反拨效应极其复杂，多种因素都会参与调节反拨效应的产生。因此，需要从多种维度进行反拨效应研究才能深入了解其复杂现象。尽管反拨效应研究取得了丰硕的成果，然而仍不能说我们对反拨效应现象有了全面深入的了解。有关反拨效应的研究已趋近完善，但仍有很多问题需要进行研究。对文献的回顾和梳理为本研究提供如下启示：

（1）研究角度。现有的反拨效应实证研究多从宏观角度，通过大规模调查了解考试参与者对考试的认识，以及考试对参与者行为的影响，鲜有研究从微观角度深入细致地了解考试风险承担者的心理变化过程，以及引起这种心理变化过程背后的原因（邹申，董曼霞，2014）。极少有研究从宏观与微观两个角度出发探讨高风险考试的反拨效应影响。而且，多数研究是从教师和教学角度出发探究考试的反拨效应，鲜有研究探究考试对学生和学习的反拨效应影响。

（2）研究方法。现有研究中有的仅采用量化的研究方法（如辜向东，肖巍，2013；肖巍，辜向东，倪传斌，2014；Lam，1994；Li，1990；Shohamy，1992；Wesdorp，1983；Xu，2014；等），量化研究方法虽能探讨变量之间的关系，却无法获知考试对参与者内在心理变化过程的影响，以及引起这种心理变化的原因。有的研究仅采用质性方法，如辜向东、张正川、刘晓华（2014），格萨（Gosa，2004），詹颖、安德鲁斯（Zhan Ying，Andrews，2014）等描述了反拨效应现象并确定了促成反拨效应产生的因素。研究表明，反拨效应极其复杂，环境因素和个人因素都对反拨效应的性质和影响范围起作用。对这些问题的回答仅采用单一的质性或量化的研究方法是无法实现的，需量化和质性研究相结合。鉴于此，本研究选择量化研究和质性研究相结合，即采用问卷调查、半结构性学习日志、师生访谈的方法，既能探测考试对学生学习过程和内在心理的影响，也能探究各变量间的关系，可使对反拨效应现象的认识和理解更全面、更深入。

（3）研究内容。对学生和学习的反拨效应研究中，多数研究探讨考试对参与者认识和行为过程的影响。在对学习过程影响的研究中，也主要是针对学生的课外学习（如辜向东，张正川、刘晓华，2014；Zhan，

Andrews，2014等），极少有研究针对学生课堂和课外学习进行全面的研究，而且这些研究中对学习结果影响的研究很少。汉普·里昂斯（Hamp-Lyons，1997）认为学生是考试最直接的参与者和风险承担者，因此需要更多地从学生的角度研究考试对备考、应试和学习结果的影响。陈颖（2009）也强调教育改革的最终目的是提高教学质量和学生水平，反拨效应研究应把考试对学生学习效果的影响作为不可或缺的一个环节。亓鲁霞（2011b）也指出了反拨效应研究中针对学习结果开展的研究不足。此外，极少有研究探讨反拨效应的差异性。在奥尔德森和沃尔的15种反拨效应假设基础上，奥尔德森和汉普·里昂斯（Alderson，Hamp-Lyons，1996）提出反拨效应的类型和强弱程度在不同教师和学生群体中有所不同。然而，少有实证研究对此假设进行验证。席小明（Xi，2010）也认为尽管有大量关于大规模考试后效的研究，但没有研究去探讨某个考试对不同受试群体影响的差异。鉴于此，本研究拟把年级作为变量探究高考英语对不同年级学生英语学习影响的差异。

总之，通过对文献的回顾和梳理，我们较全面地了解了反拨效应研究目前所取得的进展和成绩，同时也发现了研究中存在的不足。鉴于这些不足，本研究拟分别从宏观和微观的角度入手，采用量化和质性相结合的方法，探讨高考英语对高中三个年级学生对英语学习认识、学习过程和结果的反拨效应影响。

2.9 本章小结

本章详细地回顾了反拨效应研究的相关文献，对明确研究目的、确定研究目标作了较充分的准备。对反拨效应文献的回顾涉及7个方面。

（1）反拨效应研究起源。通过对文献的回顾发现考试的反拨效应起源于考试被赋予了多重功能或多重目的，测评驱动教学的理念以及语言考试近期的发展。（2）反拨效应的界定。要进行反拨效应研究，必须对概念进行清楚界定，厘清几组相关概念，如反拨效应的定义、"washback"与"backwash"、"washback"与"impact"，明确反拨效应的表现形式。（3）反拨效应与效度的关系。目前有两种观点，一种认为反拨效应与效度密切相关，另一种认为反拨效应与效度之间没有必然和直接的联系。笔者倾向于支持考试的反拨效应与效度没有必然联系的观点。（4）反拨效应的维度。反拨效应极其复杂，要全面深入了解这一现象，需从多个维度进行研究，包括具体性、意图、强度、长度、性质。本书拟从性质、强度和长度三个维度探究高考英语对高中生英语学习的反拨效应。（5）促成反拨效应实现的因素。反拨效应的复杂性源于促成反拨效应产生的因素很多。本书从考试因素、个体因素和环境因素三个方面对这些因素进行了梳理和总结。（6）对学习者和学习反拨效应实证研究进行回顾与梳理。具体包括对学生的认识和态度的反拨效应研究、对学习过程的反拨效应研究、对学习结果的反拨效应研究。对相关实证研究进行回顾和梳理不仅可帮助研究者明确研究目的，确定研究问题，还提供了研究方法和思路上的参考。（7）对文献综述的总结与反思为当前研究提供了研究角度、研究方法、研究内容方面的启示。

第二章
研究设计

3.1 引言

上一章回顾了反拨效应的起源，厘清了反拨效应的关键术语以及反拨效应与效度的关系，阐述了反拨效应研究的维度，分析了促成反拨效应产生的因素，梳理了考试对学习者和学习的反拨效应实证研究，基于文献的回顾和梳理总结了研究启示，最终确定了本研究的主要内容。

根据上一章对反拨效应文献的回顾、梳理、总结与思考，本章将对本研究进行设计。研究设计包括 10 个小节：3.1 节为本章引言，介绍本章总体结构；3.2 节构建本研究概念框架；3.3 节呈现本研究的 3 个研究问题，并对研究问题的关键概念进行界定；3.4 节介绍本研究所采用的研究方法和理据；3.5 节根据本研究选取的研究方法确定相应的研究工具，并对研究工具的编制依据和编制过程进行说明；3.6 节介绍调查问卷和学习日志两种研究工具的预测情况；3.7 节汇报正式研究涉及的研究对象、数据收集过程和数据分析方法；3.8 节总结本研究在确保各研究工具信度与效度方面所采取的措施和考虑；3.9 节阐明本研究实施过程中的一些伦理考虑；3.10 节对本章进行小结。

3.2 研究概念框架

自 20 世纪 90 年代初期以来，反拨效应研究实现了从反拨效应主张到反拨效应理论框架建立的飞跃（Gu，2007）。提出假设、构建模型是对反拨效应理论研究的不断推进（亓鲁霞，2012），也有助于理解反拨效应的机制（Hughes，1993）。已有研究者提出了一些反拨效应理论假设和模型，如奥尔德森、沃尔（Alderson，Wall，1993）提出的 15 条反拨效应假设，史志民（Shih，2007）的学生学习反拨效应模型，格林（Green，2007a）的融合强度和方向的反拨效应模型。反拨效应本质上是一种社会现象，其运行机制必然与所处的教育和社会环境密切相关，任何一种理论模型都很难具有普遍推广性和广泛应用性（邹申，董曼霞，2014）。邹申和董曼霞（2014）还指出，进行反拨效应研究应结合具体的社会环境和教育实际，借鉴现有研究成果，建立符合教育和考试实际的理论模型或框架以指导实证研究。因此，本研究也需要在前人研究的基础上构建一个概念框架以指导当前研究。所谓概念框架是指以文字或图表的方式对研究现象的构成维度以及这些维度之间的关系进行描述和解释的架构图（Miles，Huberman，1994）。概念框架的构建既可基于理论也可基于常识，既可粗浅也可详实，既可以是客观描述，也可以有严密的逻辑关系（夏洋，2015）。

3.2.1 构建概念框架的理论依据

本研究概念框架的构建在理论上主要参考了休斯（Hughes，1993）、贝利（Bailey，1996）、史志民（Shih Chih-min，2007）的反拨效应模型。

（1）休斯（Hughes）的反拨效应三分法

休斯（Hughes，1993）提出了参与者、过程、结果的反拨效应三分法（见表3.1）。根据休斯（Hughes，1993）的观点，"参与者"不仅指学生和教师，还包括行政人员、材料开发者和出版商，他们对学习和工作的态度会受考试的影响。"过程"指参与者采取的任何有助于学习过程的行动，具体包括材料的开发、大纲的设计、教学方法的改变、学习和考试策略的使用等。"结果"指所学到的东西（事实、技能等）和学习质量（流利度）。随后，休斯阐释了这种机制运行的方式并提出："考试的性质首先影响参与者对教学和学习任务的认识和态度，这种认识和态度进而影响参与者如何实施他们的工作（过程），包括练习考试中出现的题型，最终影响学习的结果。"（Hughes，1993：2）此模型虽简单，却反映了反拨效应运行的机理，为反拨效应实证研究提供了操作框架，也是反拨效应实证研究中运用最为广泛的理论模型之一。然而，该模型仅描述参与者、过程、结果之间的单向关系，忽略了结果可能反过来影响参与者的认识和过程这一点。

表 3.1　反拨效应三分法

☆参与者——学生、教师、行政人员、材料开发者和出版商，他们对学习和工作的态度会受考试影响；

☆过程——参与者采取的任何有助于学习过程的行动；

☆结果——所学到的东西（如事实和技能等）以及学习的质量（如流利度）。

来源：Hughes，1993：2.

（2）贝利的反拨效应基本模型

在休斯（Hughes，1993）三分法的基础上，贝利（Bailey，1996）提出了自己的反拨效应基本模型（见图 3.1）。在讨论考试的影响时，贝利（Bailey）把影响分为对学习者的反拨效应和对教育计划（program）的反拨效应，前者指考试对学生的直接影响，后者指考试对教师、行政人员、课程开发者、教学顾问等的影响（Bailey，1996）。贝利的反拨效应模型反映出：（1）考试直接影响不同的参与者（如教师、学生、材料编写者、课程设计者和研究人员），参与者会通过不同的过程产生相应的结果；（2）除考试对参与者产生影响外，图 3.1 中还用虚线表示受考试影响的参与者也会反过来影响考试；（3）模型不只描述了考试、参与者、过程、结果之间的交互关系，也描述了结果之间的关系，如学习不只受到学生的影响，还会受教学、新材料和研究结果的影响，而且这些结果还会反过来影响考试。与休斯的三分法相比，贝利的反拨效应模型更全面地描述了各环节之间的关系，揭示了复杂的反拨效应现象。然而和休斯的三分法一样，贝利的模型仍然关心的是反拨效应是否存在以及对哪些层面产生了反拨效应，忽略了对促成考试反拨效应现象因素的探讨。

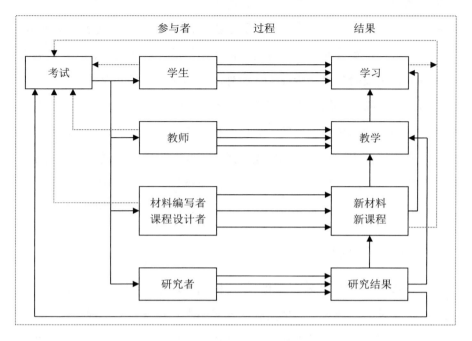

参与者　　　过程　　　结果

图 3.1　反拨效应基本模型

来源：Bailey，1996：264.

（3）史志民的学生学习反拨效应模型

与休斯的反拨效应三分法和贝利的反拨效应模型不同的是，史志民
（Shih，2007）的模型对促成反拨效应影响因素进行了较为全面系统的分析。
在史志民的模型中，影响因素包括外部因素、内部因素和考试因素。这些
影响因素又包括许多子因素，如外部因素包括社会经济因素，学校和教育
因素，家庭、朋友、同事因素，个人因素等，而且各子因素又划分为更具
体的内容；内部因素涉及个体差异、个体特征、个体对考试的认识，考试
因素基本覆盖了与考试相关的各个层面。此模型不只描述了外部因素、内
部因素和考试因素对学生学习和心理的直接反拨效应影响，还描述了这些
因素之间的相互作用对学生学习和心理产生的间接反拨效应影响。例如，

外部因素可以通过内部因素或者考试因素对学生的学习和心理产生反拨效应影响。在这个模型中，既有实线箭头也有虚线箭头，根据史志民（Shih，2007）的解释，实线箭头表示被研究证实的影响，虚线箭头代表可能存在的影响，还需要研究进一步证实。此外，史志民的模型还包括时间轴，表明反拨效应会随时间的变化而变化（见图3.2）。早在1996年肖哈密等人就曾指出考试的结果对以后的学习以及内部因素都会产生进一步影响。总体上，史志民的模型较全面地描述了考试影响学生学习的过程以及反拨效应运行的机制，进一步说明了反拨效应的复杂性。因此，在构建本研究概念框架时我们参考了史志民的模型，把影响因素纳入考虑范围。

3.2.2 实证证据

除了参考以上反拨效应理论模型外，构建概念论框架时研究者也借鉴了相关实证研究成果。一些实证研究表明考试反拨效应形成过程中，考试参与者或考试利益相关者对考试的认识起着重要作用。如马道斯、凯拉罕（Madaus，Kellaghan，1993）指出，考试对个人、学校或课程的影响实际上是一种观念现象。例如，如果教师和学生认为一项考试不是高风险考试，那这项考试的实际重要性就不那么显著。因此，他们认为反拨效应的性质受考试利益相关者对考试认识的影响。这一观点在后来的研究中得到进一步证实。如查普曼、斯奈德（Chapman，Snyder，2000）回顾了试图通过改革高风险考试提高教学质量的教育改革个案，得出了教育改革中的成功不能被保证的结论，这是因为考试本身不会影响教师的行为，而是教师对考试的观念在对其行为产生影响。布朗、赫希菲尔德（Brown，Hirschfeld，2005）也认为对考试不同的认识会引起不同的教学实践和学生的不同学习行为。米兹特（Mizutan，2009）也表明许多考试的反拨效应，无论是正面还是负面，都会受涉考者对考试目的、性质以及考试组织实施背景认识的影响。因此，这些实证研究的发现为本研究框架的构建提供了参考和启示，即反拨效应框架应体现涉考者对考试的认识在反拨效应形成中的重要作用。

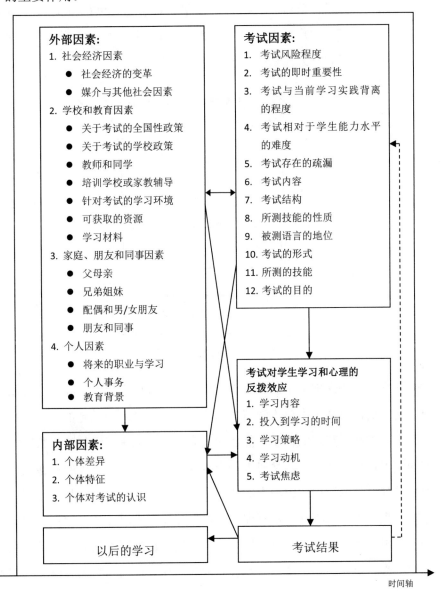

图 3.2　学生学习反拨效应模型

来源：Shih，2007：151.

3.2.3 本研究概念框架的构建

本研究参考了休斯(Hughes,1993)、贝利(Bailey,1996)和史志民(Shih Chih-min，2007)的反拨效应模型，借鉴了反拨效应相关实证研究成果，构建了本研究概念框架（见图3.3）。

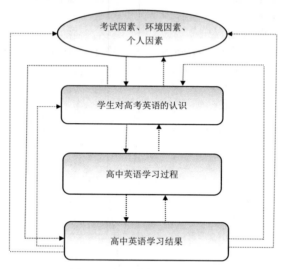

图3.3　本研究概念框架

在本研究概念框架中，研究者根据相关实证研究以及休斯的三分法提出，高考英语对高中生英语学习的影响不是由高考本身决定的，而是取决于高中生对高考英语的认识，然后通过高中生对高考英语的认识去影响他们的学习过程，并通过其学习过程影响其学习结果。史志民的反拨效应模型很重视对影响反拨效应因素的探讨，并认为各影响因素会相互作用共同影响学生的学习和心理。本研究概念框架参考了史志民的模型把影响因素纳入考虑范围。在本研究概念框架中，我们把影响因素划分为考试因素、环境因素、个人因素，这些因素彼此影响，相互作用。与史志民的模型不同的是，本研究框架反映的观点是各影响因素不会直接影响高中生的学习过程，而是先影响学生对高考英语的认识，然后通过他们对考试的认识去影响其学习过程。

本研究概念框架既关心考试反拨效应影响的层面，也反映反拨效应形成的机制。框架中各部分之间用虚线箭头互相指向，表明它们之间可能存在相互作用和相互影响的关系，对框架结构关系的探讨属于反拨效应机制研究的范畴。探究考试反拨效应形成机制的前提是回答考试是否产生了反拨效应影响以及在哪些层面产生了影响。鉴于目前尚未有研究探究高考英语对高中生英语学习的反拨效应，笔者拟对其进行探究。有关高考英语如何影响高中生的英语学习，即高考英语对学生英语学习反拨效应的机制，笔者将在接下来的研究中进行探讨。

3.3　研究问题及关键概念界定

本研究的目的在于探讨高考英语对高中生英语学习产生的影响。根据研究目的，结合本研究概念框架，笔者提出 3 个研究问题。由于不同的研究者对研究问题中一些概念有不同的理解，为使研究问题更明确、研究概念清晰且具有可操作性，这里有必要对研究问题中的关键概念进行界定。

研究问题 1：高中生怎样认识高考英语？哪些因素影响了他们对高考英语的认识？

研究问题 2：高考英语对高中生英语学习过程产生了什么影响？

研究问题 3：高考英语对高中生英语学习结果产生了什么影响？

本研究拟在重庆市部分中学实施，重庆市于 2004 年开始实施高考自主命题。因此，本研究中的高考英语指的是重庆市高考英语，高中生包括高一、高二和高三年级学生。高中生对高考英语的认识指高中生对高考英语的看法。影响学生对高考英语认识的因素包括个人因素、考试因素和环境因素。个人因素既指与考生本身有关的因素，也指与考生相关的重要个人的因素。考试因素涉及与考试有关的因素，如考试命题、考试内容。环境因素指考试所处的教育环境、教育相关部门、学校等实施考试相关的政策和措施等。根据奥尔德森、沃尔（Alderson，Wall，1993）对学习反拨效应的假设，以及格萨（Gosa，2004），詹颖、安德鲁斯（Zhan，Andrews，2014），唐雄英（2005）等的相关研究，英语学习过程包括学生英语学习动机、课堂英语学习和课外英语学习。课堂和课外英语学习从学习活动类型、学习内容、学习材料、学习方式、学习时间等方面展开分析和讨论。英语学习结果界定为学生英语能力。根据高中英语新课程标准（2012），英语能力包括语言技能、语言知识、情感态度、学习策略和文化意识 5 个维度。高考英语对高中生英语学习结果的影响，其实质是看高考英语是否促进了高中生英语能力的提高，或者说高考英语对高中生英语能力的提高起了什么作用，其作用程度如何。通过对这 3 个研究问题的探讨，我们可以比较全面地了解高考英语对高中生英语学习的影响。

3.4 研究方法

上一小节介绍了本研究的 3 个研究问题并对研究问题中的关键概念进行了界定。研究问题是选择研究方法的前提。为全面深入回答上述研究问题，我们采取以下研究方法。本小节将介绍本研究采取的方法及研究方法选择的理据。

3.4.1 混合研究方法选择的理据

基于研究问题的特点以及研究问题的需要，本研究采取了量化和质性相结合的混合研究方法。所谓混合研究方法是指在某一项研究的一个或多个阶段中将量化和质性研究混合使用的方法（Crestwell，et al.，2003）。诺曼、阿伦（Norman，Aron，2003）认为，使用混合研究方法主要是因为研究本身具有复杂性，或者研究者需要回答多个研究问题。也就是说混合研究方法的采用受研究本身的复杂性以及研究问题的多重性驱使。对此，布莱曼（Bryman，1988）和哈默斯莱（Hammersley，1992）也持同样的看法，认为采用什么样的研究设计取决于研究问题的性质和复杂性。反拨效应现象极其复杂这一点已被大量实证研究证实（如 Andrews，2004；Fullan，2001；Watanabe，1996b；等）。沃尔、奥尔德森（Wall，Alderson，1993）指出，由于反拨效应的复杂性，多种方法相结合进行研究相当重要。他们得出仅通过观察不能全面反映课堂上所发生的一切，还应采用访谈、问卷调查和材料分析等方法进行补充这一结论。瓦塔纳比（Watanabe，2004a）也指出，反拨效应是一种极其复杂的现象，它会影响教和学的很多方面，而且反拨效应的过程也会受诸多因素的调节，因此，进行反拨效应研究需要多种方法相结合。本研究不但要探讨学生对高考英语考试的认识，还要探讨高考英语对高中生英语学习过程和学习结果的影响，由此了解高考英语对高中生英语学习反拨效应影响的性质、强度和时间。研究涉及层面较多，研究问题较为复杂，要较好回答上述研究问题，必须采用量化和质性研究相结合的方法。

　　另外，任何单一研究方法都有其特点和局限性，这也是本研究选择混合研究设计的重要原因。根据数据的性质和类型，研究分为量化研究和质性研究。韦斯［Weiss，1998；转引自霍基（Hawkey，2006）］认为，量化研究能够以数值方式表达数据且以统计方式分析数据，而质性研究主要通过言语揭示现象，倾向于关注动态、意义和情景。杨鲁新（2012）认为，量化研究主要依靠对某一现象或事件可以量化的部分及其相关关系进行测量、计算和分析，以达到对现象或事件"本质"的一定把握，而质性研究是通过研究人员和研究对象之间的互动对某一现象或事件进行深入、细致、长期的体验，从而逐渐全面地理解该现象或事件的本质。有关量化研究和质性研究的区别，陈向明（2000）和梅里安姆（Merriam，1998）从研究重点、哲学根源、研究目标、研究内容、抽样方法、数据采集方法、数据解释、推广性等多个方面进行了对比。总之，量化研究和质性研究两种方法各有优势也有不足。量化研究涉及大量的研究对象和数据，其研究结果具有可推广性，但显示出较差的生态效度（Cheng，2005）。针对量化研究常用的工具问卷调查，德奥尼耶（Dörnyei，2002）指出，从实施和可操作的角度来看，问卷调查在研究者时间、精力和财力方面会更有效，然而很难对问题进行进一步探究，而且回收的问卷质量很大程度上取决于问卷回答者的态度，有的完成得很差，有的甚至不反馈（Cohen，Manion，Morrison，2007；Dörnyei，2002）。亓鲁霞（Qi，2004a）也提出使用问卷调查收集数据的优势是可以覆盖更多的研究问题，涉及更多的参与者，也容易达到较高的信度，然而也有可能因为很多人为因素影响问卷的效度。质性研究方法可对现实进行更全面的描述，揭示更复杂的现象，但耗时较长且研究结果不具有推广性（Cohen，Manion，1991；Hammersly，Atkinson，1983；Patton，1987）。质性研究中的访谈和观察比较费时费力，对研究技巧有很高的要求，但它有更多机会就访谈中的某一具体现象和问题进行进一步询问和探究（Cohen，Manion，Morrison，2007；Dörnyei，2007）。因此，量化和质性研究相结合的方法在研究中得到了普遍认可和推崇。如格林尼等（Greene，Caracelli，Graham，1989）认为，采用量化和质性研究的混合研究设计有着单一研究方法不可比拟的优势：一是可以用一种研究方法进行三角验证、补充或扩展另一研究方法获得的研究结果；二是可以比较两种研究方法获得的研究结果之间的差异，由此衍生出新的研究视角。因此，本研究拟采取量化和质性研究相结合的方法以丰富研究视角，拓宽研究视野，充分发挥量化研究和质性研究方式的互补作用。

3.4.2　研究问题与研究工具的选择

确定了混合研究设计后，接下来需要确定具体研究工具。本研究量化研究方法为调查问卷，质性研究方法为半结构型日志和访谈。每个研究问题选取的研究工具见表3.2：

表3.2　研究问题与数据收集工具

研究问题	研究问题特点	数据收集工具
★高中生怎样认识高考英语？哪些因素影响了他们对高考英语的认识？	描述性、解释性	问卷调查 学生访谈
★高考英语对高中生英语学习过程产生了什么影响？	描述性、解释性	问卷调查 学习日志 师生访谈
★高考英语对高中生英语学习结果产生了什么影响？	描述性、解释性	问卷调查 教师访谈

瓦塔纳比（Watanabe，2004b）指出，反拨效应具有复杂性，研究者应采取定量和定性相结合、多角度数据验证的方法。

研究问题1：高中生怎样认识高考英语？哪些因素影响了他们对高考英语的认识？

对此问题的回答首先基于大规模问卷调查，其原因在于问卷调查不仅可以覆盖更广的范围，包括更多的题项，同时可以对较多学生进行调查，使得调查结果在一定范围内具有推广性。然后对部分学生进行访谈以更深入了解学生对高考英语的认识。

研究问题2：高考英语对高中生英语学习过程产生了什么影响？

对学习过程影响的研究除了采用封闭式调查问卷外，还通过学习日志的方式记录他们的学习过程，然后从他们的学习过程中甄别高考英语对他们学习产生的影响。这是因为考试对涉考人员心理和行为的影响需要在自然状态下反映出来，学习日志被认为是记录他们这种自然状态的一种合适的方式。除了问卷和学习日志，还对部分师生进行了访谈，便于对问卷和学习日志的数据进行补充和阐释。相关文献表明，对学习结果的反拨效应研究多是基于学生或其他涉考者的认识和看法，也有研究通过考试结果做出判断。如仅基于学生或其他涉考者的认识和看法，缺乏交互验证，信服力会受到一定影响。如果是基于考试结果得出结论，很难得知考试结果是学生整体语言技能的提升所致，还是针对考试的某些技能得到了提升或是熟练了考试技巧所促成的（Booth，2012）。因为影响学习结果的变量很多，很难证实学生学习的进步是考试带来的影响。因此，本书对学习结果影响的探讨采取对学生实施问卷调查和对任课教师进行访谈相结合的方式进行交互验证。

总之，鉴于研究问题的需要以及混合研究设计的优势，本研究拟采取量化与质性相结合的研究方法以增强研究的说服力。量化方法采用了问卷调查，质性方法涉及学生学习日志和师生访谈。使用多种方法交叉验证又称方法三角验证（Hammersley，Atkinson，1983）。根据布兰嫩（Brannen，1992）的观点，方法三角验证包括方法间三角验证和方法内三角验证。方法间三角验证针对同一对象采用不同方法，方法内三角验证涉及同一方法在不同场合使用。本研究采取问卷调查、学习日志和访谈相结合的方法，属于方法间三角验证。

3.5 研究工具的编制

上一节我们介绍了本研究所采用的研究方法及选择理据，然后针对具体研究问题介绍了收集数据所采用的研究工具。明确了研究需要的具体工具后，本节拟探讨如何编制合理有效的研究工具。尽管反拨效应实证研究取得了较大进展，各种研究工具在反拨效应研究中已得到广泛应用，有的研究工具已比较成熟，然而反拨效应现象与其所处的社会和教育背景密切相关；因此，任何一种研究工具都不能直接用于当前研究，需要结合研究目的、研究背景并在参考和借鉴前人研究成果的基础上设计出适合当前研究的工具。以下将按照调查问卷、学习日志、访谈提纲的顺序依次介绍其研究工具编制的理据和过程。

3.5.1 调查问卷

所谓问卷，布朗（Brown，2001）认为是呈现给被调查者一系列问题并要求被调查者写出答案或从现有选项中做出选择的书面工具。郭强（2004）将其定义为为了达到调查目的和收集必要数据而设计出的一系列问题、备选答案及说明等组成的向被调查者收集资料的工具。秦晓晴（2009）指出，高质量的标准问卷具有以下特点：一是实施起来经济、简便、易行；二是能准确反映受试者的真实情况（匿名，不面对面，样本大）；三是收集的数据易于统计和分析。下面将详细介绍本研究调查问卷编制理据以及问卷评价与修改环节。

3.5.1.1 问卷编制理据

本研究的问卷项目是根据研究目的，采用对学生实施访谈，并参考相关研究问卷的做法进行编制的。问卷内容以及编制理据见表 3.3：

表 3.3　问卷内容及编制理据

主要内容	问卷项目设计依据
（1）学生个人信息	★根据研究需要
（2）英语学习动机	★学生英语学习日志 ★参考高一虹等（2003）、Qi（2004a）、Cheng（2005） ★对学生的访谈
（3）课堂英语学习	★学生英语学习日志 ★参考 Qi（2004a）、Cheng（2005） ★对学生的访谈
（4）课堂英语学习材料	★学生英语学习日志 ★对学生的访谈

续表3.3

主要内容	问卷项目设计依据
（5）课外英语学习	★学生英语学习日志 ★参考 Cheng（2005） ★对学生的访谈
（6）课外英语学习材料	★学生英语学习日志 ★对学生的访谈
（7）高考英语在高中英语学习中的作用	★高中英语新课程标准 ★对学生的访谈
（8）学生对高考英语的认识	★参考 Gu（2007） ★对学生的访谈
（9）影响学生对高考英语认识的因素	★对学生的访谈

3.5.1.2　问卷评价

初步设计的问卷需要进行评价才知道问卷设计质量的高低。对问卷项目的评价涉及编制者初步自评、专家和同行评价与反馈、受访者反馈、问卷综合评价 4 个步骤。

（1）编制者初步自评

问卷是用来回答本研究问题的重要工具。问卷的自我评价可检验问卷是否能够完整地回答这些问题，是否能够达到对研究问题所涉及现象进行描述、探索或解释的目的，问卷是否包含了研究问题的全部结构、每个结构的维度是否在问卷中得到了体现，以及是否有足够的问卷项目涵盖了每个维度等（秦晓晴，2009）。通过对问卷项目的审读，笔者认为编制的问卷能回答本研究所提出的问题。

（2）专家和同行评价与反馈

除了笔者本人对问卷进行评价外，还邀请了一位语言考试专家和三位同行对问卷进行评价和反馈。三位同行的研究方向均为语言考试，且从事过反拨效应研究，其中两位是在读博士，一位是高校英语教师。专家和同行主要是针对问卷的内容效度，外在形式，问卷项目与问题的相关性，问题表述和问卷形式的明晰性、可读性，问卷项目的冗余性等方面进行评价。他们对问卷给出了详细的反馈信息，表 3.4 仅列举已被采纳的主要建议。

表3.4　专家和同行对问卷设计的主要建议

建议者	反馈时间	研究背景	已采纳的主要建议
专家	2013 年 10 月 26 日 2014 年 4 月 14 日 2014 年 4 月 18 日	从事语言测试研究	★ 学生对高考英语的认识应改为第一人称表述 ★ 高考英语对高中英语学习的作用五个维度的表述（5= 同意　4= 基本同意　3= 不确定　2= 基本不同意　1= 不同意）　建议修改为（5= 有很大促进作用　4= 有一些促进作用　3= 不确定　2= 几乎没有促进作用　1= 完全没有促进作用） ★ 你目前的英语成绩属于以下哪个层次（总分 150 分）：①不好（50% 及以下）②不太好（51% ～ 60%）③一般（61% ～ 70%）④较好（71% ～ 80%）⑤好（80% 以上） 建议将括号内的百分比改为具体分数：①不好（75 分及以下）②不太好（76 ～ 90 分）③一般（91 ～ 105 分）④较好（106 ～ 119 分）⑤好（120 分以上） ★ 建议采用一些反向问题
同行一	2013 年 11 月 21 日	研究方向：语言测试；从事过四、六级反拨效应研究；在读博士	★ 你初中就读学校的类型：①乡镇中学 ②区、县普通中学 ③省市重点中学 ④外语学校 ⑤其他 有些外语学校本身就是省市重点，有些重合，建议改为：①乡镇中学 ②区、县普通中学 ③区县重点中学 ④省市重点中学 ⑤其他 ★ "高考英语减少了正常教学时间"建议改为"高考英语备考挤占了正常教学时间" ★ 学习动机表述太专业，对高中学生不太适合，改为学习目的和原因 ★ 去掉有关学习方法的问卷项目，改为调查学生的学习活动，因为学习活动比较具体，便于学生选择，也可从学习活动推知他们学习内容、学习方法以及使用材料

续表3.4

建议者	反馈时间	研究背景	已采纳的主要建议
同行二	2014年2月18日 2014年3月31日	研究方向：语言测试；从事过大学英语四、六级反拨效应研究；在读博士	★ 排版、格式要再做调整 ★ 问卷中涉及的课内外学习活动可以通过分析学生学习日志进一步补充完善 ★ 问卷应加上标题，让受访者根据题目知道研究意图 ★ 题目中关于"高考英语考试对你高中英语学习以下方面促进作用"，对此你（5=同意 4=基本同意 3=不确定 2=基本不同意 1=不同意）有预设性，对考生有导向性，而且有利的在前面。尽量用客观的表述，改为"高考英语考试对高中英语学习的作用"（5=有很大促进作用 4=有较大促进作用 3=有一些促进作用 2=几乎没有促进作用 1=完全没有促进作用）
同行三	2013年8月28日 2014年4月17日	研究方向：语言测试；从事过四、六级反拨效应研究；高校英语教师	★ 问卷题目"高中生英语学习与高考英语研究问卷调查"改成"高中英语学习与高考英语关系研究问卷调查" ★ "为了以后有更好的学习和发展机会（如考研等）"，认为高中生离考研有点远，建议删除 ★ "做老师布置的课堂练习题"中"课堂练习题"可能包括量表中提到的"高考模拟题"和"高考真题"，应进行明确，改为"做老师布置的与课本内容相关的练习题"

（3）受访者反馈

受访者对问卷的反应如何，他们在填写问卷的过程中会遇到什么问题，问卷中的问题是否清楚明白，问卷需要多长时间完成等都需要了解来自受访者的反馈。问卷通过电子邮件方式寄给一名高一学生。然后通过电话方式得知回答问卷需要19分钟，该名学生反映有两个问卷项目的语言表述不太符合高中生平时的表达习惯，不能迅速直观地反映问卷项目所要表达的意思。为更符合高中生的理解能力，使问卷项目更明确具体，研究者对这两个项目做了修改。

（4）问卷综合评价

通过研究者对问卷内容自评、专家同行建议以及个别受访者反馈，结合一些研究者就如何设计高质量问卷提出的建议（如郭强，2004；风笑天，2001；秦晓晴，2009；Brown，2001；Dörnyei，2003）设计了问卷评价指标表（见表 3.5），然后根据评价指标对问卷进行反复修改，最后对问卷项目进行了全面自评。

表 3.5　问卷设计自评表

评价项目	评价标准	自评情况（是√；否 ×）
总体外在评价	问卷设计是否正式、专业、严谨	√
	问卷印制是否美观	√
	问卷长度是否适中	√
	问卷的各级标题是否醒目	√
问卷内容	是否使用双重或多重含义的问题	×
	问卷说明语的语气是否恰当	√
	问卷说明包含内容是否完整、清楚	√
	是否使用了概括性强、模糊的词语	×
	是否使用了带有前提性或倾向性的问题	×
	句子结构是否简单	√
	句子长度是否适中	√
	语言是否简单明了	√
	是否使用了否定句或双重否定句	×
	是否使用了反向问题	√
	答案是否千篇一律	×
	等级量表选项之间的距离是否相等	√
受访者角度	是否使用了专业性强的词语	×
	问题会不会引起受访者的反感	×
	有没有受访者不愿回答或敏感的问题	×
	问题是否超出高中学生的知识范围或理解能力	×

续表3.5

评价项目	评价标准	自评情况（是√；否×）
问卷的编排	问卷项目分类是否合理	√
	问卷排列顺序是否按照先行为后态度、先熟悉后生疏的顺序	√
	问卷页边距、间距、字体、字号是否适中	√
	问题编号是否正确	√

3.5.1.3 问卷结构

通过个人初步自评、专家和同行的反馈、受访者的反馈、问卷的综合评价，确定了用于试测的问卷，其内容包括5个部分，共计104个题目（见表3.6）：

表3.6 试测问卷具体项目表

结构	主题	主要内容	问题个数
第一部分	个人信息与基本情况		7
第二部分	高中英语学习情况	英语学习动机	13
		课堂英语学习	8
		课堂英语学习材料	7
		课外英语学习	18
		课外英语学习材料	8
第三部分	学生对高考英语的认识		12
第四部分	影响学生对高考英语认识的因素		21
第五部分	高考英语在高中英语学习中的作用		10
总计			104

3.5.2　学习日志

上一小节介绍了调查问卷的设计理据和编制过程，本小节介绍学习日志表的编制理据，以及专家和同行对学习日志表的评价与反馈。

3.5.2.1　日志特点

与普遍使用的问卷相比，采用日志进行的研究相对较少，这里有必要简要介绍日志的特点。日志包括个人日志和研究日志。一般而言，研究日志比平常的个人日志更系统、更关注某一具体方面。研究日志分为研究人员自己的研究笔记和研究对象的学习或教学日志（Casanave，2011）。研究对象撰写的语言学习或教学反思日志可以成为研究语言学习者或教师教学方面变化最理想的数据，因为这些日志是在一段时间内定期撰写的，可以反映研究对象在一段时间内学习变化或思想变化的情况（杨鲁新，王素娥，常海潮，等，2013）。

根据德奥尼耶（Dörnyei，2007）的观点，日志的方法最初用于心理学研究，后来广泛用于其他领域。在应用语言学领域，日志可以用于记录语言学习者和教师在二语或外语学习和教学中的一些经历和反思，因此它不仅是促进教师职业发展和学生语言学习的有力工具，也可以成为研究人员数据收集和深入理解研究对象言谈举止的工具（杨鲁新，王素娥，常海潮，等，2013）。然而在应用语言学领域，采用日志收集数据的较少，主要原因在于日志撰写需要日志撰写者付出很多时间和精力（Dörnyei，2007）。日志研究参与者对研究意图和研究要求的理解也会影响日志记录的内容，因此主观性较强。但日志以自然且定期的方式记录活动内容及过程，有日志撰写者的内心感受，撰写者有充足的时间思考，还可以捕捉到历时的动态的现象，揭示平时难以观察到的现象和问题（Bloor，Wood，2006；Dörnyei，2007；McGregor，2006）。本研究拟采用学生学习日志方式记录学生学习过程，以便与问卷调查结果形成交互验证。

3.5.2.2 学习日志表编制理据

格萨（Gosa，2004）采用日志方法调查考试对学生课外学习影响时发现日志方法具有不可控制性，一些学生不知道写什么，他们记录的日志内容不一定能为研究所用，而且后期编码工作量很大。针对这些不足，研究者设计了半结构式学习日志表，既能指导学生如何填写日志，使学生填写的日志内容可用于当前研究，也有助于后期数据的整理、编码和分析。本研究学习日志表主要参考了他人研究中的做法，并结合研究目的和研究实际进行设计（见表3.7）。

表3.7　学习日志表编制理据

学习日志表	设计依据
课堂学习日志表	★课堂观察 ★参考 Gosa（2004）、辜向东等（2014）、Liu（2013）、詹颖（2009）
课外学习日志表	★参考 Gosa（2004）、辜向东等（2014）、Liu（2013）、詹颖（2009）

针对学生课外学习反拨效应的研究较多，如格萨（Gosa，2004），刘晓华（Liu，2013），詹颖和安德鲁斯（Zhan，Andrews，2014），辜向东、张正川、刘晓华（2014）采用日志方法研究反拨效应，本研究根据他们的研究设计了学习日志表。日志表为单面A4纸大，分为课堂和课外英语学习，具体包括学习时间、学习地点、使用材料、学习内容和活动、学习方法、学习效果和效率、学习经历和感受以及参加课外辅导的情况。

3.5.2.3 专家和同行反馈

初步编制好的日志表让参与问卷调查反馈的专家和其中一位曾采用日志方法进行反拨效应研究的同行进行了评价和反馈，主要修改建议如表3.8所示：

表 3.8 专家和同行对学习日志表设计的主要建议

建议者	反馈时间	研究背景	已采纳的主要建议
专家	2013 年 9 月 24 日	语言测试专家	★ 学习日志表中学习材料可能包括哪些内容，最好先列举出来（如材料包括课本、练习、录音、mp3、电影等），即给学生界定学习材料的范围 ★ 建议日志表采取每学期期初、期中、期末三个阶段各一周的方式，可减少学生每天记录的负担，也可较宏观了解学生一学期总体英语学习情况
同行	2013 年 8 月 26 日	采用日志方法实施学习反拨效应研究	★ 日志表中一些内容需详细说明，如学习活动、学习内容、学习效果具体指什么 ★ 建议给学生发一张日志记录说明表，详细解释需要记录的内容，还应适当举例

根据专家和同行建议，笔者对学习日志表进行了反复修改，然后进行学习日志表的试用。

3.5.3 访谈提纲

访谈是本研究另一个质性研究工具。下面介绍访谈的类型以及本研究访谈提纲的编制理据。

3.5.3.1 访谈类型

访谈是质性研究中最常见的一种资料收集方式。访谈类型依分类标准不同而不同，如依据访谈的结构、访谈的正式程度、接触方式、受访者的人数以及访谈的次数（陈向明，2000）。按照结构，访谈一般包括非结构性访谈（unstructured/ethnographic interviews）、结构性访谈（structured interviews）和半结构性访谈（semi-structured interviews）等（McDonough, Jo, McDonough, Steven, 2005）。不同访谈类型各有优势与不足。在非结构性访谈中，访谈几乎没有指向性，受访者有自由表达的机会，因此，非结构性访谈一般用于结构性访谈或问卷调查前的先导研究。结构性访谈一般是研究者将事先设计好的问题通过访谈形式获得研究者希望得到的反馈，因此结构性访谈中研究者对文献的掌握已经比较全面。半结构性访谈既有与研究问题相关但内容具有开放性的问题，又有一定的结构限制，能随时跟进访谈调整问题（Zheng，Borg，2014）。陈向明（2000）也认为，在半开放型访谈即半结构性访谈中，研究者对访谈的结构有一定的控制作用，但同时也允许受访者积极参与。

3.5.3.2　访谈提纲编制理据

本研究采用非结构性访谈和半结构性访谈相结合的访谈方式。问卷设计之初采用了非结构性访谈获取研究者需要的信息并为问卷的修改和完善提供依据。在正式研究中采用半结构性访谈的方式，访谈提纲主要根据研究问题的需要设计。由于访谈是本研究的辅助工具，加之访谈问题明确，因此没有邀请专家和同行对访谈提纲进行反馈，而是在访谈过程中根据研究需要进行调整和完善。

3.6　研究工具试测

尽管研究工具经过了研究者的反复修改，同行和专家以及个别受访者的反馈，能在一定程度上提高研究工具的质量，但仍不能获得有关研究工具质量可靠的证据。要将研究工具用于大规模正式研究，必须进行试测。因为只有通过试测，才知道研究工具设计的质量，才能发现研究工具存在的不足。研究工具的试测主要针对调查问卷和学习日志，一是因为这两个工具是本研究的主要研究工具，二是因为这两个研究工具涉及范围较广，调查人数较多。访谈是本研究的辅助工具，涉及范围小且人数少，研究过程中遇到问题能及时调整和修正，因此没有进行试测。

3.6.1 调查问卷试测

　　受访者才是问卷的最终使用者，他们对问卷的反馈和评价对提升问卷质量非常重要，问卷用于大规模调查前需要进行试测以确保问卷的质量。因此，笔者对本研究中的受访者（高一、高二、高三学生）进行了试测。试测的目的是判断受访者回答问题所需的时间，检查受访者的回答与研究者的预期是否一致，了解问卷每一个项目的区分度，评价问卷的信度和效度，判断收集的数据是否符合事先设定的分析方法。下面具体介绍问卷试测对象试测结果。

3.6.1.1 试测对象

　　参加试测的学生来自重庆市某重点中学。研究者从该校高中三个年级各抽取一个自然班学生，其中高一 65 人，高二 66 人，高三 62 人，三个年级共计 193 人。试测问卷于 2014 年 4 月中旬通过快递寄出并由任课老师在学生自习时间实施试测，发放问卷 193 份，回收 190 份，回收率 98.4%。试测实施的第二天，问卷由委派的英语教师通过快递方式寄回。研究者将回收的问卷进行清理和筛选，得到有效问卷 179 份，有效率 94.2%。通过对有效问卷的个人信息统计，发现 179 名学生中男生 98 人（占 54.7%），女生 81 人（占 45.3%）；高一 51 人（占 28.5%），高二 66 人（占 36.9%），高三 62 人（占 34.6%）。

3.6.1.2 数据录入与清理

　　回收的问卷根据以下原则进行清理和筛选：超过 10 小题没有回答以及所有问卷的回答中基本勾选相同选项的均视为无效问卷予以剔除。为了便于数据录入有误时很快找到原始问卷，研究者将所有清理和筛选后的有效问卷按年级进行编号，然后将数据录入 SPSS21.0。数据录入后通过描述统计对超出答案范围或不合常规的数值进行了清理。缺省值处理采用平均数替代的方法。数据的录入清理完毕后，研究者随即对试测数据进行项目分析、因子分析和信度检验，以便了解试测问卷的质量。

3.6.1.3 项目分析

在介绍项目分析结果时，我们先介绍项目分析的重要性以及如何进行项目分析，然后汇报项目分析结果。

（1）项目分析的重要性

很多外语教育研究关心问卷的信度和效度，极少对问卷的区分度进行分析。秦晓晴（2003）提出，使用利克特量表收集的数据需要通过项目分析以排除不适当的问卷项目。他认为项目分析能够帮助我们了解每个项目是否有效地区分了所测量的不同特性的受访者，问卷的信度和效度在很大程度上取决于问卷项目是否具有很好的鉴别力，问卷项目如果没有很好的区分度，很难保证整体问卷的信度和效度（秦晓晴，2009）。本次调查问卷除个人信息外，全部采用利克特五级量表，因此很有必要进行项目分析，以下将介绍项目分析方法。

（2）项目分析方法

项目分析包括广义的项目分析和狭义的项目分析。广义的项目分析包括定性和定量分析并贯穿整个问卷设计的始终。狭义的项目分析仅限于定量分析，主要用统计的方法检验项目的区分度。问卷区分度是指问卷题目对所要测量内容的区分灵敏度或鉴别能力，区分度高低反映问卷项目能否有效地区分受访者，这也是项目本身的效度（秦晓晴，2009）。本书主要采用狭义的项目分析。通过项目分析可以了解受访者在每个项目上的回答情况以及答案是否过度集中在某一项目上。检验项目区分度有极端分组法和内部一致性分析法。鉴于内部一致性分析法易受样本量大小的影响，且极端分组法使用更常见，本研究的项目分析采用极端分组法。具体方法如下：计算受访者在问卷各项目中的得分总和（不包括个人背景信息），然后根据总分从高到低排序，以 27% 划分高分组和低分组，最后进行独立样本 T 检验（也有以 25% 为线划分高分组和低分组，笔者对两种分组方法都进行了检验，其结果一致），最后查看高分组和低分组在每个项目上的差异是否达到显著性水平（$P \leqslant 0.05$）。如果没有达到显著性水平，说明该项目不能很好地区分不同受试，分析其原因后进行修改或删除。本研究采用上述步骤进行了项目分析，接下来汇报项目分析结果。

（3）项目分析结果

我们针对问卷中个人信息之外的 97 个问卷项目进行了项目分析，结果显示，项目分析结果中仅有 4 个项目的 P 值大于 0.05，根据项目分析判断标准（$P \leqslant 0.05$ 的显著性水平），说明这 4 个项目区分度较低。具体见表 3.9：

表 3.9　项目区分度较低的问卷题项

	t-test for Equality of Means						
	t	df	Sig.（2-tailed）	Mean Difference	Std. Error Difference	95% Confidence Interval of the Difference	
问卷项目						Lower	Upper
课程要求	1.885	95	0.063	0.55	0.293	−0.029	1.132
	1.890	90.237	0.062	0.55	0.292	−0.028	1.131
高考必考	0.501	95	0.617	0.15	0.293	−0.434	0.728
	0.501	95.000	0.617	0.15	0.293	−0.434	0.727
挤占正常教学时间	1.607	95	0.111	0.44	0.274	−0.103	0.983
	1.610	93.303	0.111	0.44	0.273	−0.103	0.982
不考就不重视或不学	0.023	95	0.982	0.01	0.294	−0.577	0.591
	0.023	94.400	0.982	0.01	0.294	−0.577	0.590

限于篇幅，方差齐性检验结果没有呈现，只呈现了 P 值大于 0.5 的问卷项目。独立样本 T 检验结果显示，以上 4 个问卷项目的区分度较低。对此，我们没有仅根据这一指标对项目进行删除，而是与同行和专家进行了分析

和讨论，找出区分度低的原因。通过对以上 4 个问卷项目学生回答情况的逐一分析发现不存在题项设计不合理的情况，而且学生的作答也没有集中在"不确定"选项上。导致学生回答比较集中的原因可能是学生对这些问题的看法确实存在较高的一致性，说明考试尤其是大规模高风险考试对学生的认识会产生相对一致的影响，这一点在国内外反拨效应实证研究中已得到了证实。鉴于此，我们决定保留这 4 个题项。总体上看，整个问卷的区分度较理想。

3.6.1.4　效度分析

除了进行项目区分度分析外，还需要检测问卷的效度。所谓效度就是指测量工具在多大程度上测量了所要测量的东西。效度分为内在效度和外在效度。内在效度指测量工具本身的效度，它包括内容效度和结构效度。外在效度是指利用测量工具以外的标准来验证工具的效度，它包括预测效度和共时效度，外语教学问卷调查研究一般只需要做内容效度和结构效度检验（秦晓晴，2009）。内容效度就是看问卷覆盖范围以及问卷项目和研究目的与问题之间的联系。检验内容效度一般是定性分析，主要依靠逻辑证据。本研究问卷内容效度的验证是在问卷初稿形成之后通过研究者自评、专家、同行和受访者的反馈基础上完成的。以下主要介绍问卷结构效度检验情况。

（1）问卷结构效度

"结构效度是指问卷项目对所要测量的结构的实际测量的程度。"（秦晓晴，2009：225）。评价结构效度就是要评价问卷实际测量了这些结构的哪些具体特征。结构效度的验证主要依据统计数据的支持，在社会科学领域，因子分析是用来进行结构效度验证的常用方法。因子分析通过研究问卷项目之间的内部关系来探讨观测数据中的基本结构，把诸多的原始变量浓缩为彼此独立性强、反映原始变量信息的少数几个因子（秦晓晴，2009）。因子分析的另一个特点就是进行数据简化。因子分析包括探索性因子分析和验证性因子分析。由于研究者对观测数据背后存在的因子情况有一些认识但不明确，拟采用探索性因子分析。

（2）因子分析步骤

因子分析前需要判断数据是否适合做因子分析，其判断指标为 KMO（Kaiser-Meyer-Olkin Measure of Sampling Adequacy）值和 Bartlett 球形检验。KMO 值越高（接近 1.0 时），表明变量间的共同因子越多，数据适合进行因子分析。通常按以下标准解释该指标值的大小：KMO 值达到 0.9 左右为非常好，0.8 以上为好，0.7 为一般，0.6 为差，0.5 为很差，最低要求不能低于 0.6（秦晓晴，2009）。Bartlett 球形检验主要检验相关矩阵是否是单位矩阵，如果是，则不适宜做因子分析。其虚无假设为相关矩阵是单位矩阵，如果不能拒绝该假设的话，就说明数据不适合做因子分析（秦晓晴，2009）。评判的标准就是看显著性水平值是否小于 0.05，如果小于 0.05，则拒绝虚无假设，表明不可把相关矩阵看作一个单位矩阵，变量之间有显著的关系即有共同的因子存在，适合做因子分析，反之则不适宜做因子分析。

根据上述两个指标判断数据是否适合做因子分析后，接下来是确定因子抽取方法。本研究采用的因子抽取方法为主成分分析方法（Principle components）。此分析方法为以较少的成分解释原始方差中较大的部分，是社会科学领域最常用的方法，并指定分析变量的相关矩阵（Correlation matrix）为提取因子的依据。因子数目的确定依据两个准则：一是特征值准则，提取大于特征值 1 的主成分作为初始因子；二是碎石检验准则，根据因子被提取的顺序绘出因子特征值随因子个数变化的散点图，根据图的形状判断因子的个数，曲线变平的前一个点被认为是提取的最大因子数（秦晓晴，2009）。本研究采用社会科学研究常用的最大方差旋转法（Varimax）。该旋转法突出每个因子的性质，可以更清楚地发现哪些变量属于该因子。进行因子分析时，可汇报 KMO 测度和 Bartlett 球体检验和旋转后的成分矩阵。

（3）因子分析结果

本研究涉及 8 个分量表，每个量表测度的结构不相同，因此对这 9 个量表分别进行了检验，以下对 9 个量表因子分析总体情况汇总，见表 3.10：

表 3.10 各分量表因子分析汇总表

量表类型	KMO 值	Barlet 检验显著水平	因子个数	累积解释方差（%）
英语学习动机	0.808	0.000	3	63.528
课堂英语学习	0.759	0.000	2	61.099
课堂英语学习材料	0.634	0.000		
课外英语学习	0.868	0.000	4	62.084
课外英语学习材料	0.671	0.000		
学生对高考英语的认识	0.849	0.000	3	62.236
影响学生对高考英语认识的因素	0.849	0.000	5	69.166
高考英语在高中英语学习的作用	0.897	0.000	1	67.154

表 3.10 显示：8 个分量表中，课堂英语学习材料和课外英语学习材料量表的 KMO 值分别为 0.634 和 0.671，不在适合做因子分析可接受的范围，其他 6 个量表 KMO 值基本都达到了较理想的指标。Barlet 检验显著水平，8 个分量表均达到 0.000 显著水平。KMO 值和 Barlet 检验显著水平这两个指标必须都符合才能进行因子分析。

因子分析结果显示：课堂英语学习材料和课外英语学习材料两个量表 Bartlett 球形检验值为 0.000，虽达到了显著水平，但 KMO 的检验值均较低，分别为 0.634 和 0.671，说明这两列数据不适合做因子分析，因此没有对这两个量表进行因子分析。除了根据 KMO 值指标外，研究者还对课堂和课外学习材料的问卷项目与专家进行了讨论，发现课堂、课外学习活动使用的材料有重复，如学生在课堂上做高考英语真题或听老师讲评高考英语真题，使用的材料自然是高考英语往年真题试卷。这说明通过对学习活动的分析可以推知材料使用的类型，因此决定删除这两个量表。在课堂英语学习活动中增加了"学习老师补充的英语学习材料（如在英语报纸、杂志上摘选或在网上下载的材料）"这个题项，使课堂英语学习活动内容更全面。此外，通过对各分量表包含题项的因子分析发现，有的题项删除后累积解释的方差反而增加了，说明该题项降低了因子的解释力。通过对这些题项仔细分析并结合研究目的，最后决定删除3个题项。总体上，从各量表因子旋转后的成分矩阵可以看出，几乎各量表的因子负荷值都在0.3以上，且各变量能清楚地分属在不同的因子上，说明量表的构念效度较高。

3.6.1.5 信度检验

进行了问卷的项目分析和效度检验后，还需要对问卷的信度进行检验。

（1）信度及检验方法

信度是指测量工具测出结果的稳定性和一致性的程度。稳定性和一致性越高，信度就越高。检测测量工具信度的方法有多种，如评估者之间的信度（inter-rater reliability）、再测信度（test-retest reliability）、复本信度（parallel/alternate form reliability）、折半信度（split-half reliability）和克朗巴赫阿尔法（Cronbach alpha）系数等。这些方法可以分为外在一致性检验和内在一致性检验，也可称为外在信度和内在信度检验。外在信度检验方法通过比较累计检验结果验证问卷的信度（秦晓晴，2009），通常涉及使用相同或类似的问卷多次收集数据，在研究中通过多次实施问卷调查检验外在信度不太实际，也很少采用。"内在信度是指测量同一概念的不同项目之间的一致性"（秦晓晴，2009：215）。内在信度的检验方法包括折半信度和克朗巴赫阿尔法系数。折半信度适于检验量表的内在一致性，其分半方法多种多样，每种分半方法得出的信度估计量不同，甚至差异很大，因此分半信度只是对问卷的内在一致性做出粗略的估计，并不是对问卷内在一致性的最佳估计。克朗巴赫阿尔法系数是估计内在一致性信度系数最常用的方法（秦晓晴，2009）。克朗巴赫阿尔法系数介于 0.00 和 1.00 之间，系数越高，量表的内在一致性越强，测量结果就越可靠。克朗巴赫阿尔法系数一般不应低于 0.70。

（2）信度检验结果

与结构效度分析一样，本书将 8 个分量表逐一进行了信度检验，信度检验结果见表 3.11：

表 3.11 各量表信度检验结果汇总

量表类型	项目个数	样本量	信度系数
英语学习动机	13	179	0.760
课堂英语学习	8	179	0.817
课堂英语学习材料	7	179	0.600
课外英语学习	18	179	0.883
课外英语学习材料	8	179	0.700
学生对高考英语的认识	12	179	0.845
影响学生对高考英语认识的因素	21	179	0.899
高考英语在高中英语学习的作用	10	179	0.926

通过对 8 个量表信度的检验，发现课堂英语学习材料和课外英语学习材料两个量表信度系数都很低，分别为 0.600 和 0.700，而且这两个量表的 KMO 值均低于因子分析的要求，再次表明有必要删除这两个量表。

3.6.1.6 试测后经过修正的问卷结构

对问卷进行试测后，结合问卷效度、信度的检验结果以及对专家的咨询，决定删除课堂英语学习材料和课外英语学习材料两个量表。根据项目分析结果，对有的题项进行了修改、补充或删除。此外，为了使各量表尽量保留在一个完整的页面上，对问卷结构进行了调整。试测问卷应经过数据分析和专家咨询、问卷修订。在确保满意的问卷质量前提下将问卷用于正式的研究，问卷结构见表 3.12：

表 3.12 经过试测和修正后的问卷结构

结构	主题	内容	题数	问题类型
第一部分	个人信息	性别，年龄，年级	3	填空，多项选择
第二部分	英语学习背景	开始学习英语时间，学校类型，英语成绩，学习兴趣	4	多项选择
第三部分	高中英语学习	学习动机，课堂英语学习，课外英语学习	39	利克特五度量表
第四部分	高考英语对高中英语学习的作用	听说读写技能，词汇语法知识，学习策略，文化意识等	10	利克特五度量表
第五部分	学生对高考英语的认识	高考英语的性质，高考英语的重要性	12	利克特五度量表
第六部分	影响学生对高考英语认识的因素	考试相关政策，备考，相关个人看法，命题设计	19	利克特五度量表

3.6.2 学习日志表试用

设计好的学习日志表经过反复修改后仍需让学生试用一段时间，以检测学习日志表设计是否合理，学生在填写过程中会遇到什么问题，能否达到研究者预期目的。

3.6.2.1 学习日志实施

考虑到学生学习任务繁重，加之学习活动存在一定的规律性，让学生每天填写日志不现实也不必要。学习日志表采用期初、期中、期末三个阶段各填写一周的方式在高一年级进行试用。

参与学习日志表填写的学生共计 21 人，男生 11 人，女生 10 人；日志篇数总共 378 篇，学生填写的学习日志最少的有 7 篇，最多的有 21 篇。日志中最长的一篇达 311 词，最短的 20 词。参与试测的学生由任课老师负责召集。任课老师向参与试测的每位学生说明研究目的和日志表填写要求。日志每个阶段集中发放一次，每次发放 7 张，学生每天填写一张，一周结束后集中收回。

3.6.2.2　试用情况总结与修改

经过一学期的试用，该学习日志表基本反映了研究意图。学生较认真地填写日志表，基本达到预期目的，但也发现了一些问题：

★由于采用 A4 纸单面竖式，课堂和课后的问题均放在一个页面上，空间较窄，而且学生用笔填写，字若写得稍大一点，空间就不够，不能全面记录当天的英语学习情况。

★试用一学期后任课老师反映很多学生叫苦不迭，不想填写，想放弃，他们还说让学生填写一周后再间断 7～8 周，一旦停下来，学生就不想再填写了，而且也忘了该怎么填写。

★参与填写学习日志的学生主要由老师指派，没有遵循学生自愿参加的原则，有的学生碍于任课老师情面不好拒绝，填写不太认真，敷衍了事，随便写了几句。

★采用期初、期中、期末三个阶段分别记录一周学习情况的方式不能较全面地反映学生课堂、课后英语学习的情况。

★学习活动和学习主要内容不够明确具体，学生有时不知该如何填写，需要对学习活动进行细化。

★学习日志表各版块之间彼此分离，相互间没有联系。

通过对学生学习日志资料的初步分析以及教师和学生对日志填写情况的反馈，研究者决定对学习日志表进行调整和修改，便于正式研究时收集到更有用的资料。学习日志表修改情况如下：

★学习日志表改为课堂和课外情况正面、背面分开填写，正面记录课堂学习情况，背面记录课外学习情况。根据课堂、课外英语学习特点以及研究需要在课堂学习情况中增加了作业布置一项。考虑到课堂学习基本按照学校课表在规定的时间内进行，因此删除了课堂学习日志表上"学习时间"一栏，在课外学习日志表中增加了"学习时间"一栏。

★为了后期分析方便，日志表进行了一点微调。日记的记录以学生活动为主线，学习活动涉及具体内容、使用的材料、采用的方式方法、目的和原因、学习过程中的感受。

★鉴于日志表试用过程中出现了一些学生填写不认真、填写内容不符合要求的情况，决定在正式研究中采取学生自愿报名和老师推荐相结合的原则，并对参与学习日志研究的学生进行日志填写培训。

★考虑到一学期集中三周填写，不能较全面地反映学生英语学习情况，而且填写一周后间断几周再填写，容易使一些学生中途停止后不愿意再坚持填写，也会导致一些学生忘记填写要求。因此，正式研究时将填写方式改为每周让学生填写 $1 \sim 3$ 次，以调动学生参与的积极性。

★为使学生明确填写要求，知道如何填写，研究者将试测中填写较完善的日志表设计成样表发给参与正式日志研究的学生参考。此外，还给出一份日志填写说明表，详细介绍每一项填写要求和填写内容。

经过修改、调整，用于正式研究的学习日志表以学习活动为主线，记录学生活动的时间、内容、材料、方式、目的、学习中的感受，学生方便记录，研究者也便于进行后期数据整理和分析。同时，根据试测结果设计的日志填写样表和填写说明表，使学习日志表操作性更强。

3.7　正式研究

研究工具经过试测、修改和完善，可以用于大规模正式研究。这一节将介绍正式研究中涉及的研究对象、数据收集和数据分析方法。

3.7.1 研究对象

本研究采用问卷调查、学习日志、访谈的方式收集数据，每种方式涉及不同的研究对象。以下我们将逐一介绍每种研究工具涉及的对象。

3.7.1.1 问卷调查对象

本研究通过对重庆市高中生的调查了解高考英语对他们英语学习产生的影响。高中生包括高一、高二、高三年级的学生。根据学校类型可分为市级重点（名校）、市级重点（非名校）、市级普通中学、区县级重点、区县普通中学和乡镇中学。地域上有经济和教育较发达地区，也有经济和教育相对落后的地区。面对如此庞杂的群体，选取什么样的学生作为调查对象，涉及抽样问题。问卷调查的抽样方法包括非概率抽样和概率抽样。非概率抽样包括便利抽样、判断抽样、配额抽样和滚雪球抽样等。概率抽样有随机抽样、系统抽样、分层抽样以及群体抽样、阶段抽样等。考虑到调查的可行性，研究者采用概率抽样与非概率抽样相结合的方法。

（1）调查对象抽样

本次问卷调查采取了多种抽样方法。首先根据学校层次采用了分层抽样。重庆市高中大致分为市级重点（名校）、市级重点（非名校）、市级普通中学、区县级重点中学、区县普通中学和乡镇中学。采取便利抽样，即每一种层次学校选取一所作为调查对象。参与此次调查的6所学校分别来自重庆市4个区县，既包括经济和教育较发达的市区，也有经济教育相对落后的区县，样本具有较好的代表性。由于每所学校根据学生综合水平（一般根据考试综合成绩排名）进行了分层教学，所选的6所学校中，每个年级最少的有14个班，最多的达28个班，每个年级分为2～3个层次。为使样本有较好的代表性，在对每所学校进行抽样时，根据各年级不同层次学生数量抽取1～2个班。总体上，本次调查采取了分层抽样—便利抽样—分层抽样的抽样方法。最终抽取了含 17 个层次，涉及 56 个自然班的学生。6 所被抽取的样本学校具体情况见表 3.13[①]：

表3.13 问卷调查抽样学校基本情况

学校类型	位置	年级分层	人数	占比（%）
市级重点（名校）	经济和教育较发达（市区）	3 个层次	429	13.8
市级重点（非名校）	经济和教育中等（郊区）	3 个层次	716	23.1
市级普通中学	经济教育较发达（郊区）	3 个层次	642	20.7
区县级重点中学	经济教育较发达（郊区）	3 个层次	551	17.7
区县级普通中学	经济教育中等（县城）	2 个层次	303	9.8
乡镇中学	经济和教育中等（乡镇）	3 个层次	464	15.0

（2）调查对象基本情况

根据以上抽样方法以及各学校分层次情况和学生人数，总共寄出问卷 3 300 份，实际发放 3 278 份，回收 3 215 份，回收率 98.1%。为确保问卷数据的真实性与可靠性，在问卷的清理过程中，凡分量表选项基本相同或问卷漏填在 10 个问题以上的均视为无效问卷。通过对回收问卷的仔细审查和严格筛选，最终获得有效问卷 3 105 份，占回收问卷的 96.6%。总之，由于组织实施问卷调查的教师认真负责的态度以及实施环节的严格把关，问卷调查取得了令人满意的回收率和有效率。参与问卷调查的学生情况见表 3.14：

---

① 介绍抽样学校年级分层教学情况主要是考虑抽样的代表性，不涉及学生英语水平，如市级重点（名校）中学第二层次的学生可能与市级重点（非名校）的第一层次差不多。

表3.14 问卷调查对象基本情况

学生个人信息		人数	占比（%）
性别	男	1 402	45.2
	女	1 703	54.8
年级	一年级	1 199	38.6
	二年级	1 098	35.4
	三年级	808	26.0
年龄	14	4	0.1
	15	180	5.8
	16	872	28.1
	17	1 043	33.6
	18	793	25.5
	19	194	6.2
	20	18	0.6
	21	1	0.3
开始学英语的年级	幼儿园	126	4.1
	小学一二年级	242	7.8
	小学三四年级	769	24.8
	小学五六年级	335	10.8
	初中一年级	1 633	52.6
英语成绩所在范围（总分150分）	75分及以下	894	28.8
	76～90分	652	21.0
	91～105分	770	24.8
	106～119分	537	17.3
	120分及以上	252	8.1

注：由于本书中均值采用四舍五入保留两位小数的做法，因此可能导致部分数据结果存在细微误差。

3.7.1.2 学习日志参与对象

日志研究持续时间较长，花费学生时间和精力较多，研究的实施离不开任课教师、年级主任和学校分管领导的支持。为此，研究者决定在曾经工作过的中学实施本研究。为确保日志研究工作的有序进行，研究者还在各年级指派一名英语教师负责学生学习日志表填写的督促和日志表的收发工作。三位负责人中有两名是高中英语教研组长，分别负责高一、高三年级的英语教学，另一名是高中部骨干教师，负责高二年级的英语教学。参与学习日志研究的学生通过任课教师推荐与学生自愿参加相结合的方式选取，三个年级总共招募了58名高中生。日志研究培训时，17名学生要求退出，最后有41名高中生参与了此项研究。通过对学习日志表的清理和筛选，33名高中生的学习日志纳入了最后的分析。33名高中生个人信息以及上交的学习日志情况见表3.15：

表3.15　学习日志参与对象基本情况

序号	姓名	年级	性别	年龄	何时开始接触英语	课堂（篇）	课后（篇）
1	D. Bai	高一	女	16	——	23	24
2	B. Cheng	高一	女	15	小学四年级	22	22
3	X. Chui	高一	女	16	小学四年级	34	43
4	Z. Dong	高一	女	16	初中一年级	16	16
5	X. Li	高一	女	15	小学	33	31
6	J. Liu	高一	女	16	——	16	17
7	J. Luo	高一	女	16	初中一年级	18	14
8	C. Pu	高一	女	16	初中一年级	17	20
9	Y. Xie	高一	男	16	小学六年级	27	27
10	J. Yang	高一	男	16	初中一年级	33	27
11	X. Yang	高一	女	16	——	17	21
12	L. Yang	高一	女	16	初中一年级	18	18
13	X. Yuan	高一	女	17	初中一年级	29	39
14	L. Zhu	高一	女	16	初中一年级	40	38
15	C. Chen	高二	女	18	初中一年级	18	22
16	Q. Feng	高二	女	17	初中一年级	15	17

续表3.15

序号	姓名	年级	性别	年龄	何时开始 接触英语	课堂 （篇）	课后 （篇）
17	H. Gong	高二	男	17	初中一年级	11	13
18	Q. Liao	高二	男	18	小学一年级	21	18
19	M. Liu	高二	女	17	初中一年级	14	16
20	H. Pei	高二	女	17	初中一年级	15	19
21	Y. Sun	高二	女	16	初中一年级	11	11
22	Q. Tian	高二	男	16	初中一年级	17	20
23	L. Wang	高二	男	17	小学三年级	15	10
24	J. Deng	高三	女	18	初中一年级	18	16
25	D. Luo	高三	女	18	初中一年级	16	15
26	J. Pang	高三	女	19	初中一年级	16	15
27	F. Wang	高三	女	19	小学三年级	21	19
28	X. Wang	高三	女	19	初中一年级	18	16
29	M. Wen	高三	女	19	初中一年级	21	21
30	D. Xu	高三	女	18	初中一年级	21	19
31	X. Xu	高三	女	18	初中一年级	20	19
32	Q. Zhou	高三	女	19	初中一年级	23	24
33	W. Z.	高三	男	18	初中一年级	24	18

表3.15显示，33名参与日志研究的学生中，女生26名（占78.8%），男生7名（占21.2%）；高一14人（占42.4%），高二9人（占27.3%），高三10人（占30.3%）。其年龄分布：高一15～17岁，高二16～18岁，高三18～19岁。参与日志研究的学生中有23名学生从初一开始学习英语，7名学生从小学开始学英语，3名学生情况不详（在表中用破折号表示）。从每位学生完成学习日志的情况看，课堂日志篇数最多的有40篇，最少11篇，课后最多43篇，最少10篇。

3.7.1.3　访谈对象

本研究进行了两轮访谈，第一轮访谈主要为问卷设计提供研究需要的信息。访谈是非正式的，访谈对象和访谈情况不纳入正式分析。第二轮访谈是在问卷调查正式实施后为了与问卷数据形成交互验证和补充而进行的。此轮访谈涉及6名高中英语教师（见表3.16）和6名高中生（见表3.17）。

表3.16　参与访谈的教师个人信息

姓名	性别	年龄	职称	最终学历	工作年限	教高中年限
罗老师	女	49	中学高级	本科	32	23
林老师	男	51	中学高级	本科	30	22
曾老师	女	40	中学一级	本科	16	16
吴老师	男	42	中学一级	本科	20	20
许老师	女	38	中学二级	本科	15	15
黎老师	男	32	中学二级	本科	6	6

6位受访教师中，3位是研究者曾经的同事，2位是研究者的大学同学，1位是朋友推荐的。他们来自参与调查的其中3所中学，为使访谈对象具有一定代表性，访谈对象的选取考虑了教师的性别和职称。6名教师中，男女教师各3名，高级、中级和初级教师各2名，年龄在30～51岁之间，6名受访教师中从事高中英语教学最短的6年，最长达23年。为保护受访教师的身份和个人信息，6位教师均采用化名。

接受访谈的6名学生来自参与问卷调查的其中两所中学，每个年级各2名，其中高一和高三的4名学生来自同一所学校，由该中学英语教师兼英语教研组长推荐并自愿参加。高二的2名同学来自另外一所中学，他们是研究者朋友的孩子，经与朋友沟通并遵循学生本人自愿的原则接受了访谈。为保护他们的身份和个人信息，6位学生也采用化名。

表 3.17　参与访谈的学生个人信息

姓名	性别	年龄	年级
刘同学	女	16	高一
王同学	女	15	高一
郑同学	男	18	高二
张同学	女	17	高二
何同学	男	19	高三
李同学	女	19	高三

3.7.2　数据收集

以上为各研究工具涉及的对象介绍，接下来是对研究工具数据收集情况的说明。

3.7.2.1　调查问卷数据收集

调查问卷数据经过试测表明，问卷具有较高区分度、信度、效度，通过抽样确定调查对象，最后用于大规模的正式调查。正式问卷于 2014 年 5 月中旬通过快递寄至参与此次调查的学校。随问卷寄出的还有详细的问卷调查注意事项以及寄回问卷所需邮资。学校负责人向参与实施问卷调查班级的英语教师各分发一份问卷调查注意事项，并强调严格按照问卷实施步骤进行。为确保问卷调查的质量，在正式问卷调查之前，研究者还通过电话和短信的方式向他们表示感谢并再次强调问卷要认真如实地填写。所有问卷调查均在课堂或晚自习时间在教室统一进行，完成问卷没有时间限制，学生填完问卷后要求他们先自行检查，确保不漏填、不多填。当堂回收问卷时，建议教师选派几名同学负责检查并收回问卷，如发现有遗漏的地方随即让学生进行补充和完善。问卷调查涉及高一、高二、高三年级。高三年级学生于 6 月 7 号和 8 号参加高考，因此高三年级问卷调查在 5 月底前完成。高一和高二在 6 月中旬完成，在这个时间正常教学基本接近尾声，能较全面地了解各年级学生在该学年英语学习的情况。所有收回的问卷由各个学校负责人根据要求的时间统一寄回指定地点。

3.7.2.2　学习日志资料收集

为了确保收集到的数据能为研究所用，研究者汲取了日志试测阶段的经验，对参与正式学习日志研究的学生进行日志填写培训。培训于2014年春季开学第一周的星期五下午最后一节自习课在一间空教室集中进行。正式培训前，研究者向所有参加日志研究的学生表示真诚的感谢，并给每人发放一份礼品和一份培训资料，介绍了研究目的、研究意义以及学生参与此项研究的意义，培训氛围轻松愉悦。研究者还告知此项研究需持续一学期，研究遵循自愿参与的原则，不愿意参加的学生可以随时退出。正式培训前17名学生要求退出，研究者对自愿参加日志研究的41名学生进行了培训。培训当天，研究者还让每位学生填写了一张个人信息表，当堂收回，便于了解他们的背景情况。最后，研究者向所有参与学习日志的学生再次表示感谢，并留下了联系方式，如手机号、QQ、电子邮箱，希望与他们保持联系。培训持续一个小时。

考虑到高中学习任务重，学习压力大，让学生每天填写日志不太现实，一次集中填写一周的内容也不合理。因为一周的学习内容很多，学生难以全部记下所学内容，而且学习中的感受不及时记下也会遗忘。因此，在征求学生意见的基础上，最后采用每单周一、三、五、七，双周二、四、六任选一至三天记录其英语学习情况的方法。这样不但能较全面地记录学生的英语学习过程，还可以避免日志试用阶段学生填写一周间断几周后不愿再填写的情况。学习日志正式实施时每周一发放当周日志表3份，填写后当天交给组长，这样可以防止一些学生平时不填写，后面仓促应付胡乱填写的情况。小组长把每周收集好的学习日志表统一交给所在年级指定负责老师，此外还请该老师定期督促学生填写。学习日志填写坚持近一学期，高一年级由于负责人的认真督促，学习日志表填写完成情况较好，且坚持到 6 月下旬，高二年级因英语教师参加一项比赛活动，对学生督促较少，学生写到 6 月初就停止了，高三年级学生 6 月初参加高考，5 月下旬停止填写学习日志。

41 名学生总共填写了 711 份课堂学习日志表和 714 份课外学习日志表。整理学习日志表时，研究者发现有的学生只填写了几次，有的写得很粗略，内容过于简单，有的填写内容几乎一样，对于分析没有意义。通过对学习日志表逐篇筛选，确定将 33 名学生填写的学习日志纳入正式分析。日志表收集情况见表 3.18：

表3.18　各年级学习日志收集情况

年级	男	女	总人数	课堂（篇）	课外（篇）	总篇数
高一年级	2	12	14	342	357	699
高二年级	4	5	9	144	146	290
高三年级	1	9	10	192	182	374
总计	7	26	33	678	685	1363

33 名参与日志研究的学生中，高一 14 人，高二 9 人，高三 10 人。收集的学习日志表中课堂学习日志 678 篇，课外 685 篇，总体上持平。从各年级学习日志填写情况看，完成最好的是高一年级，有效日志 699 篇，其次是高三年级 374 篇，完成较差的是高二年级 290 篇。这是由于负责高二年级学习日志收集的教师在这期间被学校派到了其他学校参加调研，没能及时督促学生，导致完成情况较差。

3.7.2.3　访谈资料收集

根据研究需要，研究者对高中英语教师和高中学生进行了访谈。由于参与访谈的 6 位教师所教班级也参与了问卷调查，因此对教师的访谈可以与问卷数据形成交互验证。参与访谈的 6 位教师来自重庆市的 4 个区县，这些区县之间距离最远超过 300 多公里。考虑时间、经济、精力等因素，研究者没有进行面对面的访谈。在与受访者协商访谈方式时，受访者认为

手机通话效果更好、接听更方便，他们也更习惯电话访谈方式，因此研究者采用了电话访谈，而没有采用QQ、微信等方式。访谈前研究者通过电话与每位受访者预约了访谈时间和地点。经与受访者协商，5名受访者同意晚上 7:30 ~ 9:00 在受访者家里接受电话访谈，1名教师由于担任高三毕业班教学和班主任工作，基本每天晚上 7:30 ~ 9:00 都在办公室值班，因此电话访谈地点确定为办公室，时间为晚上 7:30 ~ 9:00。研究者访谈地点为家中的书房。为防止访谈过程中受到干扰，访谈前研究者告诉家人访谈期间不得进入书房。访谈时研究者用三星（Galaxy 4）手机拨通电话后在得到他们许可的情况下，按下手机的录音功能对电话访谈内容进行录音。访谈实施情况见表 3.19：

表3.19　教师访谈实施情况

访谈对象	访谈方式	访谈日期	访谈时长	受访者接受访谈地点	访谈工具
罗老师	电话访谈	2014年10月24日	51分54秒	受访者家里	三星Galaxy 4
林老师	电话访谈	2014年10月25日	33分55秒	受访者家里	三星Galaxy 4
曾老师	电话访谈	2014年10月25日	34分13秒	受访者家里	三星Galaxy 4
吴老师	电话访谈	2014年10月26日	15分10秒	受访者办公室	三星Galaxy 4
许老师	电话访谈	2014年10月27日	26分38秒	受访者家里	三星Galaxy 4
黎老师	电话访谈	2014年10月26日	32分5秒	受访者家里	三星Galaxy 4

在对6位教师的电话访谈中,访谈最短时长15分10秒,最长51分54秒。在对每位教师进行访谈时，研究者先对每位受访者进行问候后才逐渐过渡到正式访谈，访谈氛围轻松愉快。访谈时研究者根据事先制订好的访谈提纲进行访谈，以免访谈时忘了访谈问题影响访谈效果，访谈提纲详见附录

12。访谈过程中,有 4 名教师的访谈均按原计划顺利进行,有 2 名教师的访谈中途略有变动。其中一位是罗老师,在对她进行访谈时,她在外地工作的儿子打来电话,受访者希望先接完儿子电话后再进行访谈。大约十几分钟后,罗老师接听完儿子的电话研究者才继续对罗老师进行访谈。另外,在对吴老师进行访谈的过程中(大约进行到 15 分钟),吴老师班上临时有事,需要暂时终止访谈。考虑到需要了解的信息吴老师都已谈到,因此没有另外安排时间继续对吴老师进行访谈。总之,此次电话访谈由于研究者准备充分以及被访谈者积极配合,取得了较满意的效果,实现了预期的访谈目标。

关于对高中学生访谈的情况,请见表 3.20。对学生访谈的目的是了解高中生对高考英语的看法以及他们英语学习的动机,以期与问卷调查数据形成交互验证,同时希望通过访谈对问卷和学习日志中反映的问题或现象进行阐释。

表 3.20 学生访谈实施情况

访谈对象	访谈方式	访谈类型	访谈目的	访谈日期	访谈时间	访谈地点	访谈工具	记录方式
高一	面对面个别访谈	半结构化	了解学生英语学习目的以及学生对高考英语考试的看法	2015 年 6 月 4 日	11:10～12:10	研究者车上	访谈提纲	录音笔(索尼 ICD-UX543F)
高二	电话访谈	半结构化	了解学生英语学习目的以及学生对高考英语考试的看法	2015 年 6 月 4 日	20:00～21:00	研究者家里	访谈提纲	三星 Galaxy 4
高三	面对面个别访谈	半结构化	了解学生英语学习目的以及学生对高考英语考试的看法	2015 年 6 月 4 日	上午自习时间;10:10～11:00	教师办公室	访谈提纲	录音笔(索尼 ICD-UX543F)

在对学生进行访谈时，研究者同样根据制订好的访谈提纲（详见附录13）进行访谈。为了不影响学生正常上课，访谈时间尽量安排在学生自习和中午休息时间。高一和高三4名接受访谈的学生来自同一所学校。由于还有两天就要参加高考，高三年级已全面停课，学生在教室上自习。研究者先对高三的两名学生逐一进行访谈，访谈时间为上午10:10～11:00，访谈地点为高三年级办公室。访谈时办公室有几位老师在办公，访谈选在一个角落，基本不影响访谈的实施，在受访者允许的情况下对访谈进行了录音。对高三年级学生的访谈结束后，原打算利用中午休息时间对高一年级的2名学生进行访谈，由于当天上午最后一节课下大雨该班体育课取消改为学生自习课，因此研究者决定利用自习时间对学生进行访谈。对高一两名学生的访谈在研究者的车上进行。在征得受访者同意后进行了录音，录音工具为索尼专用录音笔（SonyICD-UX543F）。由于两天后高考，全体学生上午上完课后下午放假，来不及对高二学生进行面对面访谈。因此，对高二学生的访谈选取了另一所学校的两名高二学生（他们是研究者朋友的孩子），他们均参加过本研究的问卷调查和学习日志研究。考虑到他们所在学校离研究者家较远而且其所在学校为高考考场，目前他们放假在家中，研究者决定对他们进行电话访谈。在征得两位高二学生同意后确定了访谈时间和地点并进行了访谈录音。两位学生都在他们家里接受了电话访谈。由于受访者与研究者很熟，访谈时没有什么顾虑，整个访谈过程轻松愉快，非常顺利。

3.7.3　数据分析与处理

本小节主要介绍如何对收集到的数据和资料进行分析和处理。本研究基于研究目的和研究问题设计调查问卷以了解高中生对高考英语的认识以及影响因素，高考英语对高中生英语学习过程和学习结果的影响。为了实现数据间的三角验证，本研究还通过请学生填写半开放式学习日志表、对教师和学生实施访谈的方式收集数据。以下介绍各种数据的具体分析方法。

3.7.3.1 问卷数据分析与处理

（1）问卷数据录入与清理

所有问卷于 6 月底由参与调查学校统一寄回到指定地点。研究者对问卷进行了清理、归类，然后按学校进行编号，便于数据录入有误时很快找到原始问卷。所有问卷数据的录入由研究者本人和一位大学二年级学生（该学生学习优秀，做事认真负责、细致踏实）在研究者家中进行。每人负责三所学校，根据事先确定的编号顺序进行，便于数据录入错误时很快查找到原始问卷。问卷数据录入后还通过描述统计对超出答案范围或不合常理的数值进行了清理。如描述统计分析发现性别出现"3"的情况，说明数据录入有误，因为性别只有男和女，1 代表男，2 代表女，不可能出现"3"。遇到此类情况应找到原始问卷进行核查校正。问卷中的缺省值采用均值替代法。

（2）运用 SPSS21.0 进行数据分析

基于研究目的、研究问题，本研究采用 SPSS21.0 对量化数据进行分析。

正式研究中首先采用 SPSS21.0 对问卷进行信度分析和探索性因子分析，以期了解样本增加情况下问卷的信度和效度。对正式问卷调查结果进行探索性因子分析还有助于对问卷项目进行归类，为分类分析提供依据。然后研究者运用 SPSS21.0 进行问卷的描述性统计，便于初步了解数据特征和分布情况。除了进行基本的描述统计外，研究者期望了解高考英语对高中不同年级学生的英语学习的影响是否有差异，其差异是否显著。因此，本研究还运用 SPSS21.0 对问卷数据进行了单因素方差分析（One-way ANOV）和事后多重检验（post hoc）。

3.7.3.2 学习日志资料分析

经过认真筛选，选出日志资料中记录较认真、内容较翔实的日志用于正式分析，最终确定将 33 名学生的 1 363 篇学习日志（课堂 678 篇，课外

685 篇）纳入正式分析。考虑到日志篇数多，为了便于日志资料的后期分析，研究者先把学习日志录入 word 文档。日志资料的录入由研究者和另外两名大学二年级学生共同完成。学习日志为半结构性学习日志表，课堂和课外内容分开填写。填写内容以活动为主线，涉及学习内容、学习材料、学习方式方法、学习时间和学习的目的与原因等。录入学生日志内容时保留了原来日志表的格式，便于后期编码。本研究采用半开放式学习日志表的形式，跳过了开放编码和主轴编码环节，大大减轻了编码负担。由于日志篇数较多，且所有日志资料录入 word 文档后日志总字数达 184 005 字，采用人工编码并计算频次显然不实际也不科学，其分析的信度也会受到质疑；因此，研究者采用 Nvivo 8.0 质性分析软件进行分析。研究者把录入 word 文档中的 1 363 篇日志全部导入 Nvivo 8.0 质性分析软件对日志进行逐篇分析。关于质性材料的分析，克雷斯韦尔（Creswell，2009）建议采用如下流程：①整理和准备需要分析的资料；②通读整理好的质性资料；③利用编码过程对资料进行详尽分析；④根据编码过程形成情境描述和分析类属；⑤计划质性叙事的描述和主题表现方式；⑥对质性资料的厚实诠释和深层意义进行归纳。根据克雷斯韦尔的建议，结合本研究目的和研究问题，在对学习日志内容进行分析前反复研读日志内容，确定分析类属和主题表现方式，如学生在学习日志中记录了各种不同的学习材料，研究者根据这些学习材料的特点和用途，结合研究问题将其分为课本、教学辅导类材料、高考备考资料等。

3.7.3.3 访谈资料分析

访谈是本研究的辅助研究工具。访谈涉及对教师进行电话访谈以及对学生进行面对面个别访谈和电话访谈。

研究者对教师进行了电话访谈并在受访人允许的情况下进行了电话录音，然后将电话录音转录到索尼 ICD-UX543F 专业录音笔进行录音转写。研究者先听访谈录音，熟悉了各位被访者的说话风格、语音语调以及说话节奏后，再对录音资料进行逐字转写，形成访谈转写文本。在对学生实施访谈时也进行了录音，研究者同样先反复听学生访谈录音，然后对访谈录音进行逐字转写，形成访谈转写文本。所有访谈录音转写完成后，研究者对原始稿件进行匿名处理，并删除一些个人隐私信息，然后对访谈转写稿进行编号。访谈资料转写整理完毕后，鉴于各位老师工作很忙以及学生平时都住校周末才回家，有的学生家里没有电脑的情况，因此没有把访谈转写稿内容发给相应的访谈对象。为防止或减少录音转写时的偏误，研究者对转写的内容和录音再次进行核对，录音中不清楚的地方由研究者打电话给受访对象进行核实和确认。本研究访谈的目的主要是对问卷和学习日志中反映出的问题进行阐释和补充，因此分析访谈资料时主要采取内容分析法，没有对访谈资料进行逐一编码。

3.8　研究的信度和效度保证

研究的信度与效度是任何研究都需要关注的重要议题，没有信度和效度的研究难以让人信服，其研究结果也没有实际意义。所谓信度是指测量工具测出结果的稳定性和一致性，效度则是指一项工具在多大程度上测量了所要测量的东西（秦晓晴，2009）。有关效度和信度检验方法在研究工具试测一节中有详细介绍，本节主要总结研究中为确保研究的信度和效度所采取的措施以及具体考虑。

3.8.1　调查问卷的信度与效度保证

为确保调查问卷具有较高的信度，研究者在试测阶段对问卷进行了信度检验。克朗巴赫阿尔法系数是估计问卷一致性信度系数最常用的方法，绝大多数研究都采用此方法进行信度系数估计，本研究同样采用了此方法。在问卷试测中，对 8 个分量表逐一进行信度检验，除了课堂学习材料量表信度系数低于 0.7、课外学习材料量表刚好为 0.7 以外，其他 6 个分量表的信度系数都达到了理想指标。研究者参考了信度检验结果及其他指标，决定删除这两个分量表。除了试测时进行信度分析，研究者还对正式问卷调查数据再次进行信度检验，信度系数见表 3.21：

表 3.21　正式调查问卷各分量表信度情况

量表类型	项目个数	样本量	信度系数
英语学习动机	12	3 105	0.793
课堂英语学习	9	3 105	0.877
课外英语学习	18	3 105	0.878
高考英语对高中英语学习的作用	10	3 105	0.934
学生对高考英语的认识	12	3 105	0.787
影响学生对高考英语认识的因素	19	3 105	0.926

就问卷的效度而言，本研究考虑了内容效度和结构效度。问卷内容效度是看问卷覆盖范围以及问卷项目与研究目的和问题之间的联系，检验内容效度一般是定性分析，主要依靠逻辑证据（秦晓晴，2009）。本研究问卷内容效度在问卷初步设计好之后通过研究者自评，专家、同行和受访者反馈的基础上对问卷进行了反复修改后得以保证。除了内容效度，研究者重点对问卷的结构效度进行了验证。问卷结构效度验证的方法主要为探索性因子分析。在试测阶段，研究者对 8 个分量表进行了 KMO 值和 Barlet 球形检验。结果发现，除了课堂和课外学习材料两个分量表 KMO 值较低（分别为 0.634，0.671），其他 6 个量表 KMO 值基本达到了较理想的指标且 Barlet 检验达到 0.000 显著水平。因此，研究者和专家讨论后决定删除这两个分量表。对另外 6 个分量表进行探索性因子分析发现，几乎各量表中所有变量的因子负荷值都在 0.4 以上，且各个变量都较清楚地分属在不同的因子上，表明这 6 个分量表具有较高的结构效度，尽管经过了试测，

得知问卷具有较高的结构效度，然而在正式研究中，由于样本量显著增加，加之试测后对一些问卷项目进行了修改，有必要对问卷的分量表再次进行因子分析。通过观察旋转后的成分矩阵，研究者发现各变量更清晰地分属在不同因子上，多数量表解释的总方差也明显增加，量表的因子结构也较稳定。确定进入正式分析的量表的因子分析结果见表 3.22：

表 3.22　正式调查问卷各分量表结构效度情况

量表类型	KMO 值	Barlet 检验显著水平	因子个数	累积解释方差（%）
英语学习动机	0.845	0.000	3	63.853
课堂英语学习	0.858	0.000	2	65.715
课外英语学习	0.891	0.000	4	63.235
高考英语对高中英语学习的作用	0.937	0.000	1	67.187
学生对高考英语的认识	0.849	0.000	3	62.236
影响学生对高考英语认识的因素	0.931	0.000	4	65.261

总之，有关本研究中调查问卷工具的信度与效度，研究者严格把关问卷的设计、问卷试测和正式调查环节，确保了问卷的信度和效度。

3.8.2　学习日志的信度与效度保证

学习日志信度和效度通过以下方式保证：①设计半开放式学习日志表和学习日志填写说明表，对学生填写日志表有较好的指导作用，还限定了填写内容有助于更好地为研究服务。②为期三周的学习日志表试用，可发现日志表存在一些不足，研究者可对其进行修改和完善，在一定程度上确保了日志内容的效度。③日志表填写试用阶段的经验，对正式参加学习日志研究的学生有较大帮助；教师推荐和学生自愿相结合的方式，有助于学习日志工作的顺利开展，一定程度上提高了学习日志的信度和效度。④对参与学生进行日志填写培训，发放日志填写样表和说明表，有助于学生明确填写要求，使填写的内容更符合研究需要，从而提升了研究的效度。⑤在 Nvivo 软件中建立节点时，研究者在年级基础上为每个个案建立树状节点，这样不但操作方便，也为第二轮复查提供便利。复查时有疑问的地方与原始数据对照，提高了日志资料的信度和效度。⑥运用 Nvivo 进行编码时，软件会自动计算节点频次。考虑到编码人员精力、时间等因素，在编码过程中会存在一些错误和前后不一致的情况，研究者没有直接采用软件统计的结果，而是从 Nvivo 中调出分析过的材料进行逐一检查、核实和纠正，再利用人工核查与电脑统计相结合的方法确保分析的信度。⑦在学习日志资料分析时，研究者反复研读原始数据，主要采用研究者内部一致的方法：研究者独立分析两次，两次分析中不一致的地方采取与同行和专家讨论的办法达成最后的一致。因此，这也在一定程度上保证了质性数据较高的信度。

3.8.3　访谈的信度与效度保证

为确保访谈的信度和效度，研究者做了以下工作：①根据研究需要设计访谈提纲，访谈时获取研究所需要的内容和信息。②访谈对象采取任课教师推荐和学生自愿参加相结合的方式选择，学生自愿参加访谈时能更充分地表达他们的想法。③用专业录音笔和有录音功能的手机进行访谈录音，确保访谈信息的完整。④录音逐字转写后研究者对录音中不清楚的地方、对受访者表述不理解的地方通过电话进行核实和确认。⑤访谈前告诉受访者所有访谈内容仅供研究使用，对受访者的个人信息会严格保密，以打消他们的顾虑，使他们在访谈时能畅所欲言。上述做法都有助于增强访谈的信度和效度。

3.9 研究的伦理考虑

罗布森（Robson, 1993）提出了以下对人实施研究时应遵循的伦理原则：知情同意（consent）、保密（confidentiality）、保护参与者（protection of participants）、诚实有益（honesty and benefit）。在实施研究时，研究者也遵循了以上伦理原则。

征求了所有参与者的同意。问卷调查不但遵循参与者本人自愿的原则，还得到任课教师、年级组长和英语教研组长的同意。学习日志采取学生自愿参加与任课教师推荐相结合的方式。研究历时较长，需要学生的坚持，因此只有在学生自愿的前提下才能较好地开展这项研究。由于高三年级学生即将参加高考，学习任务重、压力大，让他们坚持填写学习日志难度较大，没有任课教师、年级主任甚至分管校长的同意，日志研究不可能顺利开展。研究者告知学生参与过程中如因心理压力大、时间紧而不愿意继续参加可以无条件退出。

告知研究目的。无论是问卷调查、学习日志还是访谈，参与者都被告知研究的目的。但在语言表述中，研究者尽量避免用暗示性或导向性的字眼，如告知他们研究目的时没有说本研究是调查高考英语对高中英语学习的影响，这样会给学生一些暗示或导向，加之社会对高考批评较多，学生很可能为了迎合研究者在填写问卷、参与访谈和日志研究时违背他们真实的想法和做法，不利于获取真实的数据。研究者告知他们研究的目的是想了解他们高中英语学习的情况，通过分析他们的学习情况了解高考英语对他们的英语学习产生了什么影响、影响的强度、影响时间、影响的性质等。

保护参与者身份。为了保护参与者的身份，问卷调查采用匿名方式。学习日志要求每个参与的学生提供真实姓名和个人信息以了解每位学生一学期以来学习的动态，但在数据分析和研究结果汇报时，所有学生都用化名。同样，接受访谈的教师的姓名和学校名称都做了匿名或重新命名处理以保护其隐私。

　　注重互惠性。霍基（Hawkey，2006）认为互惠性也属于伦理问题，尤其是对于参与者付出的时间和提供的信息有较高要求的研究。为了调动教师和学生积极参与此项研究，对参与此次调研的教师，研究者表示会给予他们科研方面的帮助，承诺以后申报本研究相关课题时，邀请他们作为课题的研究成员，另外还承诺研究结果会反馈给他们。对于参加学习日志的填写的学生，不但当面致谢，还给每人准备了一份小礼物，承诺研究结果会反馈给他们，并愿意为他们提供学习和生活上的帮助和指导。此外，研究者还告知他们坚持写英语学习日志有助于培养他们的英语学习习惯，通过记录英语学习活动并进行反思也有助于提高他们的英语学习效率和调适紧张的情绪。

3.10　本章小结

　　本章在文献综述的基础上构建了本研究概念框架并提出了三个研究问题。为使研究问题明确并具有可操作性，前文对研究问题中的关键概念进行了界定。根据研究问题的需要，考虑到单一研究方法的局限性，本研究采用量化和质性相结合的混合研究设计。研究方法确定后，接下来根据研究问题和研究特点确定具体研究工具。本研究用问卷调查、学习日志和访谈三种研究工具来收集数据。问卷调查便于大范围收集数据，但不能对某些现象进行深入挖掘，因此，研究者又采用学习日志和访谈的方式为问卷调查数据提供验证和补充，使研究更深入。尽管反拨效应研究比较成熟，一些研究工具比较完善，但反拨效应研究受所处社会环境和教育条件的影响较大，因此任何现存的工具都不可能直接用于当前研究。因此，研究者在参考前人研究工具的基础上，结合当前研究特点和研究背景设计适合当前研究的工具。各种研究工具经过专家和同行反馈以及研究者反复修改后取得了较满意的质量。然而，要将研究工具用于大规模正式研究，需要对研究工具进行试测。考虑到问卷和学习日志是本研究的主要研究工具，且涉及的学生范围较广，不可控制因素较多，因此需要进行试测。结合试测结果，研究者对问卷和学习日志表进行了修订和完善，然后用于正式研究。在正式研究中对各研究工具涉及的研究对象、数据收集过程和数据分析方法进行了详细介绍。如何确保研究的信度和效度是整个研究过程都需要考虑和注意的问题，本研究在各个环节都给予了考虑并采取了相应的措施。研究伦理问题也是本研究必须考虑的，本研究遵循了社会科学研究的规范要求。

第四章

高中生对高考英语的认识及其影响因素

4.1　引言

上一章对研究设计进行了详细汇报，内容包括研究概念框架、研究问题和关键概念界定、研究方法、研究工具的编制、研究工具的试测、正式研究、研究的信度和效度保证以及研究的伦理考虑。

第四章至第六章将针对本研究的三个研究问题进行结果汇报和讨论。本章针对第一个研究问题"高中生怎样认识高考英语？哪些因素影响了他们对高考英语的认识？"进行分析和讨论。本章包括 4 小节：4.1 节为引言，介绍本章主要内容和结构；4.2 节分析和讨论高中生对高考英语的认识，对此问题的探讨采用问卷调查和访谈相结合的方式；4.3 节分析和讨论影响高中生对高考英语认识的因素，对此问题的回答采用对学生实施问卷的方式；4.4 节是本章小结，对本章内容进行简要回顾和总结。

4.2　高中生对高考英语的认识

高中生怎样认识高考英语？本研究通过对高中生实施问卷调查并结合访谈的方式对这一问题进行回答。对问卷调查结果的分析与讨论本研究采取先进行因子分析，然后根据因子分析结果作具体分析，最后进行三个年级的比较步骤。

4.2.1　高中生对高考英语的认识问卷的因子分析

高中生对高考英语的认识问卷采用了李克特（Likert）五级量表，从"1=不赞同"到"5= 赞同"，均值越大，赞同程度越高。问卷包括 12 个题项，其中均值最大的是题项"对考上心目中的大学很重要"（M=4.08），均值最小的是题项"在同学、家长、老师面前有面子"（M=2.97），多数题项为 3～4，即处于"不确定"到"赞同"的范围。这些题项涉及高中生对高考英语的认识，本书通过探索性因子分析对他们的认识并进行分类。进行探索性因子分析前，研究者先对量表进行 KMO 和 Bartlett 球形检定，结果见表 4.1：

表 4.1　高中生对高考英语认识量表的 KMO 测度和 Bartlett 球形检验

取样足够度的 Kaiser–Meyer–Olkin 度量		0.849
Bartlett 的球形度检验	近似卡方	13569.4
	自由度	66
	显著性	0.000

结果显示，KMO 值为 0.849，Bartlett 球形检定显著水平为 0.000，两个统计量结果均显示本例数据适合作因子分析。本研究中因子提取方法采用主成分法（Principle component）。因子数目的确定采用特征值（Eigenvalue）准则，即特征值大于 1，因子提取要求每个变量的因子负荷值在 0.3 以上，因子旋转采用正交旋转（Varimax）。根据以上标准对问卷项目进行因子分析，最后提取 3 个因子，累计解释总变方差的 62.236%。各因子中的项目负荷量均高于 0.3 的可接受值，表明该分量表具有较理想的结构效度。

根据每个因子包含题项反映出的共同特征，研究者对各因子命名。第一个因子的 4 个项目既有对考试本身的评价，也有对考试影响的认识，这些评价均是对考试的肯定和认可，因此，该因子被命名为"正面性认识"。第二个因子包括的 4 个项目是关于高考英语对学生英语学习的影响。根据相关研究结果，如库利（Cooley，1991），辜向东（Gu，2007），萨德克、齐特曼（Sadker，Zittleman，2004），斯特切尔等（Stecher，et al.，2004）认为这类影响属于考试对教与学产生的负面影响，因此，我们将该因子命名为"负面性认识"。第三个因子包括的项目均涉及高考英语的重要性，因此，该因子被命名为"重要性认识"。因子结构及负荷见表4.2：

表4.2　高中生对高考英语认识量表旋转后的成分矩阵与因子负荷

问卷题项	成分		
	正面性认识	负面性认识	重要性认识
较科学客观反映学生英语水平	0.843	−0.035	0.149
对高中英语学习的有效检测	0.813	−0.005	0.154
使高中英语学习目标更明确	0.770	0.126	0.291
是高中英语学习的主要动力	0.531	0.438	0.221
使平时英语学习围绕高考	0.113	0.816	0.124
使平时英语学习关注应试策略	0.271	0.698	0.215
仅学习高考要求或相关内容	−0.104	0.691	0.121
高考备考挤占正常教学时间	−0.034	0.688	−0.028
对英语学习自信心很重要	0.348	0.050	0.788
对以后继续学习英语很重要	0.313	0.019	0.774
在同学、家长、老师面前有面子	0.015	0.198	0.731
对考上心目中的大学很重要	0.245	0.442	0.532

4.2.2　高中生对高考英语认识的具体分析与讨论

以下为基于探索性因子分析结果对各类认识进行的具体分析。总体上，学生对高考英语重要性的肯定（M=3.48）高于负面性认识（M=3.41），对考试负面性认识的赞同高于正面性认识（M=3.25）。

表 4.3　高中生对高考英语认识的描述性统计结果

类型	问卷题项	Mean	Std. D
正面性认识	较科学客观反映学生英语水平	3.08	1.350
	对高中英语学习的有效检测	3.38	1.401
	使高中英语学习目标更明确	3.28	1.311
	是高中英语学习的主要动力	3.26	1.411
	平均	3.25	1.368
负面性认识	使平时英语学习围绕高考进行	3.65	1.305
	使平时英语学习关注应试策略	3.60	1.263
	仅学习高考要求或相关内容	3.29	1.427
	高考备考挤占了正常教学时间	3.11	1.283
	平均	3.41	1.320
重要性认识	对以后继续学习英语很重要	3.41	1.342
	对英语学习自信心很重要	3.47	1.410
	在同学家长老师面前有面子	2.97	1.426
	对考上心目中大学很重要	4.08	1.219
	平均	3.48	1.349

注：1＝不赞同　2＝有些不赞同　3＝不确定　4＝比较赞同　5＝赞同

（1）对高考英语的正面性认识

对高考英语正面性认识的4个题项中，"对高中英语学习的有效检测"，均值为3.38，介于"不确定"和"比较赞同"之间，表明学生基本上肯定了高考英语在检测学生英语学习情况方面的积极作用。题项"较科学客观反映学生英语水平"，均值3.08，相当于"不确定"，意味着学生对高考英语能否较科学客观地反映他们的英语水平持不确定态度。通过访谈了解到，3名学生反映高考英语不考口语，或者口试不计入高考英语总分，加之他们在高中阶段的英语学习基本是为了高考而学，即便通过各种方式取得了较好的分数，他们发现自己还是不能很好地表达和运用，由此他们认为高考英语成绩不能较全面客观地反映他们的英语水平。

高三年级的何同学（一名补习生，曾参加过一次高考）谈道：

"高考口试不计入总分，而且口试很不正式，很简单，且不计入高考总分，使得高考英语成绩不能全面反映我们的英语水平。"

除了口试没有计入高考英语总分外，学生还认为高考英语中客观题比重过大，猜测成分较多也是一个原因。高三何同学认为：

"考试内容太死板，多项选择题比重较大，猜测成分较多，对于英语学习一般和英语学习不好的学生有时因为运气原因导致他们之间没有显现出差距。另外，作文层次拉不开，只要大家稍微准备下，所得分数差距不大，这样会影响学生学习的积极性和学习热情……"

题项"使高中英语学习目标更明确"（M=3.28）和"是高中英语学习的主要动力"（M=3.26），均值为3～4，倾向于比较赞同。表明学生倾向于肯定高考英语在他们平时英语学习中的积极作用，并认为高考使他们的英语学习更有目标性和针对性。研究者通过对学生的访谈得到证实。高二年级的张同学这样评价高考：

"尽管高考还比较远，但高考对我的学习有促进作用，因为考试要考，就要努力去学。高考使我的学习有目标，有动力。我学英语最终是想通过高考来检测我在高中阶段英语学习的情况。我赞成高考考英语，通过高考促进英语学习是一种好的方式。当然除了高考，还可以通过其他方式促进英语学习，如通过考试过级的方式，如果过级了，表明英语学得差不多了……"

通过对学生的调查和访谈可以说明，高考英语对高中生的英语学习产生了积极的反拨效应影响。

（2）对高考英语的负面性认识

学生对高考英语的负面性认识有4个题项，均值为3.41，介于"不确定"和"比较赞同"之间。相对于正面性认识，对高考英语负面性认识的均值更大，即学生对高考英语更多持负面性认识，如"使平时英语学习围绕高考进行"（M=3.65），"使平时英语学习关注应试策略"（M= 3.60），"仅学习高考要求或相关内容"（M=3.29）。表明学生平时的英语学习为试而学，关注应试技巧，学习范围狭窄，高考不考的内容平时就不学或不重视，学习目的单一而功利。由此得出结论：高考英语对高中生的英语学习产生了负面的反拨效应影响。

如访谈中高二年级的张同学谈道：

"为了在高考中获得一个好分数，我们在平时的学习中只会去关注考试要考的那些知识点，不考的内容我们不会去学也不会去重视，比如说，高考不考口语我们平时学习就不重视口语的训练。还有我们平时的学习基本只局限于应付考试，通过做各种训练题提高自己的考试分数，即便取得了较好的分数，自己还是不能很好地表达和运用。"

高三年级的何同学也说道：

"因为高考，老师和我们都注重分数，一切唯分数论。有考试就有应试，一些应试活动使得我们的英语学习变得很枯燥乏味，很死板，一点儿体会不到学习的乐趣。很多应试备考方式不是我们想要的学习方式，可是没有办法，有时我们很紧张很烦躁会产生一些负面情绪。"

相对于其他 3 项，"高考备考挤占了正常教学时间"（M=3.11）均值较低，说明高考备考对正常教学时间有一定影响，但影响相对其他几项较弱。其原因主要是本次调查涉及三个年级，不同年级学习任务有所侧重，学生对此问题的看法也有所不同，说明高考对学生英语学习的影响存在阶段性。此外，还与学生对正常学习时间的理解有关，有的学生把以课本为主的课堂学习视为正常教学，而有的学生把所有的英语学习包括课堂上的高考备考都视为常规英语学习。

（3）对高考英语的重要性认识

对高考英语考试重要性认识的 4 个题项中，"对考上心目中大学很重要"，均值最大（M=4.08），表明学生都倾向于赞同英语在高考中的重要地位，即高考英语对学生能否考上理想大学至关重要。访谈中高三何同学这样说道：

"高考英语对我很重要，因为在高考中取得好成绩可以提高我的高考总分。我是一名补习生，去年高考中我就是英语考得不好，几门课程中其他几科都不错，主要是英语成绩不好，每次考试基本都在及格线左右，整体成绩被英语拉下了，严重影响了高考总分，高考英语直接影响我考上什么样的大学。"

题项"对以后继续学习英语很重要"和"对英语学习自信心很重要"均值分别为 3.41 和 3.47，均值处于"不确定"到"比较赞同"之间，表明高中生基本肯定了高考英语对他们以后英语学习以及自信心树立的重要性。正如访谈时高一年级的王同学所言：

"高考英语在高考中所占比重很大，不仅影响我以后能上什么样的大学，对我以后继续学习英语也很重要，比如上大学后读英语专业，即便不读英语专业对以后出国留学、工作、读研等都很重要，而且自己英语好，以后的路子就宽，选择机会就更多，也会让我更加自信。"

题项"在同学家长老师面前有面子"均值为 2.97，接近 3，相当于"不确定"，表明中国传统的面子观对部分学生的英语学习有一定影响，相对其他题项，学生的赞同程度略低。

总之，就学生对高考英语的认识而言，我们发现学生对高考英语本身的有效性，高考对他们英语学习的积极影响以及高考英语在他们学习和生活中的重要性都给予了肯定，同时学生也承认高考英语对他们英语学习产生了负面的反拨效应影响。

4.2.3 高中生对高考英语认识三个年级的比较

本次调查涉及三个年级的学生，每个年级学生所处学习阶段不同，学习经历和学习感受也会不同，针对他们对高考英语考试的认识是否有差异，以下将进行三个年级的比较。

表 4.4　高中三个年级学生对高考英语认识的比较

认识类型	问卷题项	高一	高二	高三	ANOVSig.	多重比较		
						高中一、二	高中一、三	高中二、三
正面性认识	较科学客观反映学生英语水平	3.25	3.00	2.92	0.000	0.000	0.000	——
	对高中英语学习的有效检测	3.55	3.30	3.24	0.000	0.000	0.000	——
	使高中英语学习目标更明确	3.42	3.23	3.13	0.000	0.002	0.000	——
	是高中英语学习的主要动力	3.29	3.26	3.22	——	——	——	——
负面性认识	使平时英语学习围绕高考进行	3.47	3.70	3.83	0.000	0.000	0.000	——
	使平时英语学习关注应试策略	3.51	3.57	3.76	0.000	——	0.000	——
	仅学习高考要求或相关内容	3.08	3.38	3.45	0.000	0.000	0.000	——
	高考备考挤占了正常教学时间	2.97	3.23	3.13	0.000	0.000	0.022	——
重要性认识	对以后继续学习英语很重要	3.55	3.34	3.31	0.000	0.001	0.001	——
	对英语学习自信心很重要	3.59	3.45	3.32	0.000	0.040	0.000	——
	在同学家长老师面前有面子	3.00	2.96	2.93	0.515	——	——	——
	对考上心目中大学很重要	4.10	4.08	4.05	0.713	——	——	——

注：1=不赞同　2=有些不赞同　3=不确定　4=比较赞同　5=赞同

（1）对考试正面性认识的比较

从三个年级的均值看到，学生对高考英语正面性认识赞同程度基本呈现从高一向高三依次降低的趋势，即高一学生对高考英语更多持积极肯定的态度，高二次之，高三赞同程度最低。单因素方差分析显示：除"是高中英语学习的主要动力"外，其余三项均存在显著性差异（$p=0.000$）。通过进行事后多重比较发现，其差异主要体现在高一和高三之间，高二和高三之间差异不显著。这意味着高一学生对高考英语更多持肯定的态度，高二年级学生对高考持肯定态度的比例逐渐降低，一直持续到高三。其原因可能如下：高一年级的英语学习中，正常教学占主导地位，高考离他们较远，高考对他们的学习影响较小或者影响不明显；到高二年级，随着高考临近，高考对他们的影响逐渐增强，学生对高考英语的看法也渐趋一致。

（2）对考试负面性认识的比较

与学生对高考英语正面性看法不同的是，对高考英语负面性认识的各题项均值呈现高一向高三依次递增的趋势，即高年级学生比低年级学生更赞同高考英语的负面影响。针对三个年级学生对高考英语负面性看法是否有显著性差异这一问题，研究者同样进行了单因素方差分析。结果表明，三个年级在这些题项上的差异均达到了显著性水平（$p=0.000$）。事后多重比较发现："高考备考挤占了正常教学时间""使平时英语学习围绕高考进行""仅学习高考要求或相关内容"，高一与高二、高一与高三之间差异显著，高二与高三差异不显著，说明学生经过两年的学习，对高考英语负面影响形成了一致的认识。"使平时英语学习关注应试策略"，高一与高二的差异不显著，高一与高三、高二和高三之间差异显著。这是因为高一和高二年级基本处于正常的教学阶段，应试训练较少，自然对应试策略的关注也较少。到高三年级时全面的高考备考活动开始，应试训练增加，他们对应试策略的关注也就更多。

（3）对考试重要性认识的比较

对考试重要性认识中的 4 个题项均值呈现从高一向高三依次递减的趋势，即随着年级的增加，学生对高考英语重要性认识的赞同程度会逐渐降低。单因素方差分析表明："在同学、家长、老师面前有面子"（p=0.515）和"对考上心目中的大学重要"（p=0.713），远大于 0.05 的显著性水平，表明三个年级的学生在这两个题项上的看法没有显著性差异。"对以后继续学习英语很重要"和"对英语学习自信心很重要"在三个年级之间有显著差异，其差异均体现在高一与高二、高一和高三年级之间，高二和高三之间的差异不显著。其原因同样是学生经过两年的高中英语学习，对高考英语逐渐形成了比较一致的看法，因此，高二和高三之间差异不显著。

4.3 影响学生对高考英语认识的因素

那么是哪些因素影响了学生对高考英语的认识呢？本研究采用对学生实施问卷调查的方式探究影响学生对高考英语认识的因素以及影响程度。

4.3.1 影响因素的因子分析

通过对高中教师和学生的访谈以及参考相关实证研究成果，本研究总结了影响高中生对高考英语认识的 19 个因素，形成影响因素问卷。该问卷采用李克特五级量表进行描述，依次从"1= 完全没有影响"到"5= 有很大影响"。问卷调查结果的描述性统计显示，最大均值为题项"英语在高考中的比重"（M=4.15），均值最小的是"邻居亲戚对高考的看法"（M=2.77）。19 个问卷题项中有 17 个题项均值为 3 ~ 4，表明学生认为以上因素都会在一定程度上影响他们对考试的认识。然而，对于这些影响因素主要涉及哪些层面这一问题需要进行探索性因子分析。在进行因子分析前研究者进行了 KMO 值和 Bartlett 球形检验。结果见表 4.5：

表 4.5　影响因素量表的 KMO 测度与 Bartlett 球形检验

取样足够度的 Kaiser–Meyer–Olkin 度量		0.931
Bartlett 的球形度检验	近似卡方	9181.915
	自由度	10
	显著性	0.000

影响因素量表的 KMO=0.939，Bartlett 球形检定结果显著 $p=0.000$，说明数据适宜进行因子分析。通过正交旋转（Varimax），提取 4 个因子，解释总变方差的 65.261%。因子结构及负荷如表 4.6 所示：

表 4.6　影响因素旋转后的成分矩阵与因子负荷

问卷题项	成分			
	高考备考策略 1	高考命题设计 2	相关个人看法 3	高考相关政策 4
教师对高考应试技巧的讲解	0.782	0.271	0.183	0.147
教师对高考英语考试介绍	0.779	0.231	0.211	0.133
使用高考类似的教辅	0.776	0.201	0.181	0.170
布置与高考题型一致练习	0.763	0.271	0.205	0.125
举行高考类似的考试	0.742	0.206	0.202	0.203
高三周末、假期补课	0.605	0.107	0.226	0.253
学校对高考的宣传	0.489	0.137	0.280	0.260
项目分值分配	0.197	0.837	0.161	0.155
时间分配	0.219	0.817	0.149	0.141
题型（项目）	0.220	0.807	0.129	0.147
总体难度	0.242	0.750	0.113	0.155
评分标准	0.175	0.725	0.195	0.092
邻居亲戚对高考的看法	0.097	0.103	0.812	0.041

续表4.6

问卷题项	成分			
	高考备考策略1	高考命题设计2	相关个人看法3	高考相关政策4
父母对高考英语看法	0.201	0.145	0.806	0.178
父母对我在高考中的期望	0.234	0.149	0.791	0.155
朋友同学对高考中的态度和看法	0.279	0.218	0.695	0.067
教师对我在高考中的期望	0.395	0.161	0.639	0.065
取消高考英语科目	0.164	0.119	0.086	0.754
一年多考	0.257	0.152	0.107	0.725
英语在高考中比重	0.218	0.227	0.133	0.583

研究者根据各因子所包含项目反映出的共同特征对因子进行命名。因子1包括7个题项，如教师对高考应试技巧的讲解，教师对高考英语的介绍，使用高考教辅等均反映出高考英语备考策略或方式，因此命名为"高考备考策略"。因子2包括5个题项，如项目分值分配、考试时间分配、考试题型、考试难度和考试评分标准，这些均与考试命题有关，因此命名为"高考命题设计"。因子3包括5个题项，如邻居亲戚对高考的看法、父母对高考英语的看法、朋友同学对高考的态度和看法等，这些均是与考生相关的重要的个人对考试的看法或态度，因此将该因子命名为"相关个人看法"。因子4包括3个题项，如高考统考取消英语科目考试，高考实行一年多考，调整英语在高考中的比重，这3个项目均与考试相关政策有关，因此命名为"高考相关政策"。

4.3.2 影响因素的具体分析与讨论

根据探索性因子分析结果，研究者对各类影响因素进行具体分析以更详细地了解各因素影响学生对高考英语认识的情况。

表 4.7　影响因素的描述性统计结果

类型	问卷题项	均值	标准差
高考 备考 策略	教师对高考应试技巧的讲解	3.59	1.202
	教师对高考的介绍	3.45	1.172
	使用类似高考的教辅	3.50	1.204
	布置与高考题型一致的练习	3.56	1.182
	举行高考模拟考试	3.51	1.201
	高三周末、假期补课	3.36	1.264
	学校对高考的宣传	3.17	1.210
	平均	3.45	1.205
高考 命题 设计	项目分值分配	3.45	1.188
	时间分配	3.45	1.215
	题型（项目）	3.52	1.221
	总体难度	3.73	1.260
	评分标准	3.48	1.215
	平均	3.53	1.220
相关 个人 看法	邻居、亲戚对高考的看法	2.77	1.264
	父母对高考英语的看法	3.27	1.249
	父母对我在高考中的期望	3.37	1.245
	朋友、同学对高考的态度和做法	3.09	1.228
	教师对我在高考中的期望	3.15	1.245
	平均	3.17	1.246
高考 相关 政策	取消高考英语科目	3.45	1.411
	高考英语实行一年多考	3.56	1.240
	调整高考英语在高考中的比重	4.15	1.053
	平均	3.72	1.235

注：1= 完全没有影响　2= 几乎没有影响　3= 有一些影响　4= 有较大影响　5= 有很大影响

表 4.7 数据显示，4 种影响因素均值均大于 3，表明这 4 种因素都会影响学生对高考英语的看法。具体而言，"高考相关政策"影响最大（均值 M=3.72），其次是"高考命题设计"（M=3.53）和"高考备考策略"（M=3.45），"相关个人看法"（M=3.17）影响相对最小。

"高考备考策略"的 7 个题项中，"教师对高考应试技巧的讲解"均值最大（M=3.59），其次是"布置与高考题型一致的练习"（M=3.56）、"举行高考模拟考试"（M=3.51）、"教师对高考的介绍"（M=3.45）等。相对其他题项，"学校对高考的宣传"（M=3.17）均值最小。这意味着相对其他高考备考策略而言，学生认为学校对高考的宣传对他们的影响更小。这主要是由于其他高考备考策略大多是在老师的指导下进行，而且在学习过程中使用较多，而学校对高考的宣传大多是针对任课教师和班主任进行的，然后通过班主任和任课教师传达给学生，较少直接针对学生进行，因此学校对高考的宣传对学生的影响相对较小，其他备考策略对学生的影响更大。

"高考命题设计"的 5 个题项中"总体难度"均值最大（M=3.73），其次是"题型（项目）"（M=3.52）和"评分标准"（M=3.48），"项目分值分配"和"时间分配"均值均为 3.45。可见，高考题的难度对学生认识的影响最大，题型、评分标准、分值和时间分配等对学生的认识影响较小。

"相关个人看法"的 5 个题项中，"父母对高考英语的看法"（M=3.27），"父母对我在高考中的期望"（M=3.37）和"教师对我在高考中的期望"（M=3.15）均值相对较大。与学生相关的其他个人如他们的朋友、同学对高考的态度和做法（M=3.09）均值较小，而"邻居、亲戚对高考的看法"（M=2.77）均值最小。在这些相关个人中，教师和家长对学生而言是更重要的相关个人，与同学、朋友，邻居、亲戚等个人看法相比，其影响会更大。这说明与学生关系最直接的和最重要的相关个人对他们的期望、对考试的看法对学生的认识影响更大。

本研究实施时正好是国内对高考英语是否进行改革以及怎样进行改革讨论最热烈的阶段。这个阶段讨论最多的话题是调整高考英语在高考中的比重、取消高考英语科目、高考英语实行一年多考等。针对这几个问题，我们对学生进行了调查，结果发现高考英语相关政策的制定与实施都会影响学生对高考英语的认识。具体而言，学生认为"调整英语在高考中的比重"对他们的影响最大（M=4.15），其次是"高考英语实行一年多考"（M=3.56），"取消高考英语科目"（M=3.45）对学生的影响相对较小。

4.3.3 高中三个年级影响因素比较

针对影响学生对高考英语认识的因素在高中三个年级中是否有差异这一问题，以下将进行单因素方差分析，对有显著性差异的统计量进行了事后多重比较。

表4.8 高中三个年级学生对高考英语影响因素的比较

影响因素	问卷题项	高一	高二	高三	Sig.	多重比较		
						高中一、二	高中一、三	高中二、三
高考备考策略	老师对高考应试技巧的讲解	3.60	3.56	3.60	0.635	——	——	——
	老师对高考英语考试介绍	3.47	3.43	3.46	0.752	——	——	——
	使用高考教辅	3.50	3.48	3.54	0.600	——	——	——
	布置与高考题型一致练习	3.56	3.52	3.62	0.215	——	——	——
	举行高考模拟考试	3.55	3.49	3.48	0.326	——	——	——
	高三周末、假期补课	3.36	3.44	3.26	0.008	——	——	0.008
	学校对高考的宣传	3.24	3.13	3.13	0.080	——	——	——

续表4.8

影响因素	问卷题项	高一	高二	高三	Sig.	多重比较		
						高中一、二	高中一、三	高中二、三
高考命题设计	项目分值分配	3.43	3.43	3.50	0.388	——	——	——
	时间分配	3.46	3.40	3.51	0.158	——	——	——
	题型（项目）	3.50	3.49	3.60	0.087	——	——	——
	总体难度	3.82	3.68	3.68	0.012	0.032	——	——
	评分标准	3.48	3.45	3.52	0.382	——	——	——
相关个人看法	邻居、亲戚对高考的看法	2.81	2.77	2.71	0.231	——	——	——
	父母对高考英语的看法	3.33	3.31	3.14	0.002	——	0.003	0.016
	父母对我在高考中的期望	3.43	3.41	3.23	0.001	——	0.002	0.011
	朋友、同学对高考的态度和做法	3.17	3.07	2.98	0.004	——	0.004	——
	教师对我在高考中的期望	3.20	3.14	3.07	0.048	——	0.049	——
高考相关政策	取消高考英语科目	3.53	3.45	3.32	0.005	——	0.005	——
	一年多考	3.57	3.57	3.51	0.429	——	——	——
	英语在高考中的比重	4.14	4.14	4.18	0.596	——	——	——

在高考备考策略方面，除"高三周末、假期补课"在 $p < 0.05$ 水平有显著差异外，其余项目在三个年级均无显著差异。分析发现，"高三周末、假期补课"高三年级的均值显著低于高二年级，说明高三学生认为在高三实行周末和假期补课的做法对他们的影响较小。就高考英语命题而言，仅考试的总体难度在三个年级有显著差异，其中高一学生认为考试的难度对他们认识的影响大于高二和高三。"相关个人看法"中，仅"邻居、亲戚对高考的看法"在三个年级没有显著差异且学生均认为对他们认识的影响较小，这可能因为相对其他相关个人而言，邻居和亲戚对学生而言重要

性更小。结果显示其他相关个人对高一学生的影响大于高二和高三年级。这说明随着学生年级的升高和年龄的增长，他们能更加独立地进行思考和判断，因此受他人看法的影响也会逐渐变少。在高考相关政策方面，"取消高考英语科目"均值呈现随年级升高逐渐减小的特点，这意味着与低年级学生相比，高年级学生认为取消高考英语科目对他们的影响更小。

4.4 小结

本章探究高中生对高考英语的认识及其影响因素。学生对高考英语的认识包括 12 个问卷题项。通过探索性因子分析，研究者发现高中生对高考英语的认识包括对高考英语的正面性认识、负面性认识和重要性认识。根据因子分析结果，研究者分别从正面性认识、负面性认识和重要性认识逐一分析学生对高考英语的认识。通过调查，研究者大致了解了高考英语在高中生心目中的角色和地位，由此分析高考英语对高中生英语学习是否产生了反拨效应影响，产生了什么影响，影响的性质如何。具体分析了学生对高考英语的认识后，本章还比较了不同年级的学生对高考英语的认识，由此可以得知高考英语对学生英语学习的影响在三个年级是否有差异。除了调查学生对高考英语考试的认识，本章还通过问卷方式调查了影响学生对高考英语认识的因素。这些影响因素包括 19 个题项，通过探索性因子分析发现，这些影响因素涉及"高考备考策略""高考命题设计""相关个人看法""高考相关政策"4 类。学生认为这 4 种因素会影响他们对高考英语的认识。在这些因素中"高考相关政策"影响最大，其次是"高考命题设计"和"高考备考活动"，相对其他三类因素，"相关个人看法"影响较小。进行了各影响因素的具体分析后，研究者又比较了这些影响因素在三个年级中的差异。

第五章

高考英语对高中生英语学习过程的影响

MET WASHBACK

5.1　引言

上一章探讨了本研究的第一个研究问题：高中生怎样认识高考英语？哪些因素影响了他们对高考英语的认识？通过对这个研究问题的探讨，我们了解到高考英语对高中生英语学习产生了反拨效应影响，其影响既有正面也有负面。然而，这些发现是通过对学生的调查获得的，对于高考英语对学生英语学习实际上是否会产生影响，产生了什么影响，还需要进行更全面深入的研究。因此，本章从高中生英语学习动机、课堂和课外英语学习出发探究高考英语对高中生英语学习过程的影响。本章分为 5 小节。5.1 节为引言，介绍本章内容结构；5.2 节分析和讨论高考英语对高中生英语学习动机的影响，主要采用学生问卷和学生访谈相结合的方式进行分析；5.3 节分析和讨论高考英语对高中生课堂英语学习的影响，采用学生问卷、学习日志以及师生访谈相结合进行交互验证和互相补充；5.4 节分析和讨论高考英语对高中生课外英语学习的影响，采用与研究课堂英语学习一致的方法与思路进行分析和讨论；5.5 节是本章小结，对本章内容进行简要总结。

5.2　高考英语对高中生英语学习动机的影响

5.2.1　问卷调查结果分析与讨论

5.2.1.1　英语学习动机量表的因子分析

高中生的英语学习动机采用李克特五级量表进行调查，从"1= 不赞同"到"5= 赞同"，数字越大，越倾向赞同。英语学习动机量表包括 12 个题项，具体涉及哪些动机维度还需要进行探索性因子分析。

表 5.1 英语学习动机量表的 KMO 测度与 Bartlett 球形检验

取样足够度的 Kaiser–Meyer–Olkin 度量		0.845
Bartlett 的球形度检验	近似卡方	14115.607
	自由度	66
	显著性	0.000

表 5.1 显示，KMO=0.845，Bartlett 球形检定结果显著水平为 0.000，两个统计量结果均表明本例数据适合因子分析。通过主成分分析方法（Principle components）和社会科学研究常用的最大方差旋转法（Varimax）提取 3 个因子，累计解释总变方差的 63.853%。因子结构及负荷见表 5.2：

表 5.2 英语学习动机量表旋转后的成分矩阵与因子负荷

问卷题项	成分		
	个人发展动机	人际交流动机	外部要求动机
为了以后求职面试有优势	0.808	0.189	0.112
为了提高自身素质适应社会需要	0.793	0.273	−0.013
为了以后有更好的学习和发展机会	0.776	0.282	0.010
为了拓宽视野和丰富知识	0.655	0.359	−0.051
为了结交外国朋友	0.245	0.797	−0.017
为了以后出国旅游方便	0.218	0.784	−0.014
为了能和他人用英语进行交流	0.245	0.759	−0.094
为了了解英美国家的文化和习俗	0.158	0.758	−0.051
学校课程安排和老师的要求	−0.083	−0.025	0.835
英语是高考必考科目，不得不学	−0.133	−0.139	0.759
为了父母的期望	0.196	0.041	0.696
为了考上理想的大学	0.500	−0.067	0.560

研究者根据各因子包含的项目所反映出的特征对因子进行命名。因子1包括4个题项，体现了高中生英语学习的动机是促进自身发展，因此因子1命名为"个人发展动机"。因子2包括4个题项，如"为了结交外国朋友""为了以后出国旅游方便"，体现了英语学习是实现人际交流的目的，因此，该因子被命名为"人际交流动机"。因子3包括4个题项，学生英语学习基本为了外部要求，如学校课程安排和老师的要求，为了父母的期望等，这些均属于外在要求，与台湾地区的"外部要求动机"（required motivation）（Warden，Lin，2000）类似。这类动机通常与应试有关，因此，本研究也将其命名为"外部要求动机"。

5.2.1.2 英语学习动机的具体分析与讨论

以下根据探索性因子分析结果对高中生英语学习的动机进行具体分析与讨论，探究高考英语对高中生英语学习动机是否产生了影响以及产生了什么影响。高中生英语学习动机类型具体情况见表5.3：

表5.3 高中生英语学习动机类型及描述性统计结果

动机类型	问卷题项	均值	标准差
个人发展动机	为了以后求职面试有优势	4.19	1.099
	为了提高自身素质适应社会需要	4.05	1.171
	为了以后有更好的学习和发展机会	4.24	1.093
	为了拓宽视野和丰富知识	3.96	1.224
	平均	4.11	1.147
人际交流动机	为了结交外国朋友	3.42	1.359
	为了以后出国旅游方便	3.80	1.302
	为了了解英美国家的文化和习俗	3.03	1.394
	为了能和他人用英语进行交流	3.58	1.388
	平均	3.46	1.361

续表5.3

动机类型	问卷题项	均值	标准差
外部要求动机	学校课程安排和老师的要求	3.56	1.417
	英语是高考必考科目，不得不学	3.89	1.450
	为了父母的期望	3.59	1.426
	为了考上理想的大学	4.33	1.120
	平均	3.84	1.431

注：1=不赞同 2=有些不赞同 3=不确定 4=比较赞同 5=赞同

表 5.3 中的数据显示，高中生英语学习的三类动机中个人发展动机（M=4.11）均值最大，其次是外部要求动机（M=3.84），人际交流动机均值最小（M=3.46）。这说明，高中生英语学习的动机更多是出于个人发展和外部要求需要，人际交流的动机较弱，即语言作为人际交流工具在高中生中的认同感并不强。这可能是由于人际交流动机中，如出国旅游、结交外国朋友等对于多数来自中小城市和农村的孩子并不容易实现。此外，这也与高中课程任务紧、升学压力大，学生没有时间也没有机会与他人进行交流有关，因此，他们的英语学习表现出人际交流动机不强这一特点。

"个人发展动机"涉及 4 个题项，其中 3 项均值大于 4，分别是"为了以后有更好的学习和发展机会"（M=4.24），"为了在以后的求职面试中有优势"（M=4.19），"为了提高自身素质适应社会发展需要"（M=4.05），"为了拓宽视野和丰富知识"（M=3.96）也非常接近 4，说明高中生基本上倾向于赞同英语学习对他们自身发展的重要性。

"人际交流动机"包括 4 个题项，各题项均值为 3～4，介于"不确定"和"比较赞同"的范围。题项"为了以后出国旅游方便"（M=3.80）均值最高，表明高中生学习英语出于出国旅游的愿望较强烈。其次是"为了能和他人用英语进行交流"（M=3.58）和"为了结交外国朋友"（M=3.42），这意味着高中生学习英语倾向于为了与他人交流和结交外国朋友。相对前

3 项人际交流动机，题项"为了了解英美国家的文化和习俗"（M=3.03）均值最小，表明学生想了解英美国家文化和习俗的愿望不强。了解英美国家文化和习俗是实现人际交流的一种隐性方式，在学生看来并不那么重要。这主要是由于绝大多数学生的英语学习是在课堂上进行，他们几乎没有机会与英语为母语的人士进行直接交流，不能体验到文化和习俗对实现人际交流的重要性，因此，他们想了解英美国家文化和习俗的愿望不强。

"外部要求动机"指学生的学习来自外在要求，通常与应试有关。高中阶段最重要的考试是高考，关于高考英语是否对高中生英语学习动机产生影响，可以通过分析外部要求动机得知。外部要求动机包括 4 个题项，均值最大的是"为了考上理想的大学"（M=4.33），其次是"英语是高考必考科目，不得不学"（M=3.89），意味着高中生赞同他们的英语学习主要是受高考的驱使，即高考要考英语，为了考上大学，他们不得不学。这意味着如果高考不考英语，很大一部分学生可能就不愿意学，这表明高考对学生英语学习动机产生了影响，这一结果与 Cheng（1998），Li（1990），Pearson（1988），Qi（2004），Shohamy（1993），Shi（2007），Fan & Yu（2009），Gu（2007）的研究结果一致，再一次证实了大规模高风险考试会影响参与者的行为动机。

总之，从对高中生英语学习动机各题项均值的分析来看，高中生学习英语主要是为了自身发展和受外部要求驱使，实现人际交流的愿望较弱。在外部要求动机中，学生的英语学习主要受高考的驱使，说明高考英语影响了高中生的英语学习动机。

5.2.1.3 英语学习动机三个年级的比较

上文分析了高中生英语学习动机的类型以及高考英语对高中生英语学习动机的影响。下面比较三个年级学生英语学习动机的差异，以了解高考英语对高中生英语学习动机的影响是否有差异。

表5.4　高中三个年级学生英语学习动机比较

动机类型	问卷题项	高一	高二	高三	Sig.	多重比较		
						高中一、二	高中一、三	高中二、三
个人发展动机	为了以后求职面试有优势	4.23	4.19	4.14	0.165	——	——	——
	为了提高自身素质适应社会需要	4.14	3.99	4.00	0.004	0.012	0.035	
	为了以后有更好的学习和发展机会	4.28	4.21	4.23	0.331	——	——	——
	为了拓宽视野和丰富知识	4.04	3.89	3.92	0.011	0.019		
	均值	4.17	4.07	4.07	0.040	0.036	0.028	
人际交流动机	为了结交外国朋友	3.48	3.40	3.36	0.110	——	——	——
	为了以后出国旅游方便	3.85	3.76	3.78	0.230	——	——	——
	为了了解英美国家的文化和习俗	3.10	3.02	2.93	0.030		0.030	
	为了能和他人用英语进行交流	3.65	3.51	3.58	0.051			
	均值	3.52	3.42	3.41	0.016	0.012	0.019	——
外部要求动机	学校课程安排和老师的要求	3.49	3.64	3.55	0.040	0.040		
	英语是高考必考科目，不得不学	3.75	3.98	3.96	0.000	0.001	0.007	
	为了父母的期望	3.74	3.63	3.31	0.000		0.000	0.000
	为了考上理想的大学	4.38	4.35	4.23	0.012		0.016	
	均值	3.84	3.90	3.76	0.011	——	——	0.003

注：均值差的显著性水平为0.05

1=不赞同　2=有些不赞同　3=不确定　4=比较赞同　5=赞同

（1）个人发展动机

个人发展动机中 4 个题项均值表明高一年级均值略大于高二和高三，高二和高三年级之间差异很小。单因素方差分析结果显示，"为了以后求职面试有优势"和"为了以后有更好的学习和发展机会"三个年级没有显著性差异。"为了提高自身素质适应社会需要"（$p=0.004$）、"为了拓宽视野和丰富知识"（$p=0.011$）三个年级存在显著性差异，其差异主要体现在高一赞同程度显著高于高二和高三，高二与高三之间差异不显著。这主要是由于随着高中英语学习进程的推进，教学目标和重心转向高考，学生英语学习的动机发生了变化。这一点从对一名高三学生的访谈中得到了证实。他说：

"高一年级的时候距离高考还比较远，英语学习的动机比较多样，如为了交流、出国、自我发展，但随着高考的临近，教与学的目标与重心基本都围绕高考进行，怎样在高考中拿高分几乎是所有我们学生甚至老师关注的重点，到后面尤其是临近高考的时候，其他所有学习目标都暂时放一边，先过了高考再说……"

从对学生的访谈可以看出，高考影响了高中生英语学习动机的类型，在高中不同年级阶段，学习动机类型有所变化。

（2）人际交流动机

"人际交流动机"各项均值在 3～4 之间，介于"不确定"和"比较赞同"之间。分析发现，高一年级各题项均值略大于高二和高三，表明相比高二和高三，高一学生更注重英语学习的交际性。单因素方差分析结果显示，仅题项"为了了解英美国家的文化和习俗"有显著性差异（$p=0.030$）。事后多重比较结果表明：其显著性差异主要存在于高一与高三之间，高一与高二、高二与高三之间差异不显著。这一结果与个人发展动机基本相同，其原因同样可能是随着学习进程的推进和高考的临近，重心转向高考，学生想了解英美国家文化和习俗的动机不强。各年级学生英语学习人际交流动机的情况也进一步说明了高考英语对高中生英语学习动机的影响。

（3）外部要求动机

数据表明，学生的外部要求动机与他们的个人发展动机和人际交流动机有所不同。具体而言，"英语是高考必考科目，不得不学"这一题项，高二和高三年级均值明显大于高一，说明高二和高三学生更赞同他们的英语学习是高考驱使下的被动学习。这意味着高考英语对高中生英语学习动机的影响在高二和高三年级更大。如果学生认为学习是为了考试，他们就必然会为了得高分而学，即导致应试学习，从而促进了负面反拨效应的产生。"为了考上理想的大学"（高一 M=4.38，高二 M=4.35，高三 M=4.23）和"为了父母的期望"（高一 M=3.74，高二 M=3.63，高三 M=3.31）均值呈现出从高一至高三依次递减的特点。这个特点说明随着年级的递增，学生对英语学习有更清楚的认识，即认为学习是为自己而不是为了他人。

单因素方差分析显示，高中生外部学习动机 4 个题项 P 值均小于 0.05，表明它们在年级层面上均存在显著差异。"学校课程安排和老师的要求"的显著性差异体现在高一和高二之间。具体而言，高二学生（M=3.64）比高一学生（M=3.49）更赞同他们学习英语是出于学校课程安排和老师的要求。对于"英语是高考的必考科目，不得不学"，高二（M=3.98）和高三（M=3.96）的均值显著大于高一（M=3.75）。尽管三个年级学生都赞同英语学习是基于高考的要求，然而高二和高三赞同程度显著高于高一，即高二和高三学生更倾向于认为他们的英语学习是高考驱使下的被动学习，说明随着高中学习进程的推进和高考的逐步临近，学生的英语学习更倾向于为高考而学，而且这种认识从高二一直持续到高三。换言之，高考英语对高二和高三学生英语学习动机的影响显著大于高一，这主要是由于高二和高三年级离高考更近，学生为试而学的现象也更突出。这一结果支持了先前的研究发现，即随着目标考试的临近，反拨效应影响会变得更加明显而强烈（如 Cheng，2005；Cheng，Andrews，Yu，2011）。

5.2.2　访谈资料分析与讨论

对访谈资料的分析与问卷调查结果相互印证。以下是对 6 名高中生英语学习动机的访谈情况。

高一刘同学说道：

"我学习英语是出于对英语的兴趣，而且还想以后从事与英语相关的工作，为了自己以后的发展。当然，学校安排了这方面的课程，高考要考也是我不得不学的原因，不过主要还是因为有兴趣。有些人认为学习英语是崇洋媚外，我认为学英语不但可以学习西方文化，在阅读过程中可以学习很多知识，获得很多启示，还可以增长我们的见识，以后出国后可以跟别人交谈，对以后的发展有很大帮助。"

通过访谈得知，刘同学的英语学习动机主要是对英语的兴趣、个人发展（她想以后从事英语相关工作）、人际交流（她认为通过英语学习可以了解西方文化，也可以与他人交流）和受外部要求的驱使（如课程的安排和高考的要求）。外部要求对她英语学习动机虽有影响，但影响不大。在访谈中笔者了解到，刘同学英语成绩很好，一直喜欢英语，这是促成刘同学英语学习动机多样的主要原因。

高一王同学谈道：

"初中的时候，英语老师比较优秀，因此初中比较喜欢英语，一直延续到现在。现在除了因为喜欢而学英语外，考虑到以后在生活中会用到很多与英语相关的东西，以后也有可能从事与英语相关的工作。还有我是英语科代表，老师对我有期望，自己感觉有一种使命和责任要学好英语。当然，高考要考英语是促使我学英语的重要原因之一。"

王同学英语成绩比较好，是班上的英语科代表。从对王同学的访谈中发现，她英语学习的动机有对英语的热爱，也考虑到了英语在实际生活中的用途，还从个人发展角度谈到以后可能从事英语相关的工作。由于王同学是英语科代表，她的学习动机还体现了她的特殊身份所背负的责任。她本人也提到除了上述动机，高考要考英语也是促使她学习英语的重要原因，说明高考英语对王同学的英语学习动机产生了影响。

高二郑同学谈到他的英语学习动机时这样说道：

"学好英语对我们将来的学习和生活有很大的好处，因为现在的社会是一个开放的社会，多一门语言会让我们在社会中更易立足。就当前而言，学习英语也很重要和必要，英语是高考的必考科目，在高考中占的比重很大。要想考上好的大学，英语必须要好，英语在很大程度上影响以后上什么样的大学。此外，学好英语也可以扩宽以后生活的空间，如国外留学、旅游、交友甚至工作等。总之，高中阶段学习英语既为了高考中取得好的成绩，考上好的大学，也为以后的英语学习做铺垫、打基础，因此，要认真学习英语。"

郑同学是一名教师子弟，家庭经济条件不错，英语学得也比较好。从他对英语学习的看法可以看出，郑同学学习英语的动力既源于个人发展的需要，如以后在社会上立足、到国外留学、旅游或生活等，同时他认为高考要考英语也是促使他认真学习英语的重要原因。可见，高考是否考英语以及英语在高考中的权重会影响郑同学英语学习的动机。

高二张同学这样谈道：

"初中开始一直比较喜欢英语，我会经常看一些英文电影，虽然是中英文字字幕，不过我能感受到他们说的英语很美。我在看电影时会模仿他们的发音和语调，有时我也会听英文歌，通过学英文歌曲也可以学英语。但在实际英语课堂和学习中，尤其是高中，我觉得课堂上有时很单调、枯燥，很乏味，基本都是讲解一些语言知识点和分析句子，有时我都不想听，宁愿自己看书。课后基本都是做各种练习题，有时好烦。不过我也必须学英语，而且还要好好学，高考要考上好大学，英语差了不行，毕竟高考中英语占了很大的分值，我希望我在高考中至少考120分以上，要不然会影响我的高考总分。而且从以后个人发展看，也应该学好英语，学好一门外语，以后选择面会广一点，路宽一点。"

张同学各科成绩都不错，英语在班上处于中上水平。从对张同学的访谈中发现，张同学学习英语的方式比较多样，对高中比较沉闷的课堂和课后学习表现出了一些不满。即便如此，她也意识到必须学习英语，而且要认真学习，其原因是高考要考英语，而且英语在高考中的分值比较大，直接影响能考上什么样的大学。可见高考英语影响了张同学英语学习的动机。此外，张同学学习英语还为了促进自身的发展。

高三何同学在谈到英语学习动机时，这样说道：

"我学英语主要是课程学习的需要，就目前而言，学习英语主要是为了高考，尽最大努力在高考中多考点分。在几科学习科目中，我的英语相对其他几科较弱，我只希望英语不要拉我其他几科的分。可能在以后学习英语的动机会有所不同，毕竟学习英语也有些用处，看到有的学生在求职时因为英语不好而拉后腿时，感觉到了学英语的重要，也担心自己英语不好影响以后找工作或自己的发展，因此有了促使自己要去学英语的意识……"

何同学来自农村，是一名高三文科补习生，经历过一次高考，他的英语成绩平时都在90～100之间（总分150分）。他的其他科成绩不错，很担心英语拉低他的高考总分。访谈中尽管他意识到英语在以后生活中的用处以及对将来个人发展的重要性，但考虑到目前所处的学习阶段，他认为高中阶段的学习主要是为了应对高考，并希望在高考中取得较满意的成绩。可见，高考对他的英语学习动机产生了影响，而且这种影响比较明显。当问及如果高考不考英语他还会不会学英语时，他回答"可能会学"。当问及是否想到过学习英语以后可以出国、结交外国朋友、了解西方的文化习俗等时，何同学认为作为农村出生的孩子，出国对他而言比较遥远，也不太现实。他当下最关心的是怎样在高考中取得好成绩，考上好大学，早点跳出"农门"。从对何同学的访谈中发现，学生英语学习动机的类型与他们的英语学习成绩和家庭背景有关。

对高三李同学访谈时，她直接回答道：

"我学英语就是为了应付考试，应付高考，高考要是不考，学校要是不开设我就不学英语……"

李同学的英语学习动机具有非常直接的考试倾向，即基于考试压力学习。当问及原因时，她说她的英语很差，到高中后由于难度增加，英语更差了，平时基本只能考 70 多分（总分 150 分），感觉学英语很痛苦，很影响自信心，无奈高考要考，只有硬着头皮学。这表明学生英语学习成绩是影响他们英语学习动机类型的重要因素。

通过对 6 位高中生英语学习动机的访谈，研究者发现高中生英语学习动机类型多样，既有出于对英语感兴趣的内在动机的驱使，也有考虑个人将来发展、人际交流需要以及受外部要求驱使，这证实了我们在问卷中的发现。在体现学生英语学习动机多样化的同时，也反映出他们英语学习动机的一致性，即访谈中 6 位学生都一致表明他们学习英语都有为高考而学的成分，说明高考英语影响了高中生英语学习的动机，只不过在不同阶段、不同学生身上表现出的动机强度不同。高三年级学生学习动机一致着眼于高考，高考对他们英语学习动机的影响更大，这点与问卷调查的结果一致。除了年级因素，访谈资料分析表明，学生英语学习成绩越好，自信心就越强，学习动机类型越广泛，为试而学的动机就越弱；相反，英语成绩越差，学习动机类型就越单一，为试而学的心理就越重。此外，家庭经济条件也是影响学生英语学习动机类型的另一重要因素。经济条件较好的家庭会给孩子选择教育资源更丰富、师资水平更高的小学和初中，因此这些孩子所接受的英语教育相对更好，他们学习英语的自信心也更强。对于这些学生而言，学习英语以便以后出国、和外国人交流的愿望也更容易实现。然而来自偏远乡村的学生，尤其是家庭条件不太好的学生，如果小学或初中在偏远的乡村学校就读，他们所接受的英语教育质量总体不高，英语学习的自信心会受到较大影响，加之家庭经济条件的限制，他们的动机类型就会受到限制，他们更容易集中精力在考试上，因为高考被许多农村孩子视为改变他们命运的一条好路子。

5.3　高考英语对高中生课堂英语学习的影响

　　关于高考英语对高中生课堂英语学习的影响，研究者采用问卷调查、学习日志和师生访谈相结合的方式进行了探讨。问卷涉及学生在课堂上从事各种英语学习活动的频率。对学生课堂英语学习活动调查后可以得知学生在课堂上从事学习活动的情况，由此探究高考英语对高中生课堂英语学习是否产生了影响以及影响的强度（见表5.5）。有关高考英语对学生课堂英语学习的具体影响仅通过问卷还不能全面反映，本研究还采用了学习日志的方式，以期与问卷调查结果形成交互验证和补充。学习日志以学习活动为主线，涉及学习活动类型、学习内容、学习材料以及课堂上教师布置课外作业的情况。此外，研究者还采用师生访谈的方式对问卷调查结果和学习日志资料进行阐释。以下依次呈现问卷和学习日志数据结果并展开分析和讨论。

5.3.1　课堂英语学习活动问卷调查结果分析与讨论

5.3.1.1　课堂英语学习活动量表的因子分析

　　课堂英语学习涉及9项活动，学习活动采用李克特五级量表描述其频率，从"1=从不"到"5=总是"。9项课堂学习活动中最大均值是"学习课本里的词汇语法知识"（M=4.02），最小均值为"参加角色扮演、讨论等活动"（M=2.36），多数均值在3～4之间（见表5.7），表明学生在课堂上从事这些活动的频率介于"有时"到"经常"之间。课堂英语学习活动包括哪些类型？以下通过探索性因子分析对课堂英语学习活动进行分类。

表5.5 课堂英语学习活动量表的 KMO 测度与 Bartlett 球形检验

取样足够度的 Kaiser–Meyer–Olkin 度量		0.858
Bartlett 的球形度检验	近似卡方	14765.538
	自由度	36
	显著性	0.000

课堂学习量表的 KMO = 0.858，Bartlett 球形检定结果显著水平为 0.000，说明数据适宜进行因子分析。通过正交旋转（Varimax），提取两个因子，累计解释总变方差的 65.715%。旋转后因子结构及负荷见表 5.6：

表5.6 课堂英语学习量表旋转后的成分矩阵与因子负荷

	成分	
	课堂常规学习	课堂高考备考
学习课本里的词汇语法知识	0.768	0.120
训练听说读写技能	0.762	0.212
做课堂练习题	0.738	0.323
听老师讲评课堂练习题	0.734	0.347
参加角色扮演、讨论等活动	0.510	0.120
做往年高考英语真题	0.180	0.881
听老师讲评往年高考英语真题	0.219	0.853
听老师讲评高考英语相关练习题	0.296	0.830
做高考英语相关练习题	0.283	0.812

因子分析结果显示，课堂学习活动量表中 9 个题项落在两个因子上。第一个因子属于常规的课堂教学活动，包括课本学习、技能训练、做课堂练习题等，因此命名为"课堂常规学习"。第二个因子 4 个项目均与高考

相关，包括做往年高考英语真题、听老师讲评往年高考英语真题等，因子命名为"课堂高考备考"。

5.3.1.2 课堂英语学习活动具体分析与讨论

以下根据探索性因子分析结果对课堂学习活动进行具体分析和讨论。

表 5.7 显示，"课堂常规学习"（M=3.57），"课堂高考备考"（M=3.44），其均值在 3 ～ 4 之间，说明在高中课堂上既进行了常规学习活动也进行了高考备考活动，相对于高考备考，课堂上进行常规学习活动的频率更高。根据普罗德罗莫（Prodromou，1995）和谢琴（Xie，2010）关于显性反拨效应和隐性反拨效应的界定，本研究将高考备考活动界定为显性的反拨效应影响。因此，课堂学习活动类型可以初步反映出高考英语对高中英语课堂学习产生了显性的反拨效应影响。

表 5.7　课堂英语学习活动类型及描述性统计结果

类型	问卷题项	均值	标准差
课堂常规学习	学习课本里的词汇、语法知识	4.02	1.059
	训练听说读写技能	3.64	1.140
	做课堂练习题	3.91	1.128
	听老师讲评课堂练习题	3.92	1.110
	参加角色扮演、讨论等活动	2.36	1.101
	平均	3.57	1.108
课堂高考备考	做往年高考英语真题	3.27	1.243
	听老师讲评往年高考英语真题	3.42	1.226
	听老师讲评高考英语相关练习题	3.63	1.155
	做高考英语相关练习题	3.45	1.211
	平均	3.44	1.209

注：1= 从不　　2= 极少　　3= 有时　　4= 经常　　5= 总是

课堂常规学习活动的 5 个题项中，均值最大的是"学习课本里的词汇、语法知识"（M=4.02），其次是"做课堂练习题"（M=3.91）和"听老师讲评课堂练习题"（M=3.92），然后是"训练听说读写技能"（M=3.64），"参加角色扮演、讨论等活动"均值最小（M=2.36），说明在课堂常规学习中主要以课本学习、做课堂练习、听老师讲评练习和训练听说读写技能为主，老师很少组织角色扮演和小组讨论活动。对此我们访谈了英语教师曾老师，她说道：

"课堂上基本上是老师讲授，学生听课并记笔记，角色扮演一般在小学初中阶段会开展，高中基本不会进行此类活动，偶尔会开展一些讨论。学校要求要在高二年级结束整个高中阶段英语教学任务，高三年级进行全面总复习迎接高考，教学任务很重，时间紧，课堂上开展这些活动很花时间，因此课堂上开展讨论、角色扮演等活动就很少。"

从对曾老师的访谈可以发现，由于高中阶段教学任务重，教学目标主要针对高考，课堂上的教学活动更多是完成教学任务，很少开展课堂活动，说明高考对高中英语课堂教学活动开展的类型有影响。

高中英语课堂上除了进行常规学习活动也进行了高考备考，如"做往年高考英语真题，听老师讲评高考英语真题"，其均值在 3～4 之间，处于"有时"至"经常"的频率范围，意味着高考英语对高中英语课堂学习产生了影响，其影响强度为中等。6 位接受访谈的教师均承认，如果高考不考英语，课堂上肯定不会有高考备考活动。也就是说课堂上进行高考备考活动是因高考而产生的，因此我们认为高考英语对高中生英语课堂学习产生了显性的反拨效应影响，其影响主要通过教师教学传递给学生。

5.3.1.3　课堂英语学习活动三个年级的比较

上一小节通过对课堂学习活动类型和频率的分析，探究了高考英语对高中英语课堂学习是否产生了影响以及影响的强度问题。下文将通过比较不同年级从事不同类型学习活动的频率来探究高考英语对不同年级学生英语学习影响的差异。高中三个年级课堂学习活动比较见表5.8：

表 5.8　高中三个年级课堂英语学习活动比较

活动类型	问卷题项	高一	高二	高三	Sig.	多重比较		
						一二	一三	二三
课堂常规学习	学习课本里的词汇语法知识	4.12	4.01	3.90	0.000	0.044	0.000	——
	训练听说读写技能	3.67	3.60	3.63	0.333	——	——	——
	做课堂练习题	4.00	3.83	3.89	0.001	0.001	——	——
	听老师讲评课堂练习题	4.01	3.82	3.91	0.000	0.000	——	——
	参加角色扮演、讨论等活动	2.51	2.34	2.18	0.000	0.001	0.000	0.005
课堂高考备考	做往年高考英语真题	2.99	3.20	3.79	0.000	0.000	0.000	0.000
	听老师讲评往年高考英语真题	3.12	3.41	3.88	0.000	0.000	0.000	0.000
	听老师讲评高考英语相关练习题	3.38	3.58	4.07	0.000	0.000	0.000	0.000
	做高考英语相关练习题	3.15	3.39	3.98	0.000	0.000	0.000	0.000

　　数据表明，常规教学的5项学习活动中高一均值普遍高于高二和高三，意味着高一进行教学相关类学习活动的频率高于高二和高三。单因素方差分析结果显示：除"训练听说读写技能"外，其余4项课堂常规学习活动在三个年级中均有显著性差异。其显著性主要体现为高一年级进行常规学习活动的频率明显高于高二和高三，说明高一课堂上进行教学常规学习活动较多，高二、高三较少。这主要是由于随着年级的升高和学习进程的推进，高考逐渐临近，进行高考备考相关活动逐渐增多，常规学习活动逐渐减少。对学生的访谈发现，尽管高三年级也进行了词汇语法知识学习和做课堂练习题等活动，但进行这些活动的目的和性质与高一年级有所不同。如高一年级"做课堂练习题"频率较高，练习基本是与课本同步的，但高三年级

的课堂练习题基本是高考相关的训练题，两者频率虽差不多，但在性质上有很大差别。"参加角色扮演、讨论等活动"三个年级之间均存在显著差异，即高一年级课堂上进行此类学习活动的频率显著高于高二，高二显著高于高三。这是由于随着年级升高，高考临近，课堂上应试备考活动随之增加，课堂教学任务更加繁重，因此课堂上进行角色扮演、小组讨论相关活动也就相应减少。

表 5.8 数据显示，高一至高三年级课堂都涉及明显的高考备考活动，表明高考英语对高一、高二、高三年级的课堂教学均产生了显性的反拨效应影响。然而，与常规教学学习活动相反的是，课堂上高考备考 4 种活动的频率呈现高一至高三依次递增且增加幅度明显的现象。单因素方差分析结果表明，三个年级在 4 项备考活动中的 P 值均为 0.000，说明三个年级在 4 项备考活动上的均值存在显著差异，即高三频率显著高于高二，高二显著高于高一，表明高考英语对不同年级课堂英语学习的反拨效应影响不同，越到高年级，越临近高考，影响越强。这一发现与先前的研究结果一致，即考试的反拨效应影响会随着考试时间的临近而强度增加（辜向东，2007；Burrows，2004；Cheng，2005；Wall，2005；Wall，Alderson，1993；Watanabe，1996）。

总之，学生在课堂上进行英语学习活动的类型及其频率显示，学生在课堂上进行了显性的高考备考活动，表明高考英语对高中英语课堂教学产生了显性的反拨效应影响。这种影响在高一就产生了，其影响随着年级升高以及高考的临近明显增强。一些常规教学相关的学习活动也体现了隐性的反拨效应影响，表现为同样是做课堂练习，在高一和高三年级进行此类活动的目的和涉及的学习内容各不相同。

5.3.2　课堂英语学习日志资料分析与讨论

以上是对问卷调查结果的分析，接下来分析学生课堂英语学习日志资料。考虑到课堂活动主要由教师控制，上课时间比较固定，课堂学习的方式更多反映的是教师教学的方式。因此，在分析课堂学习日志时仅选取了有代表性的内容，具体涉及课堂学习活动类型、学习活动涉及内容、课堂学习使用的材料、课堂上老师布置的课外作业类型等，以进一步了解高考英语对高中英语课堂学习产生的反拨效应影响。对课堂英语学习日志资料的分析按照先总体再具体，最后进行三个年级的比较的顺序进行。进行总体分析时，使用各项目在三个年级出现的频次之和除以全部项目出现的总频次数据。进行具体分析和比较时，由于各年级参加学习日志研究的学生人数不同且不同年级日志篇数存在较大差异，分析和比较各年级日志绝对篇数没有太大意义，因此使用各项目占所在年级的百分比数据。

5.3.2.1 学习活动类型

课堂学习日志以学习活动为主线，学生记下学习活动，围绕学习活动记录学习内容、学习材料等。研究者事先提供了学生日常学习活动类型，如教学相关、高考相关和娱乐类活动。在对日志数据进行分类时，考虑到有些活动很难界定属于常规活动还是高考备考，我们采用了显性界定的方法，即将材料中有明确高考字样或高考备考意图的材料归为高考备考类，教辅资料既为教学服务又体现高考备考作用的隐性的高考备考资料归为教学相关类。如高一课堂上的听写单词可能是正常的教学活动，而高三年级进行此类活动的目的更多是高考备考，因此属于高考备考活动。同一学习活动在不同阶段其性质和目的有所不同，为了便于数据的统计，我们均归为同一活动类型。这种划分方法显现出的高考英语反拨效应影响比实际存在的反拨效应影响小；也就是说，高考英语实际产生的反拨效应影响比本研究所揭示出的反拨效应影响大（见表5.9）。

表 5.9　高中生课堂英语学习活动类型

年级	频次	常规学习	高考备考	娱乐	总计
高一	频次	497	0	1	498
	%	99.8	0	0.2	100
高二	频次	248	3	1	252
	%	98.4	1.2	0.4	100
高三	频次	57	264	0	321
	%	17.8	82.2	0.0	100
总频	频次	802	267	2	1071
	%	74.9	24.9	0.2	100

表 5.9 数据表明，总体上高中英语课堂上"常规学习"有 802 次，占 74.9%，其次是"高考备考"267 次，占 24.9%，"娱乐"类活动最少，仅 2 次，占 0.2%。以上数据表明，整个高中阶段英语课堂以常规学习为主，并伴有高考备考活动。因此，从高中英语课堂教学活动的类型可以得出高考英语对高中英语课堂教学产生了反拨效应影响的结论，这一结论与学生问卷调查结果一致。

具体而言，高一课堂上"常规学习"活动 497 次，占高一年级全部课堂活动的 99.8%；高考备考活动没有出现；娱乐类活动仅出现 1 次，占高一总频的 0.2%，表明高一年级课堂基本上进行的是常规学习活动。高二年级课堂上"常规学习"活动 248 次，占高二年级总频的 98.4%；"高考备考"活动出现 3 次，占总数的 1.2%；娱乐类活动仅出现 1 次，占高二总频的 0.4%，说明高二年级课堂仍然以常规学习为主，课堂上出现了极少量的高考备考活动，意味着高考英语对高二年级的课堂学习产生了反拨效应影响，但影响较弱。高三年级"常规学习"活动 57 次，占高三总频的 17.8%，"高考备考"活动达 264 次，占高三总频的 82.2%，娱乐类活动没有涉及。该数据表明，高三年级高考备考活动很频繁，课堂上基本上以高考备考活动为主，常规学习活动很少。

通过对高中三个年级课堂学习活动的比较发现，"常规学习"活动在高一、高二课堂上占相当大的比重，分别为 99.8% 和 98.4%，在高三课堂上所占比重很小，仅为 17.8%。分析还发现，即便在高三课堂上进行的少量常规教学活动也体现了很强的高考备考意图。与此相反的是，"高考备考"在高一没有涉及，高二比重很小，仅占 1.2%，在高三迅猛增至 82.2%。数据表明，高一和高二年级课堂上主要进行常规学习活动，高三年级进行的是显性的高考备考活动。

总之，对学习日志资料中英语学习活动频次的统计与分析可看出，高考英语对高中英语课堂学习的影响在高一、高二非常弱，在高三表现明显而强烈。这一结果与问卷调查结果既有一致的地方，也有不一致之处。一致的地方表现在问卷调查结果和学习日志分析表明，高三年级的高考备考活动很频繁，多于高一和高二年级，意味着高考英语对高三课堂英语学习产生了很强的影响。不一致的地方体现在问卷调查结果显示，无论是高一还是高二课堂上均进行了高考备考活动，然而日志资料显示高一几乎没有进行高考备考活动。存在上述不一致的原因主要在于问卷调查涉及学校范围广，学生样本量大，能更全面地反映不同层次学校、班级学习情况。学习日志涉及样本范围较窄，样本量较小（所有学生都是来自同一所学校三个年级的学生）。学生日志数据仅代表样本学校情况，也说明单一研究方法的局限性。如果仅依据学习日志数据，没有大规模问卷调查，得出的结论就会存在较大差异，甚至相反。此外，其结果也间接说明反拨效应影响的强度和持续的时间受学校类型以及教师教学理念和教学方法等因素的影响。

5.3.2.2　学习内容

上一节分析了课堂学习活动类型，接下来分析课堂学习内容，由此探究高考英语对高中生英语学习内容产生的影响及其原因。本研究对学习内容的分析主要从学习活动涉及的语言知识和技能着手。在对英语学习活动涉及的语言知识和技能进行统计分析时，仅涉及可明确分类的学习活动。对于不能明确分类的学习活动不纳入分析范围，如做练习题，此类活动很难明确判断其应归属于语言知识还是语言技能。课堂英语学习活动涉及的语言知识和技能情况见表 5.10：

表 5.10　高中生课堂英语学习内容

年级	频次	语言知识			语言技能					总计
		词汇	语法	小计	听力	阅读	写作	口语	小计	
高一	频次	115	150	265	29	121	15	5	170	435
	%	26.4	34.5	60.9	6.7	27.8	3.4	1.1	39.0	100
高二	频次	87	64	151	12	53	0	1	66	217
	%	40.1	29.5	69.6	5.5	24.4	0	0.5	30.4	100
高三	频次	68	77	145	12	40	42	0	94	239
	%	28.5	32.2	60.7	5.0	16.7	17.6	0.0	39.3	100
总计	频次	270	291	561	53	214	57	6	330	891
	%	30.3	32.7	63.0	5.9	24.0	6.4	0.7	37.0	100

对高中三个年级语言知识和语言技能的统计和分析发现，高中阶段课堂英语学习主要以语言知识为主，占全部课堂学习活动的 63.0%，听、说、读、写四项语言技能仅占全部课堂学习活动的 37.0%，说明高中阶段课堂上更重视语法、词汇等语言知识的学习，对语言技能重视程度较低。对此，我们对英语教师罗老师进行了访谈，她也认为在教学中确实存在这样的现象。她这样解释道：

"词汇是语言学习的基础，没有词汇，语言学习无从谈起。而语法在语言学习尤其是外语学习中的作用不可估量，不懂语法，阅读文章中的句子结构无法分析，会影响对文章的理解，也不能写出通顺且语法正确的文章。而且，高考中有一题就是考语法，占 15 分，因此必须重视。总之，没有词汇和语法知识，听、说、读、写技能也难以提高。课堂上我们也训练一些技能如阅读，有的技能我们更多放在课外去训练，课堂上时间很紧，什么都在课堂上训练不现实。"

在语言知识的学习中，语法占 32.7%，词汇占 30.3%，语法学习的比重略大于词汇学习。在语言技能的学习中，4 项技能在课堂上存在较大差异，最大比重是阅读 24%，其次是写作 6.4%，第三是听力 5.9%，口语比重最小，仅占 0.7%。这说明高中英语课堂上主要关注阅读，对听力和写作重视不足，口语更是被忽视。罗老师说道：

"高考不考口语，即使考也是形式。只要不计入高考总分大家都不会真正重视，平时课堂上或者课后都不愿意花时间在口语上，都集中精力在高考要考的内容上使教学更有针对性。高考阅读比重最大，所以很重视，高考要考听力，但听力主要放在课后训练，课堂上练习听力很花时间，把更多时间和精力放在阅读、词汇、语法部分，高考里有写作，而且要求写两篇，不过写作只需在高考前夕准备就行了，平时不需要花太多时间。"

从对罗老师的访谈中可以看出高考英语影响了课堂学习内容。高考不考口语或者口语考试成绩不计入高考英语总分，平时在教学中就会忽视或不重视口语训练。此外，各技能在考试中的权重也会影响课堂学习，如阅读在高考中占的比重较大，平时的教学就重视阅读。尽管写作部分在考试中也占较大比重，但其在平时的教学中并没有受到足够重视，这主要是因为老师们认为写作有章可循，学生可以通过短期突击得到提高。这说明老师的观念和教学方法也会促成考试反拨效应的产生。

就三个年级的学习内容看，高一年级在课堂英语学习中更侧重语言知识的学习（60.9%），对语言技能的学习相对较少（39.0%）。在语言知识的学习中对语法的学习（34.5%）多于对词汇的学习（26.4%）。在语言技能方面，阅读比重最大（27.8%），其次是听力（6.7%），写作比重很小，仅占 3.4%，口语比重最小，仅占 1.1%。高二年级课堂同样注重语言知识的学习（69.6%），对语言技能的学习相对较少（30.4%）。在语言知识学习中，词汇的比重（40.1%）大于语法（29.5%）。在语言技能的学习中仍然是阅读技能学习比重最大（24.4%），其次是听力（5.5%），口语技能仅占 0.5%，写作技能没有涉及。高三年级课堂上也呈现出对语言知识学习（60.7%）的重视大于语言技能（39.3%）。语言知识中，对语法的学习（32.2%）略多于词汇（28.5%）。语言技能中写作占比最大，为 17.6%，其次是阅读（16.7%），然后是听力（5.0%），口语没有涉及。

通过比较发现，三个年级在课堂上进行的语言知识学习存在较大差异。在词汇方面，高二年级明显多于高一和高三；在语法学习方面，高一略大于高三和高二。各年级学生在课堂上进行词汇和语法学习的差异与任课教师教学方法和教学观念有很大的关系。

在语言技能训练中，听力所占比重在三个年级中均较小，分别为 6.7%，5.5% 和 5.0%。通过对教师的访谈得知，自从全国英语等级考试二级（Public English Test System Band 2，也称为 PETS-2）听力取代高考英语听力后，教师和学生都非常重视听力，有的从高一就开始强化听力训练，不过听力训练基本在课外进行，课堂上训练较少。口语在三个年级都没有得到重视，甚至被忽略。对此，我们访谈了 6 名高中英语教师，其中 5 名教师都认为高考不考口语，或者说口语不计入高考总分，他们在平时的教学中基本不练习或者很少练习口语。他们认为既然高考不考，就不必浪费时间去练习，还不如把训练口语的时间用在练习高考要考的内容上。曾老师说：

"因为高考不考口语，所以平时对口语的训练几乎没有。虽然高考结束后举行了口试，由于口试成绩不计入高考总分，只是录取时作为参考，所以都不怎么重视。在教学中，教材中都有 Speaking 这个环节，但 99% 的老师教学上都没有涉及。"

　　访谈中只有黎老师认为,即使高考不考口语,他们在教学中也会重视口语的训练,他们学校甚至还有外教上口语课。通过访谈得知,黎老师所在的学校是重庆市的一所著名中学,他所教的班级被称作"清北班",即这个班的学生被视为清华大学、北京大学的重点培养对象,该班学生的英语成绩整体较好,学习兴趣浓厚。此外,黎老师还反映,高考不是他们学校教学的唯一目的,他们还关注学生的长远发展。这说明考试反拨效应的产生会受学生水平、学校类型、学校办学理念、教师观念、教师教学方法等因素的影响。由此我们可以得出如下结论:考试考什么仅影响部分教师和学生,不会影响所有的教师和学生。这也再次印证了奥尔德森、汉普·里昂斯(Alderson, Hamp-Lyons, 1996:296)提出的假设"考试对不同教师和学生产生反拨效应的类型和程度不同"。

　　课堂上写作技能的训练在高一和高二均较少,其比重分别为3.4%和0,高三迅速增至17.6%,这表明高一和高二年级课堂上基本不重视写作教学,高三年级对写作的重视程度明显增加。访谈中教师们反映,高考英语写作很简单,题型比较模式化,平时不必花太多时间,只需在高考前一段时间强化训练一下,如让学生背诵一些范文等就可以应对。这表明高考英语写作的命题方式和教师对写作测试的认识会影响教学内容以及教学方法,从而影响学生的英语学习。

　　总之,从课堂学习涉及的语言知识和技能可以看出,高考英语考试题型、各种题型在考试中所占的比重以及是否计入高考总分等因素都会通过教师课堂教学以及教师的观念对学生的课堂英语学习内容产生影响。

5.3.2.3　学习材料

　　根据学生在学习日志中记录的学习材料的特征,我们把学习材料分为课本、辅导材料、高考备考材料和其他4类。辅导材料既包括与教材相关的同步辅导材料,如学生在学习日志中提到的《新课程导学》,还包括为教学和考试服务的各类教学辅导资料和备考材料，如《英语周报》。《英语周报》中有些内容与教材密切相关，有些内容是为了拓宽学生的知识面，还有一些内容是与高考密切相关的各种解题策略和模拟训练。因此，辅导材料有服务教学和服务考试（主要是高考）的功能。此外，辅导材料还包括各种练习册、试卷、教师自行编制的练习题等。高考备考材料是指通过材料标题、材料说明以及材料内容的分析表明具有明确高考目的和意图的各类备考材料，如《高考模拟卷调研卷》《高考调研》《联考金卷》《名师一号》等。这类材料与高考题型、分值、要求一致。本书中"其他"指除课本、辅导材料、高考备考材料之外的材料，如学生自己整理的笔记、错题本、原声影片、英文歌曲等。高中三个年级课堂上英语学习所使用的材料具体情况见表 5.11。

表 5.11　高中生课堂英语学习使用材料

年级	频次	课本	辅导材料	高考备考	其他	总计
高一	频次	276	263	0	2	541
	%	51.0	48.6	0.0	0.4	100
高二	频次	167	75	19	2	263
	%	63.5	28.5	7.2	0.8	100
高三	频次	35	142	174	2	353
	%	9.9	40.2	49.3	0.6	100
总计	频次	478	480	193	6	1157
	%	41.3	41.5	16.7	0.5	100

从课堂学习使用材料的总体情况看，辅导材料使用频次 480 次，占总频的 41.5%；课本 478 次，占 41.3%；高考备考材料 193 次，占 16.7%，其他材料 6 次，仅占 0.5%。数据表明，在整个高中阶段，辅导材料和课本是高中英语课堂学习使用的主要材料，其次是高考备考材料。从课堂上使用

的学习材料可以看出，高考英语对高中英语课堂学习产生了反拨效应影响。

接下来分析三个年级学习材料使用的具体情况。高一年级课本使用占51.0%，辅导材料占48.6%，高考备考材料没有出现，其他材料占0.4%。日志资料表明高一课堂上英语学习基本是使用课本和辅导材料，没有出现具有明显高考备考特征的材料。但这并不意味着高考英语对高一英语课堂学习没有产生反拨效应影响。正如前文提到的，许多辅导材料在服务教学的同时体现了高考备考特征，如各类练习题的题型和分值等以高考为蓝本。因此只能说就现有学习日志资料而言，高考英语对高一年级课堂教学没有产生显性的反拨效应影响。高二年级英语课堂学习材料的使用中，课本占63.5%，辅导材料占28.5%，高考备考材料占7.2%，其他材料占0.8%。数据表明，高二年级课堂学习使用的材料仍以课本和辅导材料为主，同时使用了少量的高考备考材料。这意味着高二课堂上除了常规学习外，还进行了少量的高考备考活动。这说明高考英语对高二年级课堂学习产生了较明显的反拨效应影响，但由于材料使用频次不多，高考备考活动不频繁，其影响强度不大。高三年级课本使用占9.9%，辅导材料占40.2%，高考备考材料占49.3%，其他材料占0.6%。数据显示，高三年级材料使用比重最大的是高考备考材料，其次是辅导材料，课本和其他材料使用均较少。这说明高三年级使用高考备考材料更频繁，意味着高考英语对高三课堂英语学习影响更强。此外，需要说明的是，同样是辅导材料，高三年级辅导材料的内容与高一、高二年级有所不同，高三年级辅导资料的使用主要着眼于高考，而高一和高二则更多与课本内容相关。

通过对三个年级课堂上使用的学习材料进行比较，我们可以发现，课本使用在高一和高二较频繁，分别为51.0%和63.5%，在高三年级使用较少，仅占9.9%；而高考备考材料在高一年级没有出现，高二仅占7.2%，高三年级迅猛增加至49.3%。总之，从课堂使用的学习材料看，在高三年级无论是显性的高考备考材料还是辅导材料的使用，均具有明显的高考备考意图且体现了明显的高考备考特征，由此可以看出高考英语对高三年级课堂学习有非常明显而强烈的反拨效应影响，对高二和高一年级产生的影响很弱。

5.3.2.4　作业布置

课堂上布置课外作业是课堂教学的重要环节。课堂上布置什么样的作业可以部分反映高考英语对教与学产生了什么样的反拨效应影响。高中英语课堂上英语课外作业布置情况见表 5.12。

表 5.12　高中生课堂上英语课外作业布置情况

年级	频次	巩固复习	预习	记单词	读背课文	做训练题	总计
高一	频次	50	22	3	12	336	423
	%	11.8	5.2	0.7	2.8	79.5	100
高二	频次	14	1	7	4	120	146
	%	9.6	0.7	4.8	2.7	82.2	100
高三	频次	59	4	54	0	151	268
	%	22.0	1.5	20.1	0.0	56.4	100
总计	频次	123	27	64	16	607	837
	%	14.7	3.2	7.6	1.9	72.5	100

表 5.12 显示，课堂上教师布置作业类型较多，如巩固复习、预习、记单词、读背课文、做训练题。在这些作业类型中做训练题所占比重最大，占 72.5%。通过对教师的访谈，研究者了解到高中生课外学习任务繁重，学习课程多，如不硬性布置课外作业，就无法保证学生课外学习的时间。他们还反映，做训练题不但可以让学生巩固所学内容，还可以让学生提前熟悉和适应高考题型。访谈中许老师这样说道：

"就拿阅读来说，让学生广泛阅读各种读物的方式很好，这样可以培养学生的语感，但这样太冒险，而且高中要学几门功课，如果学生没有按照老师布置的去阅读，老师没办法了解和把握学生的阅读情况。如果不布置硬性的作业，其他课程老师布置的作业会挤占英语的时间，英语会越来越弱化。如果让学生直接针对高考题型做一些相关练习题，一来可以让学生很好地适应考试题型，也便于了解学生的阅读情况。当然也有学生不认真，胡乱做，但能确保多数学生去完成。"

有关课外作业布置方面，林老师在访谈中也表达了自己的想法：

"我们平时的课外作业基本都是布置学生做题，如做阅读训练题。学生基本都是通过做题的方式去训练阅读，他们所读的文章已不再是一篇整体的文章，学生不能对文章中反映的事件形成全面的理解和认识，他们阅读的目的就是做题。根据问题在文章相应的地方找答案。一篇文章究竟表达了什么含义，学生说不清楚，文章被分解得支离破碎。没有欣赏到文章中美的东西，文化的东西没有感受到，教育意义的东西也没有体会到。文章中有价值、有营养的东西在阅读过程中不能获取。这样训练下去的话，对人的培养，对人的素质提高会产生不良的影响……在现行管理体制下，一般的老师不敢去尝试，因为教学的改革或尝试只许成功不能失败，所以不敢去冒险，别人怎么做，我就怎么做，做错了责任在别人，不用冒这个风险。如果去尝试，万一出点闪失，没有达到领导认为的理想效果，就可能为此负相应责任，那岂不是自己给自己找麻烦，自己找不愉快吗？"

尽管访谈中教师们表示让学生成天做题不是理想的学习方式，但是对于尝试一些新的教学方法，他们纷纷表示太冒险，害怕承担责任。因为大家都采用这样的方式，即使效果不好，责任也不在自己。如果去尝试新的方法，万一有什么闪失，尤其是学生在高考中没有取得理想的成绩，自己要为此承担相应的责任。由此看来，教师在教学中比较保守，害怕承担风险，这也反映出高考的高风险性质给教师带来了顾虑和担忧，使得他们不愿意去尝试新的教学方法。

再看各年级的作业布置情况。高一年级课堂上教师布置的作业中，做训练题比重所占最大，达 79.5%；其次是巩固复习，占 11.8%；预习占比较小为 5.2%。高二年级课堂上布置的课外作业中，做训练题的比重仍然最大，高达 82.2%；其次是巩固复习，占 9.6%。高三年级课堂上教师布置作业类型中，做训练题的比重为 56.4%，巩固复习占 22%，记单词占 20.1%。

通过对三个年级的比较发现，高一和高二学生课外做训练题的比重均较高，高三年级比重明显下降，仅占 56.4%；而巩固复习和记单词方面，高三年级明显高于高一和高二。这是因为随着高考的临近，学生更加注重词汇的记忆，说明高考促进了学生对单词的记忆。巩固复习与高一、高二相比有明显增加，达 22%。从高三课堂活动类型看，高考相关占 82.2%（见表 5.9）。这些高考相关活动多是评讲各种练习题和考题，学生对这些习题的掌握程度也会影响高考备考的效果，因此在布置作业时老师很重视让学生复习巩固当天学习的内容。总之，从教师布置课外作业的类型可以发现，高考的高风险性质影响了教师布置作业的类型，也影响了教师的教学方法。由此我们认为，教师的理念在很大程度上调节了高考英语对高中生英语学习的反拨效应。考试的高风险性质以及学校的评价体制导致教师宁愿采取保守和保险的教学方式，也不愿意去尝试新的教学方法。

5.4　高考英语对高中生课外英语学习的影响

5.4.1　课外英语学习活动问卷调查结果分析与讨论

5.4.1.1　课外英语学习活动量表的因子分析

课外英语学习活动问卷同样采用李克特五级量表描述其参与频率，从"1= 从不"到"5= 总是"，值越大表示进行此项活动的频率越高。课外英语学习活动包括 18 个项目，其中均值最大的是"记英语课本中的单词"（M=3.73），均值最小的是"参加校内外英语活动或竞赛"（M=1.56），平均均值 2.68。高中生课外从事的英语学习活动可以分为哪些类型？以下通过探索性因子分析对课外英语学习问卷进行降维。

表 5.13　课外英语学习活动量表 KMO 测度与 Bartlett 球形检验

取样足够度的 Kaiser–Meyer–Olkin 度量		0.891
Bartlett 的球形度检验	近似卡方	24420.484
	自由度	153
	显著性	0.000

课外学习量表的 KMO ＝ 0.891，Bartlett 球形检定结果显著（$p=0.000$），说明数据适宜进行因子分析。通过正交旋转（Varimax），提取 4 个因子，累计解释总变方差的 63.235%。因子结构及负荷如表 5.14。

表 5.14　课外英语学习量表旋转后的成分矩阵与因子负荷

	成分			
	因子 1 日常交际	因子 2 常规学习	因子 3 高考备考	因子 4 娱乐
用英文写便条、信件等	0.798	0.086	0.111	0.078
参加校内外英语活动或竞赛	0.770	0.094	0.132	-0.013
与英语为母语的人士交流	0.731	-0.010	0.044	0.105
用英文写日记、周记	0.717	0.173	0.135	-0.049
用英文和老师、同学交流	0.683	0.194	0.115	0.086
浏览英文网页或网站	0.672	0.028	0.150	0.298
参加英语辅导班或培训班	0.618	0.009	0.129	0.164
记英语课本中的单词	0.074	0.782	0.150	0.009
做课本上的练习题	0.096	0.770	0.127	0.022
做教辅资料上的练习题	0.012	0.747	0.287	0.057

续表5.14

	成分			
	因子 1 日常交际	因子 2 常规学习	因子 3 高考备考	因子 4 娱乐
复习老师课堂讲授的内容	0.266	0.719	0.216	0.020
进行听力训练	0.037	0.684	0.270	0.133
做高考英语模拟题	0.118	0.306	0.849	0.025
做高考英语往年真题	0.118	0.263	0.834	0.053
朗读、背诵范文	0.308	0.176	0.708	0.000
记高考英语相关单词	0.177	0.298	0.681	0.094
听英文歌曲	0.130	0.116	0.051	0.858
观看英文电影、电视节目	0.217	0.039	0.046	0.852

　　根据因子分析结果结合各因子项目特征对因子进行命名，4个因子分别命名为"日常交际""常规学习""高考备考""娱乐"。"日常交际"是指课外活动的目的是日常交流，如用英文给他人写信。"常规学习"是指学生在课外进行的与课堂和课本学习相关的学习活动，如复习教师课堂讲授内容。"高考备考"仅包括能明确界定的学生在课外进行的高考英语备考活动。"娱乐"是指以娱乐方式进行的英语学习活动，如听英文歌曲。此因子仅有两个项目，尽管因子分析一般要求3个及以上项目，鉴于这两项活动在高中生课外英语学习中比较常见，且两个项目的因子负荷值较高，决定保留此因子。

5.4.1.2　课外英语学习活动的具体分析与讨论

　　因子分析结果表明高中生在课外主要进行了4类英语学习活动，具体包括"日常交际""常规学习""高考备考"和"娱乐"。4类学习活动中，"常规学习"活动均值最高（M=3.51），其次是"娱乐"活动（M=3.35），均值在3～4之间，"高考备考"活动（M=2.93）接近3，"日常交际"频率最低（M=1.76），处于"从不"到"极少"之间。数据表明，学生在课外主要进行常规学习和娱乐类活动，有时也会进行高考备考活动，极少进行交际性学习活动。从学习活动的类型大致可以得出，高考英语影响了学生的课外英语学习。

表5.15　高中生课外英语学习活动类型及描述性统计结果

类型	问卷题项	均值	标准差
日常交际	用英文写便条、信件等	1.74	0.977
	参加校内外英语活动或竞赛	1.56	0.903
	与英语为母语的人士交流	1.59	0.932
	用英文写日记、周记	1.85	1.027
	用英文和同学老师交流	1.97	0.942
	浏览英文网页	1.90	1.134
	参加英语辅导班或培训班	1.71	1.046
	平均	1.76	0.994
常规学习	记英语课本中的单词	3.73	1.088
	做课本上的练习题	3.45	1.217
	做教辅上的练习题	3.68	1.227
	复习老师课堂讲授的内容	3.02	1.054
	进行听力训练	3.68	1.187
	平均	3.51	1.155
高考备考	做高考英语模拟题	3.12	1.247
	做高考英语往年真题	2.99	1.263
	朗读、背诵高考英文范文	2.57	1.185
	记高考英语相关单词	3.05	1.260
	平均	2.93	1.239
娱乐	观看英文电影、电视节目	3.19	1.186
	听英文歌曲	3.50	1.143
	平均	3.35	1.165

注：1=从不　2=极少　3=有时　4=经常　5=总是

"日常交际"类活动类型涉及7个题项，最大均值1.97，最小均值1.56，表明高中生基本上没有进行此类英语学习活动。通过对三名高中生的访谈了解到，平时他们的课外英语学习主要是完成老师布置的课外作业，老师布置什么作业就做什么，多数情况是做练习题，有时老师也会布置其他类型的作业。高中阶段学习时间紧，任务重，高考涉及几个考试科目，平时学习时需要平衡各科学习时间，不能花费太多时间在英语上，毕竟英语只是高考科目中的一科。他们还认为用英文交流、写英语信件等没有语言环境也没有条件，在高中阶段他们学习英语主要还是针对高考，在高考中取得好成绩、考上理想的大学才是他们学习的主要目标。因此，出现了课外英语学习中日常交际学习活动频率极低的现象。这种现象说明教师的教学方法、教学要求、学习环境、学习条件以及学生英语学习动机都会影响学生课外英语学习活动的类型。

"常规学习"活动包括 5 个项目，均是与日常课堂学习密切相关的学习活动，其均值为 3～4，处于"有时"到"经常"的范围。"记英语课本中的单词""进行听力训练""做教辅上的练习题"均值均在 3.6 以上，表明课外进行此类活动的频率较高。分析还发现，"常规学习"课外活动看似多样，实际上主要集中在记单词和做各种练习题上，这一点证实了在课堂学习活动中，教师课堂上布置的课外作业类型主要是让学生做各种训练题。课外"进行听力训练"的均值为 3.68，说明高中生课外学习中进行听力训练的频率较高。这是因为本研究所在的省市对高考听力考试实施了改革。其改革做法是以全国英语等级考试二级听力取代高考听力，高三学生可以参加两次听力考试，以较高一次成绩计入高考总分。此改革的推行对高中英语听力教与学都产生了较大影响，教师和学生对听力更加重视，反映在课外英语学习中即听力活动更频繁。总之，即便是常规的课外英语学习活动，仍体现了高考备考思想，即高考英语对高中生课外英语学习产生了隐性的反拨效应影响。

"高考备考"涉及 4 个题项，均值最大为 3.12，最小 2.57。相对"做高考往年真题"（M=2.99）和"朗读、背诵高考英文范文"（M=2.57）两项备考活动，"做高考英语模拟题"（M=3.12）和"记高考英语相关单词"（M=3.05）频率更高。

通过对学生的访谈得知，课外作业主要是按照教师的要求做，教师让做模拟题就做模拟题，让做真题就做真题。对此，我们访谈了曾老师。在对曾老师的访谈中了解到，教师们普遍认为高考考题中很少会再考以往考过的题，因此他们更倾向于做高考模拟题，这既是为了了解考试题型和难度，也抱有押题的侥幸心理。"记高考英语相关单词"的频率较高，这是因为学生认为词汇是学习英语的基础，只有具备足够的词汇量才能在高考英语中取得好成绩。"朗读背诵高考英文范文"一般在高考前几个月进行。因此，高三学生进行此类学习活动的可能性更大，频率更高，而高一、高二年级距离高考较远，一般不会背诵高考英文范文，所以三个年级均值较低属于正常现象。

"娱乐"类两个项目的均值都在 3 以上，介于"有时"到"经常"之间。其中"听英文歌曲"（M=3.50）的频率高于"观看英文电影、电视节目"（M=3.19）。

5.4.1.3 课外英语学习活动三个年级的比较

高中生在课外进行各类英语学习活动的情况见表 5.16。

表 5.16　高中三个年级课外英语学习活动比较

认识类型	问卷题项	高一	高二	高三	Sig.	多重比较		
						高中一、二	高中一、三	高中二、三
人际交流	用英文写便条、信件等	1.77	1.66	1.80	0.003	0.027	——	——
	参加校内外英语活动或竞赛	1.61	1.47	1.63	0.000	0.001	——	0.001
	与英语为母语的人士交流	1.66	1.49	1.61	0.000	0.000	——	0.017
	用英文写日记、周记	1.88	1.78	1.88	0.025	0.015	——	0.026
	用英文和同学老师交流	2.06	1.89	1.93	0.000	0.000	0.014	——
	浏览英文网页	1.89	1.84	2.00	0.009	0.539	——	0.010
	参加英语辅导班或培训班	1.79	1.63	1.71	0.002	0.002	——	——

认识类型	问卷题项	高一	高二	高三	Sig.	多重比较		
						高中一、二	高中一、三	高中二、三
常规学习	记英语课本中的单词	3.87	3.68	3.58	0.000	0.000	0.000	——
	做课本上的练习题	3.69	3.35	3.24	0.000	0.000	0.000	——
	做教辅上的练习题	3.83	3.57	3.62	0.000	0.000	0.001	——
	复习老师课堂讲授的内容	3.17	2.88	3.00	0.000	0.000	——	0.002
	进行听力训练	3.74	3.77	3.45	0.000	——	0.000	0.000
高考备考	做高考英语模拟题	2.85	3.03	3.64	0.000	0.002	0.000	0.000
	做高考英语往年真题	2.71	2.91	3.51	0.000	0.001	0.000	0.000
	朗读、背诵高考英文范文	2.23	2.57	3.06	0.000	0.000	0.000	0.000
	记高考英语相关单词	2.82	2.99	3.47	0.000	0.005	0.000	0.000
娱乐活动	观看英文电影、电视节目	3.21	3.17	3.18	0.724	——	——	——
	听英文歌曲	3.51	3.47	3.54	0.366	——	——	——

通过对高中三个年级数据的分析发现，每个年级在7项人际交流学习活动中的均值均很低，在 1～2 之间，说明三个年级学生均很少进行这些交际活动。相对于高一和高三，高二学生课外从事日常交际性学习活动的频率更低。

"常规学习"活动5个题项的单因素方差分析结果显示 P 值均小于 0.05 的显著性水平，说明常规学习活动在三个年级水平上存在显著性差异。通过事后多重检验发现："记英语课本中的单词""做课本上的练习题""做教辅上的练习题""复习老师讲授的内容"这4项学习活动高一的频率明显高于高二和高三，高二和高三差异不显著。这是由于高一年级多是常规学习活动，从高二开始高考备考活动逐渐增加，教学相关学习活动相应减少，这种现象一直持续到高三结束。这进一步证实高考英语对高中生课外英语学习活动产生了反拨效应影响。与前4项活动不同的是，"进行听力训练"的频率高一和高二显著高于高三，这同样是由于本研究所在省市对高考英语听力进行了改革。由于第一次高考听力考试是在高三第一学期9月份进行，第二次考试在高三第二学期3月份进行，而问卷调查在5月和6月进行，实施问卷调查时高三学生已参加了两次听力考试。随着考试的结束，相应的备考行为开始减少甚至完全停止，因此出现了高一、高二听力训练的频率高于高三的现象。

表5.16数据显示，课后4项高考相关活动均值随年级升高而增加，越到高年级，高考备考频率越高。单因素方差分析显示三个年级之间的备考活动频率均存在显著差异。这说明随着高考的临近，备考活动更加频繁，高考英语反拨效应的强度也明显增强，这与课堂高考备考活动的特征一致。这说明高考备考活动会随着年级升高，高考的临近愈发频繁，进一步验证了多数研究得出的考试的反拨效应影响会随着考试的临近而增强的观点，如詹颖（Zhan，2013），辜向东、张正川、刘晓华（2014），程李颖（Cheng，2005）。

两项娱乐性英语学习活动中，"观看英文电影、电视节目"三个年级的均值都在3以上，且均值差异不大。"听英文歌曲"三个年级均值都在3.5左右，介于"有时"至"经常"之间。单因素方差分析结果表明，两项娱乐类学习活动的 P 值分别为0.724，0.366，均大于0.05的显著性水平。这说明三个年级在这两项学习活动中的均值差异不显著，即三个年级学生经常会听英文歌曲或观看英文电影，即便是在高三年级学习非常紧张的情况下。这是因为在学生看来听英文歌曲和观看英文电影既是一种学习方式，也是一种缓解学习压力的方式。

5.4.2 课外英语学习日志资料分析与讨论

课外英语学习与课堂英语学习相比，在学习时间、学习方式，学习活动方面更自由和灵活。因此，课外英语学习日志涉及的内容更广泛，具体包括课外英语学习活动、学习内容、学习时间、学习材料、学习目的和原因、学习方式方法6个方面。以下按照课堂英语学习日志的分析方法和思路对课外英语学习日志进行分析。

5.4.2.1 学习活动类型

英语学习活动是指相对独立的英语学习任务，如学生在课外进行听力训练，听力训练就被视为一项独立的学习活动。根据学习日志中记录的活动特点，并参考课外英语学习问卷调查结果，我们把学生课外英语学习活动同样分为日常交际、常规学习、高考备考和娱乐4类。日常交际是指英语课外活动的目的是日常交流，如用英文写便条或邮件。常规学习是指围绕英语课堂教学和课本进行相应的课外英语学习，如做教师布置的课外作业。高考备考是指能进行明确界定的显性的高考英语备考活动。娱乐类活动是指观看英文电影、电视，听、唱英文歌曲等活动。按照这种划分方法，本研究显现出的高考备考活动比实际发生的少，也就是说高考英语实际产生的反拨效应比本研究揭示出的强。高中生课外英语学习活动情况见表5.17。

表5.17 高中生课外英语学习活动类型

年级	频次	日常交际	常规学习	高考备考	娱乐	总计
高一	频次	1	473	32	12	518
	%	0.2	91.3	6.2	2.3	100
高二	频次	0	193	66	7	266
	%	0.0	72.6	24.8	2.6	100
高三	频次	0	85	296	3	384
	%	0.0	22.1	77.1	0.8	100
总计	频次	1	751	394	22	1168
	%	0.1	64.3	33.7	1.9	100

表5.17数据显示，高中阶段的课外英语学习以常规学习活动为主，占总数的64.3%；其次是高考备考，占33.7%；日常交际和娱乐类活动非常少，仅占总数的0.1%和1.9%。因此，从课外学习活动类型可以看出，

高考英语对高中生英语课外学习产生了影响,这一结果与问卷调查结果基本一致。娱乐类学习活动与问卷调查结果有差异,日志中记录的娱乐类活动仅占总数的1.9%,这可能与学习日志所选取的学校和学生有关。

以下具体分析各年级课外英语学习活动情况。高一年级"常规学习"占高一总频的91.3%,"高考备考"占6.2%,"娱乐"占2.3%,"日常交际"仅占0.2%,表明高一学生的课外学习活动绝大多数是"常规学习",同时伴有少量的显性的高考备考活动,说明高考英语对高一年级部分学生的课外英语学习产生了微弱影响。高二年级"常规学习"占高二总频的72.6%,"高考备考"占24.8%,表明高二年级课外英语学习活动仍以"常规学习"为主,同时伴随一些高考备考活动,其比重从高一的6.2%猛增至24.8%,增加了18.6%,表明高考英语对高二学生课外英语学习的影响逐渐增强。高三年级"常规学习"占22.1%,"高考备考"占77.1%,表明高三年级的课外学习活动类型以高考相关备考活动为主,"常规学习"活动为辅,这一结果与高一、高二年级相反,意味着高三年级高考备考学习活动频繁,高考英语对高三年级学生课外英语学习产生了很强的反拨效应影响。

通过对三个年级课外英语学习活动的比较发现,常规学习活动占比高一至高三年级分别为91.3%,72.6%,22.1%,呈现高一至高三递减的特点,说明高一、高二课外学习以常规学习为主,到高三骤然转变。与常规学习活动相反的是,高考备考比重在高一至高三呈直线增长的趋势,分别为6.2%、24.8%、77.1%,尤其是高三年级,备考活动迅猛增加。因此,从高中生英语课外学习活动的类型及其特点可以看出,高考英语对高中生英语课外学习产生了反拨效应,其反拨效应影响在高一和高二年级较弱,在高三年级很强。

5.4.2.2 学习内容

和课堂学习内容一样,对课外英语学习内容的分析也主要从语言知识和语言技能两方面进行。高中生英语课外学习内容情况见表 5.18。

表5.18 高中生课外英语学习内容

年级	频次	语言知识			语言技能					总计
		词汇	语法	小计	听力	阅读	写作	口语	小计	
高一	频次	88	25	113	171	68	6	0	245	358
	%	24.6	7.0	31.6	47.8	19.0	1.7	0.0	68.5	100
高二	频次	56	4	60	85	16	1	2	104	164
	%	34.1	2.4	36.5	51.8	9.8	0.6	1.2	63.4	100
高三	频次	119	48	167	10	65	25	0	100	267
	%	44.6	18.0	62.6	3.7	24.3	9.4	0.0	37.4	100
总计	频次	263	77	340	266	149	32	2	449	789
	%	33.3	9.8	43.1	33.7	18.9	4.1	0.3	56.9	100

表 5.18 显示，高中生课外英语学习中语言知识占 43.1%，语言技能占 56.9%，相对语言知识，学生在课外更注重语言技能的学习。这一结果与课堂英语学习恰好相反，意味着课堂与课外学习形成互补，各有侧重，也证实了部分教师反映的听力技能训练基本在课外进行的说法。对语言知识的学习主要以词汇学习为主，占 33.3%，对语法知识的学习很少，仅占 9.8%，这是因为语法学习主要依靠教师在课堂上讲授。语言技能学习主要以听力训练为主，占 33.7%；其次是阅读，占 18.9%；写作所占比重很小，仅占 4.1%；口语训练几乎没有。

接下来具体分析各年级课外英语学习的内容。在高一年级的课外英语学习中，语言知识占 31.6%，语言技能占 68.5%，说明高一年级的课外英语学习以语言技能为主。在语言技能学习方面，主要注重听力技能训练，占 47.8%；其次是阅读理解，占 19.0%；写作技能占比很小，仅 1.7%；

口语没有涉及。在语言知识学习方面更注重对词汇的学习（24.6%）。高二年级语言技能占 63.4%，语言知识占 36.5%，说明高二年级重视的仍然是语言技能的学习。在语言技能方面注重的是听力训练（51.8%），其次是阅读技能（9.8%），写作和口语所占比重仍然非常小，分别是 0.6% 和 1.2%。这是因为结束高二年级的学习后，距离他们参加第一次高考听力考试仅有大约 3 个月的时间，因此，听力训练的频率明显增加。高二年级在语言知识学习方面注重的仍然是词汇学习，占 34.1%。高三年级课外英语学习中语言知识占 62.6%，语言技能占 37.4%，体现了以语言知识为主的课外英语学习特点，这点与高一、高二年级恰好相反。语言知识学习中，仍以词汇学习为主，占 44.6%。语言技能学习主要以阅读技能训练为主，占 24.3%；听力训练占比大幅度下降，仅占 3.7%；写作技能上升至 9.4%。

通过对三个年级语言知识和语言技能学习情况的比较，发现高一、高二年级课外学习活动以语言技能为主、语言知识为辅，这与课堂英语学习情况相反。与高一、高二年级课外英语学习不同的是，高三年级课外英语学习活动以语言知识为主、语言技能为辅，这一点与课堂英语学习情况一致。也就是说高一、高二年级基本上形成了课堂和课外学习互补的形式，教师课堂上重视语言知识的讲授，课外通过做练习题等形式关注语言技能的提升。而在高三年级，无论是课堂还是课外学习，都非常重视语言知识的学习。

接下来进行语言知识和技能两方面的具体比较。在词汇学习方面，高一到高三分别为 24.6%、34.1%、44.6%，呈现随年级升高逐渐增加的特点。通过对学生的访谈得知，学生基本上都意识到了词汇在英语学习中的重要性，认为词汇量大小直接关系到高考英语成绩，越临近高考，越重视词汇的积累，说明高考英语对学生词汇学习方面产生了积极影响。正如一些学生在日志中写道的：

"词汇是基础，对高考英语科取得好成绩有帮助……"

"单词是英语学习的基础，记住单词，扩大词汇量是学好英语的前提……"

"只有扩大词汇量，才能在阅读中更快读懂文章……"

"多记单词对单选、完形、阅读都有帮助……"

"单词量多了在阅读中生词的障碍就会大大减小……"

"记单词是英语学习的根本，在不断扩大词汇量的同时要对已学单词复习巩固……"

"单词是英语学习的基础，所以记住单词，增大词汇量是学好英语的前提条件……"

在语言技能方面，听力在高一、高二年级受到很大关注，分别为 47.8% 和 51.8%，高三频次陡然减少，仅占 3.7%，这仍然与本研究所在省市对高考英语听力进行改革有关。研究发现，高考英语听力实施一年两考后，教师和学生对听力的重视程度明显增强，甚至在高一或高二就开始了听力备考训练。这一点通过对老师的访谈得到了证实，访谈中黎老师说道：

"……以前听力和笔试没有分开的时候，高一、高二听力一周大概训练两至三次，高三的时候加强训练。自（听力）实施一年考两次后，我们学校对听力比以往更加重视了，如在高二让学生多听，听力训练量比以前多了很多，而且我们还会给学生听力方法上的指导，老师对听力的重视程度也加强了。我觉得一年两次的做法更利于学生听力的提高。"

由此可见，增加施考次数会延长备考时间，也会影响教师和学生对相应内容的重视程度。通过对老师的访谈得知，由于有两次参考机会，师生都希望全力准备第一次听力考试并争取在第一次考试中取得满意的成绩，然后可以腾出时间和精力去备考英语笔试或其他科目的考试，于是有的学校在高二甚至在高一就开始进行高考听力备考。然而，在参加了第一次听力考试后，绝大多数学生对取得的分数并不满意。考得不好的学生想通过参加第二次考试获得较满意的分数，而一些考得较好的学生除非获得满分，否则也不会满足于已取得的分数，希望参加第二次考试获得更好的成绩。这意味着几乎所有考生都会进行第二次备考，从而出现了一些学校整个高中阶段都很重视听力训练的情况。高三年级听力训练大幅度减少是由于参与日志研究的学生在填写日志不到两周（3月上旬）就参加了第二次高考英语听力考试。考试结束后，他们基本不再进行听力训练，"考完就不学"的现象在此得到了证实，进一步说明高风险考试对教和学具有很强的导向作用。

除听力外，阅读也受到了较多重视，高一至高三的比重依次为19.0%、9.8%、24.3%，这主要是因为阅读在高考英语中权重较大（占26.7%），表明考试的权重会影响学生对相应内容的重视程度。

写作在高中阶段基本不受重视。高一、高二比重很低，分别为1.7%和0.6%，随着高考的临近高三年级比重有所增加，增至9.4%，但重视程度仍然不高。写作作为一种产出性技能是衡量学生语言能力水平的重要标准之一，而且写作在高考英语中的比重也较大（占23.3%），仅次于阅读理解，但为什么没有受到学生的重视？通过对师生的访谈得知，他们认为高考英语写作很简单，像八股文，有固定的写作模式，只要考前背诵一些范文和句型，再掌握一些应试技巧就能得到较满意的分数。他们还提出，高考写作测试提供要点较多，考试时只需将要点翻译出来再适当增加内容就能达到写作字数要求，如果在语言上能做到少犯语法错误就能得到不错的分数。因此他们认为平时没有必要进行写作训练，只需考前突击一下就可以应对高考。这种现象表明考试的命题方式、教师对考试的认识会影响学生的学习态度及其对学习内容的侧重。

口语在各个年级所占比重均很小，学生在课外几乎没有进行口语训练。通过对师生的访谈得知，尽管他们都承认口语的重要性，但由于学习时间有限，而且高考不考口语或者口语不计入总分，他们不愿意在练习口语上花时间。对学生的访谈也进一步证实了这一点。何同学谈道：

"平时不练习口语主要是高考英语口试不计入总分，如果计入总分，肯定会去练习，总的来说，目前英语学习主要是为了高考。"

"不考就不教，不考就不学"的现象在此得到了证实，再次说明高风险考试对教和学具有强烈的反拨作用。

总之，通过对学生课外学习日志资料的分析以及高中师生的访谈，研究者发现三个年级学生在英语课外学习内容的选择和侧重上主要与高考内容、考试实施次数、考试命题特点、各题型权重以及师生对考试的认识有关。

5.4.2.3　学习时间

学生在日志中详细记录了各项英语课外学习活动所花的时间。通过对每项学习活动所花时间的统计，可以推知学生每天在英语课外学习上投入的时间。将学生投入到课外英语学习的时间分成三个时段进行统计和分析，具体见表5.19：

表5.19　高中生课外英语学习时间　　　　　　　　单位：分钟

年级	频次	0～30	31～60	61以上	总计
高一	频次	188	125	44	357
	%	52.7	35.0	12.3	100
高二	频次	53	61	32	146
	%	36.3	41.8	21.9	100
高三	频次	44	72	66	182
	%	24.2	39.6	36.3	100
总计	总频	285	258	142	685
	%	41.6	37.7	20.7	100

表5.19数据显示，学生每天课后英语学习时间在30分钟内的占41.6%，31～60分钟占37.7%，61分钟以上占20.7%。总体上，学生投入课外英语学习活动的时间偏少。

再从各年级看，高一学生每天课外英语学习时间在30分钟内的占

52.7%，31～60分钟占35.0%，61分钟以上占12.3%。高二学生每天课外英语学习时间在30分钟内的占36.3%，31～60分钟41.8%，61分钟以上为21.9%。高三学生每天课外英语学习时间，30分钟内的占24.2%，31～60分钟占39.6%，61～90分钟占36.3%。通过对各时段的比较我们发现，与高一相比，高二学生课外学习时间在31～60分钟和61分钟以上的比重有明显上升，分别为41.8%和21.9%，表明高二学生在课外投入英语的学习时间比高一多。高三课外英语学习时间投入在61分钟以上达36.3%，明显高于高一的12.3%和高二的21.9%，说明随着年级升高，学生课外投入英语学习的时间更多。通过对学生的访谈了解到，由于英语和语文、数学并重，在高考中占了较大比重（150分），高考英语成绩高低直接决定能否上大学以及上什么样的大学。到高三年级，高考逐渐临近，学生对英语的重视程度也越高，课外投入到英语学习的时间就越多。表明高考英语对高中生英语学习时间的投入产生了反拨效应影响，这种影响同样随着高考临近明显增强。

5.4.2.4 学习材料

学生在日志中记录了课外学习使用的材料，根据材料特点将其分为课本、教辅材料、高考备考材料和其他四类。教辅材料指与课本同步的辅导书以及课本相关的练习册、学习报、教师自编练习题等。这类材料既与教学相关，也涉及高考相关的解题策略和模拟练习题，意味着教辅材料既着眼教学也有隐性的高考备考功能。高考备考材料是指具有明显高考备考特点的各类材料。这类材料与高考题型、分值等各项要求一致，如《高考模拟卷调研卷》《高考调研》。其他材料指除课本、教辅材料和高考备考材料之外的材料，如学生自己整理的笔记、错题本、原声影片。高中生课外英语学习使用材料的情况见表5.20。

表 5.20　高中生课外英语学习使用材料

年级	频次	课本	教辅材料	高考备考材料	其他	总计
高一	频次	116	332	34	16	498
	%	23.3	66.7	6.8	3.2	100
高二	频次	77	99	70	16	262
	%	29.4	37.8	26.7	6.1	100
高三	频次	46	168	130	7	351
	%	13.1	47.9	37.0	2.0	100
总计	总频	239	599	234	39	1111
	%	21.5	53.9	21.1	3.5	100

表 5.20 显示，课后材料使用中，教辅材料使用最频繁，占 53.9%，课本 21.5%，高考备考材料 21.1%，其他占 3.5%。高考备考材料是指直接与高考相关的各类模拟题、备考资料，这类资料具有明显的高考备考特点。因此，从学生课外学习使用的材料可以看出高考英语对学生课外学习产生了反拨效应，或者说高考英语对高中生课外英语学习材料的使用产生了反拨效应影响。

由表 5.20 得知，高一年级课外学习使用材料频率最高的是辅导材料，占该年级全部学习材料的 66.7%，其次是课本，占 23.3%，高考备考材料占 6.8%，其他占 3.2%。这说明在高一年级的课外英语学习中，材料使用以各类辅导材料为主，其次是课本的使用，高考备考材料所占比重较小，意味着高一课外英语学习以相关教学学习活动为主，伴有少量高考备考活动。高二年级学生课外学习使用的材料中，辅导材料仍占较大比重，为 37.8%，其次是课本，为 29.4%，高考备考材料占 26.7%，表明高二年级课外进行了较频繁的高考备考相关活动。高三年级学生课外英语学习使用的材料以辅导材料为主，占 47.9%；高考备考材料使用明显增加，占 37.0%；课本使用明显减少，占 13.1%。

通过比较各种学习材料在三个年级使用的情况，研究者发现，教辅材料在三个年级均占最大比重，高一年级尤其突出。高考备考材料在三个年级都有，但在各年级使用的频率不同，高一占 6.8%，高二占 26.7%，高三增至 37.0%，呈随年级升高递增的趋势。这意味着高中各年级在课外学习中都使用了高考备考材料，而且年级越高使用越频繁，即高考备考活动也越频繁。在课本使用频率上，高一占 23.3%，高二占 29.4%，高三占 13.1%，高一和高二均明显高于高三。这主要是因为高一和高二多以常规教学为主，高三年级学习重心转向高考，因此出现了高三年级高考备考材料使用大幅度增加，课本使用明显减少的现象。总之，从学生英语课外学习使用的材料看，高考英语对高中生英语课外学习产生了显性反拨效应，其反拨效应在高一年级较弱，高二逐渐增强，高三愈发明显而强烈。

5.4.2.5　学习活动目的和原因

学生在学习日志中针对具体学习活动记录了从事这些学习活动的目的和原因。通过对学生从事具体学习活动的目的和原因的分析，可以得知高中生进行这些学习活动的动机，有助于进一步了解高考英语对高中生课外英语学习的影响。通过对课外英语学习日志的分析，研究者发现高中生英语课外学习活动的目的和原因有以下 9 大类，具体见表 5.21。

表 5.21　高中生课外英语学习活动目的与原因

年级	频次	提高英语水平	巩固复习	训练做题	完成作业	高考备考	平时备考	预习	重要性	休闲娱乐	总计
高一	频次	262	123	10	37	15	45	22	5	9	528
	%	49.6	23.3	1.9	7.0	2.8	8.5	4.2	0.9	1.7	100
高二	频次	107	64	42	33	20	4	5	11	4	290
	%	36.9	22.1	14.5	11.4	6.9	1.4	1.7	3.8	1.4	100
高三	频次	155	90	82	32	31	0	0	2	0	392
	%	39.5	23.0	20.9	8.2	7.9	0.0	0.0	0.5	0.0	100
总计	总频	524	277	134	102	66	49	27	18	13	1210
	%	43.3	22.9	11.1	8.4	5.5	4.0	2.2	1.5	1.1	100

通过对 33 名高中生的 685 篇课外学习日志的统计发现，他们课外进行的英语学习活动有 1210 次。对这些学习活动分析后发现高中生英语课外学习活动目的多样，包括提高英语水平、完成老师布置的作业、巩固复习所学内容等 9 个方面。课外学习英语为了提高英语水平的占最大比重（43.3%），其次是为了巩固复习所学知识（22.9%）。此外，有学生明确表示英语课外学习活动是为了高考备考，虽然比重只有 5.5%，但这类活动具有明确的高考应试目的，意味着高考英语对部分高中生英语课外学习目的产生了显性影响。除显性影响外，还可以通过一些学习活动目的推知高考英语对学生英语学习活动目的产生了影响，如为了训练做题速度和技巧（11.1%）、为了平时备考（4.0%）等都体现了明显的应试特征。如果连平时考试（如月考、半期、期末考试）都会影响他们的学习目的，作为大规模高风险考试的高考所产生的影响也就可想而知。总之，从学生英语课外学习是为了高考备考和训练做题速度和技巧得知，高考英语对学生英语课外学习活动的目的产生了显性影响。

接下来分析各年级学习活动的目的和原因。高一年级课外英语学习活动为了提高英语水平所占比重最大（49.6%），其次是为了巩固复习所学知识（23.3%），再次是平时备考（8.5%）。对高一学生而言，平时考试如月考、半期、期末考试似乎比高考更现实，更重要，因此他们的学习多是为了平时备考。高二年级课外英语学习活动中，为了提高英语水平的占 36.9%；其次是为了巩固复习，占 22.1%；然后是为了训练做题，占 14.5%，比高一有大幅度增加，为了高考备考比重不大，仅占 6.9%，略高于高一年级。这说明高二年级学生课外英语学习为了高考的比重比高一年级有所增加，但仍然较低。高三年级课外学习活动中，为了提高英语水平占 39.5，其比重仍是最大；其次是为了复习巩固，占 23%，为了训练做题迅速增至 20.9%，为了完成作业占 8.2%，为了高考备考占 7.9%。可以看出，高三学生英语学习仍是为了提高他们的英语水平，为了训练做题的比重明显高于高二，为了高考备考比高二略有增加。

通过对三个年级课外英语学习活动目的和原因的比较发现，在各类学习活动中，为了提高英语水平在三个年级中均占最大比重，其中高一比重最大，占 49.6%；高二和高三比较接近，分别为 36.9% 和 39.5%，表明高一学生的课外英语学习更多的是为了提高自身英语水平。进行课外学习活动为了高考备考在三个年级所占的比重均不大，但呈现高一至高三逐渐增长的趋势，三个年级分别为 2.8%、6.9%、7.9%。训练做题为目的，高一比重较低，仅占 1.9%，高二和高三直线上升，分别为 14.5% 和 20.9%。训练做题通常是为了提高做题速度和准确率，有较强的应试倾向。在高中所有考试中，高考无疑是最受学生关注的考试，随着高考的临近，为了在高考中取得高分，学生愈发重视应试技巧的训练，因此会通过做各类训练题以提高做题速度，提升做题能力。总之，从学生课外英语学习为了高考备考和为了训练做题这两项具有比较显性的备考特征看，高考英语对学生从事课外英语学习活动的动机产生了显性影响，这种影响随年级增加明显增强。

5.4.2.6 学习方式和方法

高中生英语课外活动类型分为常规学习、高考备考、日常交际和娱乐四类。研究者进行课外学习活动类型分析时，主要依据学生使用的学习材料进行归类，如学生使用了高考模拟题或真题材料，则视为高考备考学习活动类型。如学生采用教辅类资料，则归为常规学习。学生在学习活动中采用的方式方法也可以反映高考英语对他们学习产生的影响。学习日志反映出高中生课外进行具体学习活动较多，包括记单词、写作训练、做各种训练题、复习巩固课堂上老师讲授的内容、听歌、做练习、朗读和背诵课文、背名言佳句等。根据研究需要，我们针对典型课外学习活动，如记单词、做各种训练题、复习巩固消化等所采用的学习方式方法对学生课外学习活动进行了统计，具体情况见表 5.22：

表 5.22 高中生主要课外英语学习活动

年级	频次	做训练题或练习题	记单词	复习消化所学	朗读、背诵段落或课文	总计
高一	频次	281	89	47	4	421
	%	66.7	21.1	11.2	1.0	100
高二	频次	130	58	8	2	198
	%	65.7	29.3	4.0	1.0	100
高三	频次	201	102	16	6	325
	%	61.8	31.4	4.9	1.9	100
总计	频次	612	249	71	12	944
	%	64.8	26.4	7.5	1.3	100

表 5.22 显示，三个年级课外英语学习涉及的典型学习活动包括做训练题或练习题、记单词、复习消化所学、朗读或背诵段落和课文。几种典型课外英语学习活动中，做训练题或练习题所占比重最大，达 64.8%，表明做各种练习题基本上是高中生课外进行的主要英语学习活动。这一结果与课堂上教师布置课外作业主要是让学生做各种练习题一致。此外，研究者通过对高三何同学的访谈了解到，由于高考采用这种题型，平时采用做训练题的方式使备考更有针对性，而且做训练题既可以增加词汇量，也能通过做题加深对知识点的理解和掌握。其次记单词占 26.4%，说明记单词成了高中生课外英语学习的主要活动之一，这是由于学生认识到了词汇在英语学习中的重要性，因此他们在课外英语学习中很重视词汇的学习和积累。

表 5.22 显示，高一年级课外做训练题占 66.7%，其次是记单词占 21.1%，复习消化所学占 11.2%。高二年级课外做练习题占 65.7%，比高一略低，但高二课外记单词的比重比高一有较大幅度的增长，达 29.3%，复

习消化所学下降到 4.0%。高三课外做练习题占 61.8%，比高一和高二有所下降，高三课外记单词明显高于高一和高二，说明高三年级更加注重对单词的记忆。因为高三学生即将参加高考，他们意识到词汇在英语学习中的重要性，发现词汇量不足以及词汇掌握不牢极大地影响了他们做题的准确性和速度，因此，高三年级的学生比高一、高二更加注重对单词的学习和掌握。

　　鉴于各具体学习活动涉及方式方法纷繁，对此进行分析时与前面的课外英语学习五个方面呈现的方式略有不同。此处仅根据频次分析高考英语对高中生课外英语学习活动方式方法产生的具体影响，不再统计各方式方法在各年级所占的百分比。学生在学习日志中记录了各类学习活动采用的方式方法。通过对各类学习活动采用的方式方法的分析，发现学生在做训练题和练习题的过程中体现出明显的应试心理。因此，以下主要针对课外学习活动中做训练题和练习题采用的学习方式方法进行分析，以期了解高考英语对高中生做题的方法是否产生了影响以及产生了什么影响（见表 5.23）。

表 5.23　高中生课外英语训练题常用方式和方法

类型	学习方式方法	高一	高二	高三	总计（次）
写作练习	背诵范文和模板，根据模板写作文	/	/	3	3
	做写作微技能上的练习题，如翻译句子，并记短语；分析，翻译，选答案	/	/	2	2
	背诵和默写精美的句子或名言佳句	/	/	5	5
	在规定时间内写作文	/	/	3	3
	自己根据题意或要求写作文	1	1	/	2
	先构思，再写在作业本上	1	/	/	1
	先默读一篇作文，了解大概意思及写作思路，并积累常用"高级"词汇，后尝试复述，分析如果是自己写，自己会怎么写，并作对比	1	/	/	1
	小计（次）	3	1	13	17

续表5.23

类型	学习方式方法	高一	高二	高三	总计(次)
做阅读训练题	按照考试要求定时独立完成	21	/	11	32
	先看问题了解大意，再读文章做题，并在文中圈点勾画，对应题号寻答案或带着问题去文章中找答案，然后核对答案，不懂的最后查字典、勾画出来问老师或看试题解析	14	6	43	63
	通读文章，遇到不认识的生词就查字典或大致浏览选择答案，勾画关键内容，带着问题去文中找答案，再核对答案	28	7	8	43
	边做边勾画重要的提示、生词并查单词	1	3	/	4
	逐字逐句理解，适应较快的阅读速度	/	1	/	1
	在文章中勾画重点句子，找到问题的突破口或正确答案的出处	4	/	/	4
	小计	68	17	62	147
做完形填空题	定时完成，当考试来做	/	14	16	30
	先通读全文，再带入选项读或联系上下文选出答案或再读全文	1	3	19	23
	边看边做—对答案查字典—思考错误处	/	9	9	18
	认真分析考点，然后写选项	2	/	7	9
	边做边勾画生单词，下课后查字典并记在小笔记本上	/	1	/	1
	小计	3	27	51	81
做语法练习题	按照考试的要求进行训练	/	5	6	11
	先读题干，分析和判断考点，然后做题核对答案	/	11	27	38
	先看前面的知识点讲解，再做练习，最后核对答案看解析	3	11	2	16
	熟悉语法题解题技巧	/	/	1	1
	弄清楚自己不懂的词，然后再读题做题	/	/	1	1
	边做边记知识点	/	2	/	2
	小计	3	29	37	69

续表5.23

类型	学习方式方法	高一	高二	高三	总计（次）
做听力训练题	先读题，然后听和回答问题，听完后对答案，错的地方再去看原文材料	153	55	8	216
	心静，集中注意力	/	/	2	2
	由科代表统一播放听力材料，听完后自己核对答案并读听力原文	8	/	26	34
	有不懂的单词则先忽略，关键是要听到问题的答案	/	/	2	2
	把单词通看一遍，再看同步解析与评测上的语法讲解，看完讲解再看错题并分析错因	/	1	/	1
	小计	161	56	38	255
做其它练习	自己先做，独立完成，然后自行核对答案并纠错或看错误的题的解答	38	/	/	38
	先在规定时间内完成作业，再核对答案	3	/	/	3
	审题，根据题意答题	2	/	/	2
	小计	43	/	/	43
合计		281	130	201	612

　　学生做各种训练题具体包括进行写作练习、做阅读训练题、做完形填空题、做语法练习题、做听力训练题以及做其他练习题等。在进行写作练习时，学生采用了"背诵范文和模板，根据模板写作文"，"在规定时间内写作文"等方式。这些体现了较明显的写作应试心理，而且出现在高三年级，他们即将参加高考，说明高考英语对他们的写作练习方式产生了影响。这一点在对学生的访谈中得到了进一步证实。访谈中一名学生说道："在高三阶段，高考前一段时间我会背一些短语、句型，然后通过套用模板方式去写作文，考试时书写规范整齐点就能得到不错的分数。"除了写作训练，在做其他训练题时，他们的做题方式也表现出明显的应试特点，如做阅读训练题时，学生会采用以下方式方法，"按照考试要求定时独立

完成；先看问题了解大意，再读文章做题，并在文中圈点勾画，对应题号查寻答案或带着问题在文章中找答案，然后核对答案，不懂的最后查字典、勾画出来问老师或看试题解析"；做完形填空题时，他们采用的方式如下："定时完成，当成考试题做；认真分析考点，然后填写选项"；做语法练习题采用的方式方法是"按照考试时的要求进行训练；先读题干，分析和判断考点，然后做题核对答案"；做听力训练题时的方式方法是"先读题，然后听和回答问题，听完后核对答案，错的地方再去看原文材料"。学生做各种练习题时采用的方式带有明显的应试特征，把平时的练习都当成考试训练，这样的方式在三个年级都有，意味着从高一开始学生做各种训练题时基本都采用应试的方法。学生在做题时基本都把练习题当考题在做，体现了较强的应试心理。访谈中王同学说道："老师要求我们这样做，因为按照考试要求做，我们就会有一定紧迫感和压力，做练习时会更专注，做完后再核对答案也可以了解自己掌握的情况，还有高考采用了这些题型，平时按照考试要求去做，有助于训练做题技巧。"这说明高考英语对高中生课外做练习题的方式也产生了影响。根据史密斯等（Smith，et al.，1990），对教学方法的负面影响体现为教师会采用与考试一致的题型进行练习。为了提高评分信度，高考英语中绝大多数题都采用了多项选择题，这是日常教学和学生课外训练中常采用多项选择题的重要原因。可见，从学生课外做练习的方式看，高考英语对他们的学习方式产生了负面的反拨效应影响。

5.5 本章小结

本章探究高考英语对高中生英语学习过程的影响。高考英语对学习过程的影响主要从高中生的英语学习动机，课堂英语学习和课外英语学习三个层面进行分析和讨论。

研究者采用对学生实施问卷调查和访谈相结合的方式来探讨高考英语对高中生英语学习动机的影响。学生英语学习动机问卷包括 12 个题项。通过探索性因子分析，研究者发现高中生的英语学习动机包括个人发展动机、人际交流动机和外部要求动机。研究者对学生的英语学习动机进行了具体分析和三个年级的比较，以探究高考英语是否影响了高中生的英语学习动机及其在三个年级的影响差异。研究者还对 6 名高中生就英语学习动机进行了访谈。从对高中生的问卷调查和访谈可以看出，高考英语影响了学生的英语学习动机，其影响在三个年级有所不同，越到高年级，越临近考试，影响越强。研究发现，年级因素、学生的英语水平、学生所处的家庭环境等是促成高考英语影响学生英语学习动机的重要因素。

针对高考英语对高中生课堂和课外英语学习的影响，本研究采用先分析问卷调查结果，然后分析学习日志，从而形成研究结果之间的相互验证或补充的方式。此外，研究者还通过对师生进行访谈对问卷和学习日志中反映出的问题和现象进行了阐释。对课堂和课外英语学习问卷的分析按照因子分析—具体分析—三个年级比较的顺序进行。对学习日志资料的分析采用了 Nvivo 8.0 软件和人工逐条核查相结合的方式计算相应频次。在分析学习日志资料时，考虑到各年级参与学习日志的学生人数不同，且收集到的各年级学习日志篇数存在较大差距，分析时没有比较绝对的频数，而是比较各项目在各年级所占的百分比。

课堂英语学习活动包括 9 个问卷题项，探索性因子分析结果表明，课堂英语学习活动包括"课堂常规学习"和"课堂高考备考"。通过对这两类学习活动的分析发现，高中英语课堂上既进行了常规的英语学习活动，也进行了高考备考活动。由此表明，高考英语对高中生课堂英语学习产生了显性的反拨效应。此外，研究者还通过单因素方差分析比较了高考英语对课堂英语学习的影响在三个年级是否有显著差异。除了问卷调查，本研究还采用学习日志的方法分别从学习活动类型、学习内容、学习材料、作业布置四个方面进行分析和比较，以进一步了解高考英语对高中生英语课堂学习的具体影响以及影响在三个年级之间的差异。结果表明：高考英语影响了高中英语课堂活动类型、学习内容的侧重、学习材料的选择以及教师布置课外作业的类型，而且这种影响在高一年级较弱，高二逐渐增强，高三愈发明显而强烈。

　　课外英语学习活动 18 个问卷题项的探索性因子分析表明课外英语学习活动包括日常交际、常规学习、高考备考、娱乐 4 种类型。可见，高中学习阶段以常规课外学习活动为主，并伴有高考备考活动，日常交际活动极少出现。因此，从学习活动类型看，高考英语影响了学生的课外英语学习。通过单因素方差分析，研究者进一步了解到高考英语对学生英语课外学习的影响在三个年级有显著差异。除了问卷调查，学习日志也被用来详细记录学生课外英语学习情况。课外英语学习日志以学习活动为主线，记录了学习内容、学习材料、学习时间、学习目的和原因以及学习方式等。对课外英语学习日志的分析采用与课堂学习日志同样的分析方法和思路。通过对课外学习日志的分析，研究者认为，高考英语的题型、权重、内容、重要性、试题命题特点、施考次数对学生课外英语学习内容、学习时间的投入、学习材料的选择、学习活动的动机以及学习方式均产生了影响，其影响随着年级的增长、高考的临近逐渐增强。

第六章

高考英语对高中生英语学习结果的影响

6.1　引言

上一章从高中生的英语学习动机、课堂英语学习和课外英语学习出发，探讨了高考英语对高中生英语学习过程的影响。本章将探讨高考英语对高中生英语学习结果的影响。本章总共分 3 小节。6.1 节为引言，介绍本章内容结构。6.2 节分析高考英语对学习结果的影响，采用对学生实施问卷调查和对高中教师进行访谈相结合的方式进行探究，分析和讨论仍按照先因子分析，然后具体分析，最后按照三个年级比较的顺序进行。6.3 节是本章小结，对本章内容进行简要回顾和总结。

6.2　对高中生英语学习结果的影响

6.2.1　英语学习结果量表因子分析

英语学习结果量表采用李克特五级量表，从"1= 完全没有促进作用"到"5= 有很大促进作用"，数值越大说明高考英语对学生英语学习的促进作用越大，即高考英语对学生英语学习结果积极的反拨效应影响也越大。英语学习结果量表有 10 个题项，最大均值为 3.44，最小均值 2.88，平均均值 3.12，表明学生总体上倾向于肯定高考英语对他们英语学习结果产生了促进作用。关于高中生英语学习结果主要涉及哪些维度，研究者对问卷进行了因子分析。

表 6.1　英语学习结果量表的 KMO 测度与 Bartlett 球形检验

取样足够度的 Kaiser–Meyer–Olkin 度量		0.937
Bartlett 的球形度检验	近似卡方	26175.017
	自由度	45
	显著性	0.000

学生英语学习结果量表的 KMO=0.937，Bartlett 球形检定结果显著性 Sig.000，说明数据适宜进行因子分析。通过主成分分析提取了 1 个因子，该因子解释了总变方差的 67.187%。因子成分矩阵与负荷如表 6.2 所示。

表 6.2　英语学习结果量表的成分矩阵与因子负荷

题项	成分
	1
对英语阅读能力的提高	0.871
对英语写作能力的提高	0.851
对英语听力能力的提高	0.843
对英语自主学习能力的形成	0.840
对掌握高中阶段英语单词	0.835
对英语学习策略的形成	0.835
对掌握高中阶段语法知识	0.833
对英语口语能力的提高	0.804
对提升英语学习的自信心	0.764
对跨文化意识的形成	0.709

6.2.2　对英语学习结果影响的具体分析与讨论　▶

尽管因子分析结果显示仅有 1 个因子，然而我们发现 10 个题项中，听、说、读、写属于语言技能，词汇和语法属于语言知识，另外 4 个题项既不属于语言技能也不属于语言知识，我们称其为非语言成分。为了分析的方便，我们拟从语言技能、语言知识和非语言成分3个方面对这10个项目进行具体分析。在对学生问卷调查结果进行分析的同时，本研究还辅以教师访谈对问卷调查结果进行了交互验证或补充。表6.3数据显示，语言知识均值最大（M=3.37），其次是语言技能（M=3.21），非语言成分均值最小（M=2.91）。数据表明，高中生认为高考对他们语言知识的促进作用更大，其次是语言技能，对非语言成分的促进作用较小。

表6.3　对高中生英语学习结果影响的描述性统计结果

类型	题项	均值	标准差
语言技能	对英语听力能力的提高	3.27	1.161
	对英语口语能力的提高	3.04	1.187
	对英语阅读能力的提高	3.33	1.180
	对英语写作能力的提高	3.21	1.177
	均值	3.21	1.176
语言知识	对掌握高中阶段英语单词	3.44	1.187
	对掌握高中阶段语法知识	3.30	1.217
	均值	3.37	1.202
非语言成分	对提升英语学习的自信心	2.91	1.244
	对英语自主学习能力的形成	2.93	1.192
	对英语学习策略的形成	2.90	1.180
	对跨文化意识的形成	2.88	1.167
	均值	2.91	1.196

注：1=完全没有促进作用　　2=几乎没有促进作用　　3=有一些促进作用
4=有较大促进作用　　5=有很大促进作用

（1）语言技能

在语言技能中，阅读技能的均值最大（M=3.33），表明高中生认为高考英语对他们英语阅读能力的促进作用最大，这一点在对教师的访谈中得到了证实。访谈中6名教师一致认为高考英语在提高学生英语阅读能力方面扮演着重要角色，促进了学生英语阅读能力的提高。研究者通过访谈了解到，阅读在高考英语中占比近30%，阅读理解得分影响了高考英语的总分。其次，对于外语学习而言阅读也是最主要的语言输入渠道，阅读训练不但可以扩大学生的词汇量，巩固他们所学的语法知识，还可以帮助他们提高在高考英语其他题型中的得分，如通过对阅读的训练可以提高完形填空的得分率。因此，从高一年级开始无论是课堂还是课外师生在教学中都非常重视阅读理解的训练。

调查结果也显示，学生赞同高考英语促进了他们听力能力的提高（M=3.27），这一结果与其中5位受访教师的观点一致。访谈中这5位教师认为，高考要考听力平时他们就会重视听力训练，尤其是高考英语听力实施改革后，教师和学生对听力的重视程度比以前大大加强，很多学校从高一就开始进行听力训练，学生的听力水平在这个过程中得到了较大提升。访谈中林老师认为，高考考什么，他们就去练什么，如考听力，就会去重视听力，听力一年考两次后他们比以前更重视。在他看来哪怕是为了应付考试去训练，学生在这个训练过程中也有较大进步。然而，访谈中罗老师认为高考对学生的听力没有促进作用。她认为为了获得更高的听力考试分数，一些学校甚至从一年级就开始听力训练，同样的题型学生训练了差不多三年，长时间单调乏味的训练使得学生对听力训练厌倦甚至反感。访谈结果表明，施考次数的增加会增强考试的影响强度并延长考试影响的时间，同时也反映出日常的听力训练完全是以高考为导向的应试训练。

与阅读和听力技能相比，学生认为高考对他们写作能力的促进作用较小（M=3.21）。访谈中有4位教师认为高考对学生的英语写作有促进作用。如访谈中曾老师谈道：

"写作的促进作用应该是比较突出的，日常教学基本都是围绕考点进行。在高中，阅读和写作是重头戏，我们这两个模块练得最多。"

然而，有两名教师认为，高考英语对写作没有促进作用或者促进作用很小。其原因在于他们认为高考的书面表达题很简单，平时在教学中不需要过多关注，到高三时他们会让学生背诵一些范文或句型，进行考前模式化训练就可以得到不错的分数。教师认为他们所做的一切都是为了让学生在考试中取得满意的分数，学生在写作方面的能力并没有得到真正的提高，因此他们认为高考英语对促进学生写作的作用很小。罗老师在访谈中说道：

"高考的写作在我们看来就像八股文。第一篇是议论文，提供一些文字材料和图画发表自己的感想。我们在考试前像八股文那样去教。第一句写什么，第二句写什么，第三句写什么。想办法怎么写可以得到高分。第二篇是半开放性作文，基本上是提供一些要点，翻译一下，很简单，写了三年，你必须这样练，练得学生都不爱写。由于长期这样训练，使得学生对写作缺乏热情和兴趣，因此对学生的写作能力基本没有什么促进作用。"

调查表明，高考英语对学生口语能力也有一些促进作用（M=3.04）。相对其他三项语言技能，学生认为高考英语对口语的促进作用最小。访谈中尽管有 5 位教师肯定了口语在语言学习中的重要性，然而由于高考不考口语或者口试不计入高考总分，他们在平时的教学中很少或者基本不重视口语训练，因此他们认为高考英语对学生英语口语的促进作用很小。正如林老师所言：

"高考对口语没有多大促进作用，尽管口语很重要，但是不敢放手去做，毕竟时间有限，有高考的压力，高考不考口语，去练习口语没有什么作用，也得不到展示，如果花时间去练，就偏离了高考内容。"

以上访谈表明，教师的教学有很强的应试性。这一结果证实了先前研究的发现（如 Kane，Case，2004），即考试不考的内容在教学中就不会受到重视甚至被忽视。然而，访谈中黎老师认为，高考是否考口语，或者口语是否计入高考英语总分对他们的教学几乎没有影响，他所在学校对口语一直都很重视。黎老师所在的学校是重庆市最好的中学之一，学生的整体英语水平较高，学校人才培养的目标是为国内外著名高校输送优秀人才，他们不只着眼于高考，还很注重培养学生的语言运用能力。黎老师在访谈中这样说道：

"高考不考口语，我们依然会重视口语。我们学校高一还有专门的外教教口语。我们学校一方面要抓高考，因为要参加高考，学生肯定会去关注高考要考的那些内容。另一方面，我们也要抓学生语言能力的运用，口语是语言能力运用中很重要的部分，我们学校不会只关注考试，而忽视语言能力。很多学生心里也很清楚，语言需要交流，中国将更加国际化，学生也会主动加强口语练习。有的学生还在咨询我需不需要去补口语，问我怎么练口语、补口语。整体上，高考英语考不考口语对我们大部分学生没有很大影响，但还是有个别学生觉得不考口语就不去关注和重视。"

这一研究发现与当前普遍认同的有关考试考什么，教师就教什么，学生就学什么的观点并不相符，这说明考试对教与学是否产生影响还会受学校类型、学校办学理念、教师观念、学生水平等因素的影响。

（2）语言知识

调查结果显示，学生认为高考英语促进了他们对词汇的掌握（M=3.44），这一结果在对教师的访谈中得到了证实。访谈中教师们一致认为词汇是英语学习的基础，高考英语中的任何一个考题都离不开词汇，因此，他们在教学上非常重视对词汇的教学。

调查表明，学生认为高考英语促进了他们对英语语法知识的掌握（M=3.30）。访谈中有5名教师认为高考英语对语法学习有促进作用。他们表示，由于高考英语要考语法，所以他们在教学中就会针对语法进行多轮复习。然而，罗老师认为高考对学生语法知识的掌握没有促进作用。问其原因，罗老师认为，为了备考学生不得不针对同样的题型训练几年，学生学得很死板，学习完全围绕高考进行，花了许多时间却仍然没能很好地掌握语法。正如访谈中罗老师所言：

"高考不但对语法没有多大促进作用，对学生的英语学习还产生了错误的导向。高考英语涉及 15 个单选题共计 15 分，主要侧重语法，学生没有理解考试的实质，认为学语法就是为了这 15 道题，把学习重点放到这 15 道题上去，把语法学得很死，花了好多时间去死记那些规则，考试时还是不会做。"

罗老师强烈建议高考英语取消语法考试题。她指出，高考中如果没有那 15 个语法题，学生就会在听、说和阅读中学习那些语法知识，不需要花很多时间去死记语法规则，这样的话教学效率会高得多，也能从根本上让学生重视听、说、读、写，他们在教学中也不必像过去那样过度强调语法知识，高考复习时也不必花太多时间进行语法专题复习。

（3）非语言成分方面

调查结果显示，非语言能力方面均值为 2 ～ 3，其中最小值 2.88，最大值 2.93，均接近 3，表明学生倾向认为高考英语对学生英语学习自信心的树立，自主学习能力，学习策略以及跨文化交际意识的形成有一些促进作用。访谈得知 6 位老师一致认为高考英语是否促进学生英语学习自信心，自主学习以及学习策略的形成主要取决于学生的英语水平。如访谈中罗老师谈道：

"高考英语对少数英语成绩好，有语言天赋的学生的自信心有促进作用，对多数学生，尤其是来自农村的学生的自信心不但没有促进作用，还严重影响甚至挫伤了他们学习的热情和自信心，因为有些农村学生其他科成绩都很好，就是英语学不好。"

有关高考对学生自主学习能力和学习策略形成的方面，黎老师这样认为：

"基础比较好的同学，高考会促进他们自主学习，有时候即使老师没有要求他去做，他们也会主动去做，去练习。比如，我没有要求他们写作文，他们也会主动写，并让我给他们批改，而且这部分成绩较好的同学还会在学习过程中形成自己的学习策略和方法。对这部分学生，高考确实有促进作用；而对成绩较差的同学，心思没在学习上面，高考对他们几乎不会有促进作用，能够完成老师布置的任务就很不错了，很少主动去学。"

此外，黎老师也认为高考能否促进学生自主学习和学习策略的形成还与教师的教学理念和教学方法有关。他这样说道：

"如果老师比较注重培养学生这方面的能力，那么他会以高考为契机引导并逐渐培养学生的自主学习能力，让学生在学习过程中不断总结，形成自己的有效的学习策略和方法。"

有关高考英语对学生跨文化交际意识的促进作用，访谈中的6位教师都认为高考英语对形成跨文化交际意识方面促进作用较小。访谈中有教师认为，现在的高考英语主要还是考查知识运用，对文化背景、习俗等没有重视。然而，即使高考不涉及跨文化知识，黎老师所在的学校在教学中仍然很重视跨文化意识的培养，并且教师会在课堂上补充这方面的知识。这再次说明，学校的教育理念和培养目标会影响考试反拨效应的产生。

6.2.3 对英语学习结果影响三个年级的比较

高考英语对高中生英语学习结果的影响在三个年级是否有差异详见表6.4。

表6.4 高考英语对高中三个年级学生英语学习结果影响比较

类型	问卷题项	高一	高二	高三	Sig.	多重比较		
						高中一、二	高中一、三	高中二、三
语言技能	对听力能力的提高	3.39	3.22	3.14	0.000	0.003	0.000	——
	对口语能力的提高	3.17	2.94	3.00	0.000	0.000	0.007	——
	对阅读能力的提高	3.40	3.22	3.38	0.000	0.001	——	0.009
	对写作能力的提高	3.24	3.08	3.34	0.000	0.004	——	0.000

续表6.4

类型	问卷题项	高一	高二	高三	Sig.	多重比较		
						高中一、二	高中一、三	高中二、三
语言知识	对掌握高中阶段单词	3.54	3.33	3.44	0.000	0.000	——	——
	对掌握高中阶段语法知识	3.44	3.19	3.24	0.000	0.000	0.002	——
非语言成分	对提升英语学习的自信心	3.02	2.79	2.90	0.000	0.000	——	——
	对英语自主学习能力的形成	3.02	2.83	2.94	0.000	0.001	——	——
	对英语学习策略的形成	3.00	2.80	2.89	0.000	0.000	——	——
	对跨文化意识的形成	2.92	2.82	2.88	0.118	——	——	——

表6.4数据均值显示，仅题项"对写作能力的提高"高三均值最大（M=3.34），其次是高一（M=3.24），高二最小（M=3.08），其余题项均反映出高一大于高三、高二最小的特点。单因素方差分析显示，除了题项"对跨文化意识的形成"（P=0.118），其余项目P值均为0.000，说明这些项目在三个年级之间均存在显著差异。

在语言技能4个项目中，高一年级学生比高二和高三年级更倾向于认为高考英语促进了他们听力和口语能力的提高。因为高一年级常规教学包括听力和口语，练习频繁，高考备考相应较少，这一点在第五章中已得到证实。然而，随着高考的临近，由于口语成绩不纳入高考英语总分，口语在平时教学中受到的关注越来越少，因此学生认为高考对一年级口语促进作用大于二、三年级。尽管高考要考听力，但由于高考听力考试实施改革后，听力在高三第一学期和第二学期初进行，学生一旦考完听力，就不再练习，因此出现了高三听力训练减少的现象。结果还显示，高一和高三年级比高二年级更认同高考英语促进了他们阅读和写作能力的提高的观点。这可能是由于对高一学生而言，高考这个学习目标激发了他们的学习动力，因此他们对高考的认可度普遍较高。经过两年的学习后，在学习上出现了一种疲软状态，加之高考给他们带来的压力，因此他们对高考促进作用的认可程度有所降低。随着高三开始全面系统备考，他们感觉自己在阅读和写作方面有一些提高，因此他们对于高考英语对他们阅读和写作能力的促进作用的认可度又有所提高。

在语言知识中对掌握词汇和掌握语法方面呈现高一年级学生比高二年级学生更认同高考英语对他们学习的促进作用的特点。换句话说，学生认为高考在词汇和语法方面对高一的促进作用显著大于高二和高三。高一年级距离高考比较远，因此高一课堂和课外主要进行常规教学。在高二和高三，高考逐渐临近，高考备考行为逐渐增加甚至代替了正常的教和学。相对于常规学习，高考备考对学生英语学习结果的促进作用较小已被相关研究所证实（如 Dong，2020）。

在非语言成分中，"对提升英语学习的自信心""对英语自主学习能力的形成""对英语学习策略的形成"3 个题项均呈现一致的特点，即高一显著大于高二年级。其原因同样是学生进入高中学习后，高考使他们有明确的学习目标，激发了他们英语学习的动力，因此他们对高考总体上持积极的态度。随着学习进程的推进，长期频繁的应试备考活动使得学生对考试的认可度逐渐降低。从对教师的访谈可以得知，考试对学生英语学习是否有促进作用以及有多大促进作用主要与教学观念、教学方式、学校办学理念、学校类型以及学生水平等因素有关。

6.3 小结

　　本研究将高考英语对学习结果的影响界定为高考英语对高中生英语学习是否产生了促进作用。如果高考英语促进了学生英语能力的提高，我们就认为高考英语对他们的英语学习结果产生了积极的反拨效应影响。为此我们采用对学生进行问卷调查和对任课老师实施访谈相结合的方式。对问卷的分析同样按照先进行探索性因子分析，然后根据因子分析结果进行具体分析，最后进行三个年级比较的顺序进行。尽管探索性因子分析表明这10 个题项属于一个因子，为了分析的方便，我们根据对语言技能和语言知识的一般界定，从语言技能、语言知识和非语言成分 3 个方面对学习结果的 10 个问卷题项进行了具体分析。在进行具体分析时，我们还结合了对 6 名高中英语教师的访谈进行验证和补充，然后通过单因素方差比较高考英语对三个年级学生学习结果的影响是否有差异，并分析其差异的具体体现。

第七章
结论与启示

7.1 引言

第四章到第六章按照研究问题的顺序依次对数据进行了分析与讨论，第七章为结论与启示部分。本章共分 6 节。7.1 节为引言，介绍本章内容结构。7.2 节总结研究主要发现并得出研究结论。7.3 节结合研究发现提出本研究在理论和实践方面的启示。7.4 节阐明本研究的创新之处。7.5 节分析本研究的局限性。7.6 节指出未来研究的方向。7.7 节对本章进行小结。

7.2 主要研究发现与结论

本研究旨在探讨我国最大规模的高风险考试——高考——对高中生英语学习的影响。根据研究框架和研究目的，研究者提出了三个研究问题。第四章至第六章通过问卷调查、学习日志和师生访谈的方式对三个研究问题进行了逐一分析和讨论。以下按照研究问题的顺序对研究发现进行总结。

研究问题 1：高中生怎样认识高考英语？是哪些因素促成了他们对高考英语的认识？

关于高中生怎样认识高考英语，本研究通过对学生实施问卷调查并辅以访谈的方式进行回答。结果表明，高中生对高考英语基本持肯定态度，如认为高考英语基本能有效检测他们在高中阶段的英语学习情况，较科学客观地反映他们的英语水平，而且还肯定了高考英语对他们英语学习带来的积极反拨效应影响以及高考英语在他们学习和生活中的重要性。调查结果也显示，高中生认为高考英语对他们的英语学习也带来了负面的影响。如高考使他们的英语学习内容单一，学习范围狭窄，学习带有很强的目的性和功利性，为试而学的现象较普遍。根据研究发现可以初步得出如下结论：高考英语对高中生英语学习既产生了正面的反拨效应影响，也产生了负面的反拨效应影响，而且负面反拨效应影响大于正面的反拨效应影响。通过比较三个年级学生对高考英语的认识，研究者发现：三个年级学生对高考英语的认识既有一致的地方，如认为高考英语是他们英语学习的主要动力，高考英语中取得好成绩对于他们考上心目中大学很重要；三个年级学生对高考英语的看法也存在显著差异，其差异表现为越到高年级，越临近高考，学生对高考英语的正面影响和重要性的赞同程度越低，对高考英语负面影响的赞同程度越高。

调查了高中生对高考英语的认识后，研究者还通过问卷调查了解了影响学生对高考英语认识的因素。结果表明，高考备考策略、高考命题设计、相关个人对高考英语的看法和态度，以及高考英语相关政策及其实施都会影响学生对高考英语的认识。在这些影响因素中，高考英语相关政策影响最大，其次是高考英语命题设计和高考备考策略。与这三个因素相比，相关个人对高考英语看法的影响相对较小。通过对影响因素的比较研究者发现，绝大多数影响因素在三个年级中没有显著差异，意味着三个年级的学生对多数影响因素持一致的认识。

研究问题2：高考英语对高中生英语学习过程产生了什么影响？

高考英语对高中生英语学习过程的影响分别从学生英语学习动机、课堂英语学习和课外英语学习三个方面进行分析。关于高考英语对高中生英语学习动机的影响，研究者采用对学生实施问卷调查和访谈相结合的方式进行了分析。关于高考英语对课内和课外英语学习的影响，本研究采用了问卷调查、学习日志和师生访谈相结合的方式进行了探究。以下分别从英语学习动机、课堂英语学习和课外英语学习三个方面总结高考英语对高中生英语学习过程的影响。

研究结果表明，高中生的英语学习动机既有促进自身发展，也有基于外部要求如高考驱使的目的，实现人际交流的目的较弱。除了缺乏人际交流环境外，高中英语学习的主要目标是在高考中取得好成绩以考上理想大学是导致此现象的重要原因。因此，从高中生英语学习动机类型来看，高考英语影响了高中生英语学习的动机。通过对三个年级学生英语学习动机的分析与比较，研究者发现高一年级更关注个人发展，高二、高三年级学生英语学习更多是由于英语是高考必考科目。这意味着高考英语对高二和高三学生动机的影响比高一强，高三最强。

课堂英语学习的问卷调查结果表明，在课堂上学生既有常规学习活动，也会进行高考备考活动。课堂学习活动的类型可以说明高考英语对高中课堂英语学习产生了显性的反拨效应影响。通过对三个年级课堂英语学习活动的比较，研究者发现，课堂常规学习活动频次从高一到高三依次减少，而课堂高考备考频次呈现高一至高三依次递增的特点。这表明高考英语对高中生课堂英语学习的反拨效应影响会随着年级升高而加大。值得一提的是，即便是课堂常规学习活动仍隐含了高考备考意图，体现了高考备考思想，说明高考英语对高中英语课堂学习还产生了隐性的影响，这种隐性的影响融合在一些常规的学习活动中。此外，本研究还从学生课堂学习活动类型、学习内容、学习材料以及老师在课堂上布置作业的类型对学生课堂学习日志进行了分析。结果表明，高考英语影响了课堂英语学习内容的侧重、学习材料的选择、老师布置课外作业的类型等，且这种影响随着年级升高而增加，尤其在高三年级，备考活动愈发频繁，反拨效应影响明显增强。

课外学习活动问卷调查结果发现，学生在课外主要进行日常交际、常规学习、高考备考和娱乐性学习活动。从学生课外从事的活动类型可以看出，高考英语对高中生课外英语学习产生了显性影响。通过对三个年级各类学习活动频率的比较，研究者发现高一年级进行常规学习活动的频率显著高于高二和高三。高考备考学习活动频次随年级升高依次递增，这一结果与课堂学习的结果一致，说明随着高考的临近，高考备考活动会更加频繁，高考产生的反拨效应影响也在不断增强。课外学习日志数据包括课外英语学习活动类型、学习内容、学习时间、学习材料、学习活动目的和原因、学习方式6个方面。日志数据结果表明，高考英语影响了学生课外英语学习活动类型、学习内容的侧重、学习时间的投入、学习材料的选择、学习活动从事的目的和原因以及学习方式方法的偏爱。其影响同样随着年级升高而加大，高三尤为明显。

研究问题3：高考英语对高中生英语学习结果产生了什么影响？

高考英语对高中生英语学习结果的影响被界定为高考英语对高中生英语学习是否产生了促进作用。研究者采用对学生实施问卷调查和对教师实施访谈相结合的方式对这一问题进行了研究。研究表明，高考英语对高中生英语学习结果的不同方面均有不同程度的促进作用。其中，对学生英语语言知识的促进作用大于语言技能，对语言技能的促进作用大于非语言成分。在英语语言知识方面，高考英语对词汇的促进作用大于语法。在语言技能方面，对阅读和听力技能的促进作用大于写作，对口语的促进作用最小，对非语言成分的促进作用均较小。通过对三个年级的比较还发现，多数题项反映出高考英语对高一学生英语能力的促进作用大于高二和高三。这说明高考英语对高一学生英语学习结果的反拨效应影响更强，随着年级升高，应试备考活动愈发频繁，学生的应试心理也越来越重，从而导致他们对考试产生了厌倦或反感的情绪，最终影响了学习效果。结果还显示，高考英语对学生跨文化交际意识的形成在三个年级没有显著影响，高考英语对高三学生英语写作能力的促进作用大于高一和高二。

总之，无论是学生对高考英语的认识，还是他们的学习过程和学习结果，均表明高考英语对其产生了反拨效应影响，其影响既有正面的也有负面的，既涉及课内也涉及课外，并且贯穿整个高中阶段；在高一、高二年级影响呈隐性且相对较弱，在高三年级影响明显而强烈。本研究也发现，高考的风险程度、考试的试题设计、高考英语相关政策、考试内容、考试权重、考试的施考次数、考试的重要性、考试题型、学校的办学理念、学校层次、教师教学理念和方法、教学经历、学生英语水平、学生学习经历、学生的家庭条件、学生和老师对考试的认识等都会影响考试反拨效应的产生、性质和强度，从而促成了考试反拨效应的复杂性。除较全面、详细地回答了以上三个研究问题外，本研究收集的数据还能就反拨效应研究普遍关注的维度，如反拨效应的性质、强度和持续的时间做出回答。

关于高考英语反拨效应的性质在本研究中有三个判断依据。第一个依据是学生对高考英语认识的调查结果。结果表明：高考英语使学生英语学习目标明确，是高中生英语学习的主要动力，也使学生只关注考试要考的内容和应试策略训练，从而导致学习范围狭窄，应试思想严重，学习的功利性很强。这表明高考英语对高中生英语学习既产生了正面的影响，也产生了负面的影响。第二个依据是对学生学习过程的分析。结果发现，高考英语激发了部分学生英语学习的热情、学习动机、学习自信，促进了学生学习时间的投入、自主学习意识的形成、学习方式方法的反思与改进等。由此我们认为，高考英语对学生的英语学习产生了正面的反拨效应影响。此外，我们也发现，高考英语也使得正常教学时间大大减少，学习范围狭窄，学习方式单一，学生关注应试技巧训练，减少或忽略与考试无关的内容和材料，为试而学，应试现象严重。根据库利（Cooley，1991）、科比特和威尔逊（Corbett，Wilson，1991）对反拨效应性质的界定，可以得出高考英语对高中生英语学习过程产生了负面的反拨效应影响的结论。第三个依据是高考英语对高中英语学习结果的影响。如果高考英语对高中生英语学习有促进作用，我们就认为高考英语反拨效应的性质呈正面。通过对学生的问卷调查和老师的访谈得知，高考英语对学生的英语听力、阅读、口语、写作、词汇、语法方面能力的提高，以及对学生学习自信心的树立、自主学习意识、学习策略和跨文化交际意识的形成等都有一定促进作用。但由于受考试内容、考试权重、考试题型、施考次数、学生水平、学校办学理念、教师教学理念、教师教学方法等因素的影响，考试对不同学生的语言技能、语言成分以及非语言成分的促进程度有所不同。换句话说，考试反拨效应的性质受多种因素的影响。即使是相同的考试，对一些学生产生正面的反拨效应，而对另外的学生可能产生负面的反拨效应。总之，通过分析学生对高考英语的认识，学生英语学习动机、课堂和课外英语学习以及学习结果，研究者发现高考英语既对高中生英语学习产生了正面的反拨效应，也产生了负面的反拨效应影响，而且多种因素调节了高考英语反拨效应的性质。

本研究对象是高中阶段三个年级的学生，每所学校在各年级选取的班级层次、班级数量方面基本一致，意味着如果把各年级视为同质群体，我们可以得知高考英语反拨效应持续时间的长度。如高考英语对高一、高二、高三年级学生英语学习都产生了反拨效应影响，我们可以认为高考英语对高中学生英语学习的反拨效应影响持续了三年。通过对三个年级学生对考试的认识、学习过程、学习结果的分析和比较可知，高考英语影响了学生整个高中阶段的英语学习，其影响在高一、高二较弱，在高三年级随着高考的临近影响明显增强。

高考英语影响范围较广，既涉及课内也涉及课外，涉及层面较多。对课堂英语学习的影响体现在学习活动类型、学习内容的侧重、学习材料的选择、课堂上教师布置课外作业的类型上。课外学习活动的影响体现在学习活动类型、学习内容的侧重、学习材料的使用、学习时间的投入、学习活动的目的和原因、学习方式方法的选择等。根据程李颖（Cheng, 2005）对反拨效应强度的界定，反拨效应的强度与涉及范围有关。此外，高考备考持续时间长且备考活动频繁，我们认为也是反拨效应强度的一个表现。研究发现，高考英语影响了学生在整个高中阶段的英语学习，尤其在高三年级，无论是课内还是课外学生的英语学习都伴随着各种高考备考活动。因此，从高考英语涉及的范围、层面、影响持续的时间以及高考备考活动频繁程度来考察，研究者认为高考英语对高中英语学习产生了很强的反拨效应，其强度在不同年级有所不同，高一相对较弱，高二逐渐增强，高三强度急剧增加。

7.3 研究启示

本研究采用问卷调查、学习日志、师生访谈相结合的方式，探究了我国高考英语对高中生英语学习的反拨效应，具体分析了学生对高考英语的认识及影响因素、高考英语对学生学习过程和学习结果的影响。基于上述结论，本研究对反拨效应理论研究和实践应用有如下启示。

（1）理论启示

为更好地指导当前研究，以休斯（Hughes，1993）、贝利（Bailey，1996）和史志民（Shih Chih-min，2007）反拨效应模型为基础，借鉴相关实证研究成果，结合研究目的，研究者构建了本研究概念框架。根据该框架本研究探讨了学生对高考英语的认识以及影响他们认识的因素、高考英语对学生英语学习过程的影响、高考英语对学习结果的影响。基于研究结果，本研究还对反拨效应的差异性、性质、影响时间和强度进行了探讨。基于较丰富的实证材料，本研究既对先前的理论假设和研究发现进行了证实和补充，也对本研究概念框架进行了局部验证，因此本研究对丰富和发展反拨效应理论模型、拓宽反拨效应研究视角具有积极意义。

（2）实践启示

除了在理论方面的启示，本研究还为高中生英语学习、高中教师英语教学、高考英语考试命题、高考英语考试组织实施提供了如下启示。

①对高中生英语学习的启示。

研究发现，无论是学生对高考英语的认识，还是他们在课内和课外学习的表现，均反映出很强的以考试为目标的为试而学的心理。具体表现为

"不考就不学"，如不考口语就不重视口语；"考完就不学"，如高考听力考试结束后学生几乎不再进行听力练习；"怎么考就怎么学"，如通过短期突击方式训练写作以提高分数；"学习活动单一，学习方式机械"，如学习活动基本集中在记单词和机械重复地做各种练习题上。如果学生把考试当成学习目标，他们在平时的英语学习中就必然会想尽一切办法获得高分，就会更注重应试技能训练而忽视语言能力的提升，从而导致其学习范围狭窄，学习方式机械，学习过程乏味，也就难以产生持久的学习动力和热情。研究还发现，学生认为在高考中取得好成绩可使他们在同学、家长、老师面前有面子。这表明中国传统的面子观念对部分高中生英语学习产生了影响，也反映出这部分学生英语学习不是来自内在的动力，而是受外部动机驱使。因此，在态度上学生应树立积极的长效的学习观，正确对待考试，充分利用考试的导向功能促进自己的学习。在学习过程中学生可以根据自己的实际情况积极参加并丰富课外英语学习活动，多渠道、多方式学习英语，如观看语言难度适中的英文电影、电视节目，听英文歌曲，阅读英文读物，浏览英文网站，有条件的学生可以加强与英语为母语的人士的交流，把英语学习与日常生活结合起来。

对学生英语学习动机的调查发现，学生英语学习更多是基于个人发展和外部要求的驱使，交际动机较弱。英语学习的目的主要是实现交际需要，如果语言学习过多关注外部要求，容易导致学生在语言学习过程中产生较强的功利性，使学生为学而学，为试而学，失去语言学习本身的意义。因此，在日常英语学习中，学生应有意识地参与一些交际活动，增进师生、同学之间的交流。研究还发现，学生想了解英美国家文化和习俗的愿望不强。语言和文化密不可分，要真正掌握一门语言，离不开对目标语文化和习俗的了解。因此，在日常英语学习中，学生可以通过观看电影、电视，阅读和互联网等渠道增强对英美文化的了解从而促进英语学习。研究表明，学生英语成绩是影响英语学习动机类型的主要因素。英语成绩越好，其学习动机类型越多样，越注重人际交流动机；英语成绩越差，就越容易出现"为试而学"的被动局面。因此，学生应努力提升自己的英语水平，加强英语学习兴趣，增强英语学习动机，从而实现英语学习的良性循环。

②对高中英语教学的启示。

对绝大多数中国高中生而言，英语学习最直接、最重要的渠道是课堂教学。这意味着英语教师对学生英语学习的影响是最直接、最重要的。已有研究表明，教师对考试的态度以及教师的教学理念、教学方法、教学经历、教学态度会在很大程度上影响学生对考试的看法，学习态度，学习内容、学习材料的选择，学习时间的长短，学习方式方法，学习动机以及学习结果等，如安德鲁斯等（Andrews et al.，2002）、亓鲁霞（Qi，2004）、程李颖（Cheng，2005）、辜向东（Gu，2007），而且这些发现在本研究中也得到了进一步证实。学生英语学习反映出的问题也间接反映了教学中存在的问题。因此，以上针对学生英语学习的启示对教师的英语教学也有参考和借鉴意义。

针对学生英语学习动机主要关注自我发展和外部要求、人际交流动机较弱的情况，在日常教学中教师应有意识地创设一些交际环境，设计一些交际活动，鼓励学生积极参与，激发学生英语学习的人际交流动机。有关英语学习过程中学生对英美文化和习俗不太重视的问题，教师在日常教学中应多向学生灌输文化在语言学习中的必要性和重要性，而且还应结合教学内容选择一些反映英美国家文化和习俗的题材，增进学生对英美文化的了解，实现语言和文化的融合，让学生通过语言学习了解文化习俗，通过了解文化习俗促进语言学习。

研究发现，教师在教学中反映出很强的为试而教的心理，课堂教学基本围绕考试转，高考成为教学的指挥棒，表现为高考考什么就教什么，不考就不教；高考怎么考就怎么教。如高考不考口语，高中阶段就基本不重视口语的教学；写作教学在高一和高二课堂上很少涉及，在高考前才开始突击并对学生进行模式化训练。因此，在日常教学中教师首先应树立正确的教学观和考试观并引导学生正确对待考试，把考试视为教学检测的一种工具，而不是教学的最终目标，关注学生长期的可持续发展。

研究发现，教师布置的课外作业基本上是让学生做各种训练题。适当做练习有助于巩固所学知识，但长期机械地做各种训练题不但会限制学生思维的发展，不利于学生英语学习能力的提高，还会使学生对英语学习产生反感和恐惧。如教师让学生在课外长期大量做听力模拟训练题，这种训练方式在高中持续近三年，使得很多学生对听力产生了反感甚至厌恶的心理。因此，教师应转变教学观念，充分利用丰富的媒体资源，积极思考和探索新的教学方法，拓宽学生学习渠道，丰富学习内容，采取多样化的教学方式激发学生学习兴趣，增强教学效果。

研究还发现，有的老师教学观念落后，教学方法陈旧，教学效果不太理想。即使有教师意识到了这些问题，由于害怕冒险和承担责任，他们也不敢去尝试和创新教学方法。还有的教师由于对考试缺乏正确的认识，把教与学中的一切问题都归结为考试需要，忽略教师和学生在教与学中的主导地位。比如，高考英语听力一年考两次，从高一开始重视听力训练是好事，然而，重视听力训练并不仅仅是让学生从一开始就进行与高考题型一致的题海训练。教师宜采用鲜活的生活素材，通过广泛的渠道和多样的方式去训练学生的听力。如让学生听一些有声读物、观看英文电影等，然后在考试前一两个月进行考前模拟训练，让学生熟悉考试题型、难度、速度即可。如果完全为考而教，让学生针对同样的题型训练几年，使学生产生厌倦和反感的心理，不但会浪费学生学习时间，达不到预期的效果，还会适得其反。因此，我们建议教师转换观念，大胆创新，改进教学方法，积极探索有利于学生的教学方式，保证教学效果。

③对高考英语命题的启示与建议。

研究中学生反映高考英语的客观题比重较大，猜测成分较多，使得考试不能较全面客观地反映学生的英语水平。因此，我们建议以后的高考英语在确保较高的信度和效度的同时，进一步提高命题的科学性，适当降低客观题比重，使考试能更科学全面地反映学生英语水平。

尽管书面表达（写作）在高考英语中占了较大比重，仅次于阅读，然而课内外写作基本都不受重视，师生们也认为高考英语对学生英语写作能力没有太大的促进作用。究其原因，除了受师生对写作测试认识的影响外，还与高考英语写作命题模式化、写作部分提供过多写作要点以及写作评分标准不够明确和科学有关。因此，我们建议高考英语写作在命题时应最大限度地提高命题的科学性、评分的合理性，充分发挥考试对教与学正面的反拨效应。

高考英语可以考虑取消用单项选择题来考查语法知识的方式，这样可以让教师和学生从死记语法规则中解放出来，引导教师和学生将语法知识的学习融入日常英语听说读写训练，优化语法知识的学习效果和效率。

研究还发现，高考英语对学生跨文化交际意识的形成促进作用较小，一些教师甚至认为几乎没有。这主要与考试对文化背景知识的考查较少有关。语言是文化的载体，语言学习离不开对文化背景知识的了解和掌握。我们建议在选择试题的素材以及进行试题设计时把文化背景知识作为考虑的因素。

总之，归结于高考英语在高中英语教与学中强大的导向功能，高考英语试题命制者在命题时应充分利用考试的导向功能使高考服务好教与学。考试命题要体现科学的理念，确保较高的命题质量，完善考试形式，发挥考试积极的反拨作用功能，克服或减少其消极的不利影响。

④对考试组织实施的启示与建议。

由于高考不考口语或口试成绩不计入高考总分，课堂内外几乎没有进行口语训练，从而导致高考对口语促进作用较小。口语是语言能力的重要组成部分，口语考试的实施不但能全面检测考生的英语语言能力，还能对教学起到良好的导向作用。智能语音技术的迅猛发展使得人与机器之间的沟通变得像人与人沟通一样简单，针对大规模英语口语考试实施机考已成为可能。因此，建议高考英语口语考试在全国范围内全面实施并把口语成绩计入高考英语总分。

研究还发现，高考英语听力实施一年两考后，教学中对听力的重视程度明显增强。这预示着高考英语实行一年两考后，学校、教师和学生对英语的重视程度也会不断加强。高考英语实施一年两考不仅可以给学生多一次考试机会，有助于减少考生心理压力，避免因紧张导致学生不能充分发挥英语水平，还可避免一考定终身的弊端，有利于高校选拔合格人才。对于教师而言，实施两次考试使他们有回旋的余地，可以为后面的教学提供反馈并改进。但需要注意的是，一年考两次可能导致正常的教学时段进一步缩短，应试之风更盛，考试的组织实施以及阅卷工作量会大大增加，经济上的花费也会更大。因此，如何发挥"一年两考"对教学积极的反拨效应，克服或最大限度地减少其负面的反拨效应，是改革方案全面推行应考虑的重要因素。

7.4　本研究的主要创新点

本研究参考和借鉴前人的研究成果，在研究视角、研究方法、研究内容上有所创新。

（1）研究理论视角有创新

本研究根据先前理论模型与实证研究成果构建了反拨效应研究框架。研究框架不但反映了反拨效应研究的层面，而且涉及反拨效应的形成机制。框架中反映出的相关因素会影响学生对考试的认识，学生对考试的认识又会影响学生的学习过程，并最终影响学习结果。学习结果反过来也会影响学习过程和学生对考试的认识以及各影响因素。本研究框架反映出的理论观点、描述的各层面之间的关系在前人的理论模型中没有涉及，因此本研究框架体现了理论视角上的创新。

（2）研究方法有创新

多数反拨效应研究采用质性和量化研究相结合的方法，如"问卷＋访谈""问卷＋课堂观察""问卷＋访谈＋课堂观察"。采用"问卷＋日志＋访谈"相结合，且以"问卷＋日志"为主，访谈为辅，量化和质性两种研究方法并重，这在现有文献中几乎没有。关于日志研究方法，本研究设计了半开放式学习日志记录表，并对学生日志记录方法和内容进行了培训和说明，弥补了以往研究中开放式日志的不足，如学生记录时不知从何着手，日志中记录的内容不能较好地服务研究需要。因此，本研究在研究方法上有一定创新。

（3）研究内容有创新

以往反拨效应研究多关注考试对教师和教学的反拨效应影响，较少关注对学生和学习的反拨效应。对学生学习的反拨效应研究，基本是通过问卷调查、访谈、课堂观察等方式描述考试对参与者认识和行为过程的影响，对学习结果的研究很少。而且进行学习过程的研究时关注的是学生的课外学习，很少有研究对学生课内和课外学习进行全面的探讨。本研究除了涉及考试对学生认识和学习过程的影响，还把对学习结果的影响纳入研究范围，这种影响既包括课堂也包括课外。此外，本研究还把年级作为变量来探讨高考英语对不同年级学生英语学习影响的差异，使得对反拨效应的认识更全面。综上所述，本研究涉及内容较全，范围较广，在研究内容上具有一定的创新性。

7.5　本研究的局限性

本研究关注高考英语对高中生英语学习的反拨效应影响。在参考借鉴前人研究的基础上，在研究方法和内容上有一定创新，期望研究结果为学生的学习、教师的教学、试题的命制和考试的组织实施提供一些参考。研究者尽量考虑研究各个环节，确保研究过程的合理性、科学性以及研究结果的信服力和可推广性。尽管如此，受人力、物力、财力以及研究者时间、精力、研究能力和研究视野的限制，本研究仍存在以下一些不足。

（1）研究设计的局限性

针对影响学生对高考英语认识的因素，本研究仅采用了问卷调查的方式，没有进行三角验证。对于这些因素是否真的如学生在调查中所认为的那样影响他们对考试的认识，我们无法确切地知道。其次，有关高考英语对学生学习结果的影响尽管采用了对学生实施问卷调查和对教师实施访谈相结合的方式进行交互验证，然而这两种数据均来自被试的主观判断，缺乏更为客观的支持证据。

（2）研究对象的局限性

本研究采用问卷调查作为主要研究工具之一。在选取问卷调查对象时，研究者先进行分层抽样，选取代表该市不同教育和经济水平的4个区县；然后根据便利抽样从中抽取6所代表不同教育水平的学校。由于各学校在各年级实施了分层教学，为确保抽取的班级具有代表性，又根据各年级分层情况以及各年级学生人数进行分层抽样，分别抽取了各层次1～2个自然班，6所学校共抽取17个层次的56个自然班的3 278名高中学生。尽管问卷调查采取了多种抽样方法，且抽取的样本量多达3 278，期望尽可能提高抽样的代表性，然而本次调查所有学生仅来自某一省市，样本范围较窄，研究的结论受限，不能推广到更大范围。

其次，本研究用为期一学期的学习日志来追踪高中各年级学生课内外英语学习情况。通过任课教师推荐和学生自愿相结合的方式，使参与学习日志的对象能确保研究的顺利实施。然而，参与学生中绝大多数是女生，男生基本上不愿参加，而且学习成绩较差的学生或者很好的学生也不太愿意参加，受样本局限无法根据日志数据进行考试对不同水平或不同性别学生反拨效应影响的比较。

（3）研究结果解释的局限性

由于高考反拨效应的复杂性，尤其是隐性反拨效应根植于教学很难进行区分，本研究主要分析了具有明显备考行为的显性反拨效应影响，考试对学生英语学习实际产生的反拨效应影响可能比本研究所揭示出的强，持续时间也更久。因此，会在一定程度上影响研究结果解释的全面性和准确性。

7.6　未来研究方向

当前研究取得的一些成果以及存在的一些不足，为未来更深刻、更全面地推进该领域研究提供了研究方向。

（1）研究视角应更宽广

反拨效应作为一种社会现象纷繁复杂，其产生不但与考试本身有关，还与个体特征、学校管理、教育背景、社会环境等因素有关，这些因素互相交织。要全面深入地理解反拨效应现象，仅从应用语言学视角难以实现，未来的反拨效应研究可考虑运用其他学科理论知识或从其他学科视角切入，如认知心理学、社会心理学、教育心理学。

（2）研究内容还需更全面深入

现有研究要么关注考试对教学的反拨效应影响，要么探究考试对学生学习的反拨效应影响，任何单一维度的研究都只看到了问题的一个层面，无法反映大规模高风险考试反拨效应影响的全貌。而且教与学本来就是一个问题的两个方面，二者紧密相连。大量实证研究包括本研究也清楚表明，考试对学生学习的反拨效应影响因素中教师有重要的调节作用，甚至影响反拨效应的性质、强度和长度等。因此，未来的反拨效应研究可以考虑教与学两方面相结合勾勒考试反拨效应的全景图。

除了进行考试反拨效应的总体研究，还要关注考试反拨效应的差异。本研究仅把年级作为变量来探讨高考英语对高中不同年级学生英语学习反拨效应影响的差异。事实上，对教师和学生的访谈以及学生学习日志资料均表明，考试对不同类型学校、不同水平学生、不同学习背景以及不同性别学生的学习影响有差异。因此，未来的反拨效应研究可以进一步探究反拨效应的差异性。

在参考前人理论与实证研究成果的基础上，本研究构建了概念框架。然而本研究仅涉及高考英语对高中生英语学习影响的几个层面。至于高考英语是如何影响高中生的英语学习，即概念框架中所描述的各维度之间的结构关系是否真正存在还不清楚。因此，在接下来的研究中我们会进一步探究高考英语反拨效应形成的内在机制。

（3）研究方式应更加多样

现有反拨效应研究多采用共时研究，此类研究可以在某个时间点对数据进行观测，此方法收集数据比较方便，但获得的数据基本是静态的和点状的。反拨效应现象极其复杂，有的考试的反拨效应现象在短时间内不易显现，有的隐藏在日常教学中，与教学活动融合在一起，很难进行区分，如仅采用共时研究不利于深入挖掘反拨效应现象，也不能确切获悉反拨效应持续时间的长度。因此，我们建议未来可采用持续追踪的方式来观察反拨效应影响的特征、性质和运行机制。

7.7 本章小结

本章为本书最后一章，主要是归纳研究发现，对本研究提出的问题进行回答，并得出结论。根据研究发现，经过研究者反复思考、提炼和升华，提出了一些理论和实践启示，为未来的反拨效应研究，为高中英语教和学、高考英语命题以及高考英语考试组织实施提供一些参考和启示；论证了本研究的主要创新点，总结了本研究存在的局限性，指出了未来研究的可能方向。

参考文献

才慧玲，2012. 高考英语测试效度对学习策略的反拨作用——2011年高考英语课标卷分析 [J]. 内蒙古师范大学学报（教育科学版）（4）：98-100.

陈向明，2000. 质的研究方法与社会科学研究 [M]. 北京：教育科学出版社.

陈颖，2009. 《通过语言测试带动语言教学的改革：反拨效应研究》述评 [J]. 现代外语（1）：102-104.

董连忠，2014. 全国高考北京市英语考试对高中教学的反拨效应研究 [M]. 长春：吉林大学出版社.

风笑天，2002. 社会调查中的问卷设计 [M]. 2版. 天津：天津人民出版社.

高一虹，赵媛，程英，等，2003. 中国大学本科生英语学习动机类型 [J]. 现代外语（1）：29-38.

辜向东，2007. 大学英语课堂教学的特征——兼论大学英语四、六级考试对课堂教学的影响 [J]. 西安外国语大学学报（4）：39-45.

辜向东，肖巍，2013. CET对我国非英语专业大学生考试策略使用的反拨效应研究 [J]. 外语测试与教学（1）：30-38.

辜向东，张正川，刘晓华，2014. 改革后的CET对学生课外英语学习过程的反拨效应实证研究——基于学生的学习日志 [J]. 解放军外国语学院学报（5）：32-39.

桂诗春，李筱菊，李崴，1988. 英语标准化考试试验的回顾与总结 [C]// 英语标准化考试与中学英语教学论文集. 广州：广东教育出版社.

郭强，2004. 调查实战指南：问卷设计手册 [M]. 北京：中国时代经济出版社.

教育部，2003. 普通高中英语课程标准（实验）[S]. 北京：人民教育出版社.

刘矗，2014. 高考英语科目的地位演变与政策导向 [J]. 考试研究（1）：24-28.

刘海峰，2007. 高考改革的回顾与展望 [J]. 教育研究（11）：19-23.

刘海峰，2010. 中国高考向何处去？[J]. 北京大学教育评论（2）：2-13.

刘海峰，2014. 高考科目改革为什么首先是英语 [J]. 湖北大学学报（哲学社会科学版）（1）：96-99.

刘海峰，2013. 高考英语降分不要非理性"围观" [N]. 中国教育报，2013-10-29.

刘海峰，蔡培瑜，2013．高考：社会化考试如何推行？［N］．光明日报，2013-12-30.

刘海峰，谷振宇，2012．小事件引发大改革——高考分省命题的由来与走向［J］．河北师范大学学报（教育科学版）（5）：16-20.

刘庆思，2008．改革开放三十年来我国高考英语科的发展情况［J］．课程·教材·教法（4）：22-27.

刘润清，1999．刘润清论大学英语教学［M］．北京：外语教学与研究出版社.

刘晓华，辜向东，2013.国内外反拨效应实证研究二十年回顾［J］．外语测试与教学（1）：4-17.

亓鲁霞，2004.NMET 的反拨作用［J］．外语教学与研究（5）：357-363.

亓鲁霞，2006．论考试后效［J］．外语与外语教学（8）：29-32.

亓鲁霞，2007.高考英语的期望后效与实际后效——基于短文改错题的调查［J］.课程·教材·教法（10）：43-46，50.

亓鲁霞，2011a．考试风险与期望反拨效应之间的关系［J］．外语测试与教学（1）：51-57.

亓鲁霞，2011b.语言测试的反拨效应理论与实证研究［J］．外语教学理论与实践（4）：23-28.

亓鲁霞，2012．语言测试反拨效应的近期研究与未来展望［J］．现代外语（2）：202-208.

秦晓晴，2003．外语教学研究中的定量数据分析［M］．武汉：华中科技大学出版社.

秦晓晴，2009．外语教学问卷调查法［M］．北京：外语教学与研究出版社.

石小娟，2010．新四、六级听力考试的后效作用跟踪研究［J］．外语界（3）：80-86.

孙绵涛，2004．中国教育体制论［M］．沈阳：辽宁人民出版社.

唐雄英，2005．语言测试的后效研究［J］．外语与外语教学（7）：55-59.

王海贞，王永双，2014．英语专业四级口语考试对学习的反拨效应［J］．外语测试与教学（2）：32-41.

吴根洲，郑灵臆，2013．高考外语科目地位变革六十年［J］．上海教育科研（11）：

33-36.

杨惠中，桂诗春，2007．语言测试的社会学思考 [J]．现代外语（4）：368-374．

杨鲁新，王素娥，常海潮，等，2012．应用语言学中的质性研究与分析 [M]．北京：外语教学与研究出版社．

杨学为，2003．中国考试史文献集成：第 8 卷（中华人民共和国）[M]．北京：高等教育出版社．

肖巍，辜向东，倪传斌，2014. CET 的反拨效应机制：基于多群组结构方程建模的历时研究 [J]．外语教学理论与实践（3）：38-45，97．

詹颖，2013．大学英语四级考试对课外英语学习的后效作用 [J]．外语测试与教学（1）：39-46．

张志勇，2014．打通中国教育改革的最后"一公里路" [N]．中国教育报（理论周刊教育科学），2014-08-29．

邹申，2012．展望英语专业四、八级考试前景 [J]．外语测试与教学（4）：1-3．

邹申，董曼霞，2014．国内反拨效应研究 20 年：现状与思考 [J]．中国外语（4）：4-14．

夏洋，2015．课堂环境下英语专业学生学业情绪及其影响因素研究——以东北某高校英语专业 CBI 课程为例 [D]．上海：上海外国语大学．

AIRASIAN，1987. State mandated testing and educational reform：context and consequences [J]. American journal of education，95（3）．

ALDERSON，1986. Innovations in language testing [C]//Innovations in language testing：proceedings of the IUS/NFER conference. Windsor，UK：NFER-Nelson：93-105.

ALDERSON，2004. Foreword [C]//Washback in language testing：research contexts and methods. Mahwah，NJ：Lawrence Erlbaum Associates，Inc：ix-xii.

ALDERSON，BANERJEE，2001. Language testing and assessment（Part 1）[J].

Language teaching, 34: 213-236.

ALDERSON, HAMP-LYONS, 1996. TOEFL preparation courses: a study of washback [J]. Language testing, 13 (3): 280-297.

ALDERSON, WALL, 1993. Does washback exist? [J]. Applied linguistics, 14 (2): 115-129.

ANDREWS, 1995. Washback or washout? The relationship between examination reform and curriculum innovation [C]//Bringing about change in language education. Hong Kong: University of Hong Kong: 67-81.

ANDREWS, 2004. Washback and curriculum innovation [C]//CHENG L Y, WATANABE Y, CURTIS A. Washback in language testing: research contexts and methods. New Jersey: Lawrence Erlbaum Associates, Inc.: 37-50.

ANDREWS, FULLILOVE, WONG, 2002. Targeting washback—a case-study [J]. System (30): 207-223.

BACHMAN, 1990. Fundamental considerations in language testing [M]. Oxford: Oxford University Press.

BACHMAN, PALMER, 1996. Language testing in practice [M]. Oxford: Oxford University Press.

BACHMAN, PALMER, 2010. Language assessment in practice: developing language assessments and justifying their use in the real world [M]. Oxford: Oxford University Press.

BAILEY, 1996. Working for washback: a review of the washback concept in language testing [J]. Language testing, 13 (3): 257-279.

BIGGS, 1995. Assumptions underlying new approaches to educational assessment [J]. Curriculum forum, 4 (2): 1-22.

BLOOR, WOOD, 2006. Keywords in qualitative methods: a vocabulary of research concepts [M]. Thousand Oaks: Sage Publications.

BOOTH, 2012. Exploring the washback of the TOIEC in South Korea—a sociocultural perspective on student test activity [D]. Auckland: The University of Auckland.

BRANNEN, 1992. Mixing methods: qualitative and quantitative [M]. Brookfield: Avebury.

BROWN G T L, HIRSCHFELD G H F, 2005. Secondary school students' conceptions of assessment. Conceptions of assessment and feedback project report #4 [M]. Auckland: University of Auckland.

BROWN J D, 1997. Do tests washback on the language classroom？ [J]. The TESOLANZ journal, 5（5）: 63-80.

BROWN J D, 2001. Using surveys in language programs [M]. Cambridge: Cambridge University Press.

BROWN J, HUDSON T, 1998. The alternatives in language assessment [J]. TESOL quarterly, 32: 653-675.

BRYMAN, 1988. Quantity and quality in social research [M]. London: Unwin Hyman.

BUCK, 1988. Testing listening comprehension in Japanese university entrance examinations [J]. JALT journal, 10（1）: 15-42.

BURROWS, 2004. Washback in classroom-based assessment: a study of the washback effect in the Australian adult migrant English program [C]. CHENG L Y, WATANABE Y, CURTIS A. Washback in language testing: Research contexts and methods. New Jersey: Lawrence Erlbaum Associates: 113-128.

CALA, 2004. An allegory on educational testing in New York State [J]. Phi Delta Kappan（84）: 514-516, 520.

CARLESS, 2005. Prospects for the implementation of assessment for learning [J]. Assessment in education, 12（1）: 39-54.

CASANAVE, 2011. Journal writing in second language education [M]. Ann Arbor:

The University of Michigan Press.

CHAPMAN, SNYDER, 2000. Can high stakes national testing improve instruction: reexamining conventional wisdom [J]. International journal of educational development, 20 (6) : 457-479.

CHENG, 1997. How does washback influence teaching? Implications for Hong Kong [J]. Language and education, 11 (1) : 38-54.

CHENG, 1998a. Impact of a public English examination change on students' perceptions and attitudes toward their English learning [J]. Studies in educational evaluation, 24 (3) : 279-301.

CHENG, 1998b. Washback effect of public examination change on classroom teaching: an impact study of the 1996 Hong Kong certificate of education in English on the classroom teaching of English in Hong Kong secondary schools [D]. Hong Kong: University of Hong Kong.

CHENG, 1999. Changing assessment: washback on teacher perspectives and actions [J]. Teacher and teacher education (15) : 253-271.

CHENG, 2005. Changing language teaching through language testing: a washback study [M]. Cambridge: Cambridge University Press.

CHENG, ANDREWS, YU, 2011. Impact and consequences of school-based assessment (SBA) : Students' and parents' views of SBA in Hong Kong [J]. Language Testing, 28 (2) : 221-249.

CHENG, CURTIS, 2004. Washback or backwash: a review of the impact of testing on teaching and learning [C]//CHENG L Y, WATANABE Y, CURTIS A. Washback in language testing: research contexts and methods. New Jersey: Lawrence Erlbaum Associates: 3-17.

CHENG, WATANABE, CURTIS, 2004. Preface [C]//CHENG L Y, WATANABE Y, CURTIS A. Washback in language testing: research contexts and methods. New

Jersey: Lawrence Erlbaum Associates: xiii-xvii.

CIZEK, 2001a. Conjectures on the rise and call of standard setting: An introduction to context and practice [C]. CIZEK G J. Setting performance standards: Concepts, methods, and perspectives. Mahwah, NJ: Lawrence Erlbaum: 3-17.

CIZEK, 2001b. More unintended consequences of high-stakes testing [J]. Educational Measurement: Issues and Practice, 20 (4): 19-30.

CIZEK, 2003. Rejoinder: E [J]. Educational measurement: issues and practice, 22 (1): 40-44.

COHEN A D, 1994. Assessing language ability in the classroom [M]. 2nd ed. New York: Heinle and Heinle.

COHEN L, MANION L, 1991. Research methods in education [M]. 3rd ed. London: Routledge.

COHEN L, MANION L, MORRISON K, 2007. Research Methods in Education [M]. 6th ed. New York: Routledge.

COOLEY, 1991. State-wide student assessment [J]. Educational measurement: issues and practice, 10 (4): 3-6.

CORBETT, WILSON, 1991. Testing, reform, and rebellion [M]. Norwood, NJ: Ablex.

CRESWELL, 2009. Research Design: Qualitative, quantitative, and mixed methods approaches [M]. 3rd ed. Thousand Oaks: Sage Publications, Inc.

CRESWELL, VICKI, MICHELLE, 2003. Advanced mixed methods research designs [C]//TASHAKKORI A, TEDDLIE C. Handbook of mixed methods in social and behavioral research. Thousand Oaks: Sage: 209-240.

DARLING-HAMMOND, WISE, 1985. Beyond standardization: state standards and school improvement [J]. The elementary school journal, 85 (3): 315-336.

DAVIES, 1968. Language testing symposium: a psycholinguistic approach [M].

Oxford: Oxford University Press.

DAVIES, 1997. Demands of being professional in language testing [J]. Language testing, 14 (3): 328-339.

DAVIES. 1985. Follow my leader: is that what language tests do? [C]// LEE Y, FOK A, LORD R, LOW G. New directions in language testing. Oxford: Pergamon Press: 3-13.

DAVISON, 2007. Views from the chalk face: English language school-based assessment in Hong Kong [J]. Language assessment quarterly, 4 (1): 37-68.

DONG, 2020. Structural relationship between learners' perceptions of a test, learning practices, and learning outcomes: a study on the washback mechanism of a high-stakes test [J]. Studies in educational evaluation, 64 (1): 1-11.

DÖRNYEI, 2002. Questionnaires in second language research: construction, administration, and processing [M]. New Jersey: Lawrence Erlbaum Associates.

DÖRNYEI, 2003. Questionnaires in second language research [M]. Mahwah, NJ: Erlbaum.

DÖRNYEI, 2007. Research methods in applied linguistics [M]. Oxford: Oxford University Press.

ELDER, WIGGLESWORTH, 1996. Perspectives on the testing cycle: setting the scene [J]. Australian review of applied linguistics, series S (13): 1-12.

ELFORD, 2002. Beyond standardized testing: better information for school accountability and management [M]. Lanham, MD: Scarecrow.

ELTON, LAURILLARED, 1979. Trends in student learning [J]. Studies in higher education (4): 87-102.

FALK, 2002. Standards-based reforms: problems and possibilities [J]. Phi Delta Kappan (83): 612-620.

FAN, JI, SONG, 2014. Washback of university-based English language tests on

students' learning: a case study [J]. The Asian journal of applied linguistics, 1(2):
178-191.

FAN, YU, 2009. An empirical investigation of the washback of IIT (phase II) to
college and university students' English learning [J]. CELEA journal, 32 (1):
89-98.

FERMAN, 2004. The washback of an EFL national oral matriculation test to teaching
and learning [C]//CHENG L Y, WATANABE Y, CURTIS A. Washback in
language testing: research contexts and methods. New Jersey: Lawrence Erlbaum
Associates: 191-210.

FREDERICKSEN, COLLINS, 1989. A systems approach to educational testing [J].
Educational researcher, 18 (9): 27-32.

FULLAN, 2001. The new meaning of educational change [M]. 3rd ed. New York:
Teachers College, Columbia University.

GOSA, 2004. Investigating washback: a case study using student diaries [D].
Lancaster: Lancaster University.

GREEN, 2007a, IELTS washback in context: preparation for academic writing in
higher education [M]. Cambridge: Cambridge University Press.

GREEN, 2007b. Washback to learning outcomes: a comparative study of IELTS
preparation and university pre-sessional language courses [J]. Assessment in
education, 14 (1): 75-97.

GREEN, 2013. Washback in language assessment [J]. International journal of English
studies, 13 (2): 39-51.

GREENE, CARACELLI, GRAHAM, 1989. Toward a conceptual framework for
mixed-method evaluation designs [J]. Educational evaluation and policy analysis, 11
(3): 255-274.

GU, 2007. Positive or negative? an empirical study of CET washback [M].

Chongqing：Chongqing University Press.

HAMMERSLEY，1992. What's wrong with ethnography？Methodological explorations [M]. London：Routledge.

HAMMERSLEY，ATKINSON，1983. Ethnography：principles on practice [M]. London：Methuen.

HAMP-LYONS，1997. Washback，impact and validity：ethical concerns [J]. Language testing，14（3）：295-303.

HAWKEY，2006. Impact theory and practice：studies of the IELTS test and progetto lingue 2000 [M]. Cambridge：Cambridge University Press.

HAWKEY，2009. A study of the Cambridge proficiency in English（CPE）exam washback on textbooks in the context of Cambridge ESOL exam validation [C]// TAYLOR L，WEIR C. Language testing matters：investigating the wider social and educational impact of assessment—Proceedings of the ALTE Cambridge conference，April 2008. Cambridge：Cambridge University Press：326-343.

HAWKEY，THOMPSON，TURNER，2006. Developing a classroom video database for test washback research [J]. Cambridge ESOL：Research Notes（26）：5-9.

HAYES，READ，2004. IELTS test preparation on New Zealand：Preparing students for the IELTS academic module [C]//CHENG L Y，WATANABE Y，CURTIS A. Washback in language testing：research contexts and methods. New Jersey：Lawrence Erlbaum Associates：97-111.

HUGHES，1988. Introducing a needs-based test of English language proficiency into an English-medium university in Turkey [C]// HUGHES A. Testing English for university study，ELT document 127. Modern English Publications：134-146.

HUGHES，1989. Testing for language teachers [M]. Cambridge：Cambridge University Press.

HUGHES，1993. Washback and TOFEL 2000 [D]. Reading：University of Reading.

HUGHES, 2003. Testing for language teachers [M]. 2nd ed. Cambridge: Cambridge University Press.

HUNGERLAND, 2004. The role of contextual factors in mediating the washback of high-stakes language assessments on learners [M]. Ottawa: Carleton University.

JONES M, JONES B, HARGROVE T, 2003. The unintended consequences of high-stakes testing [M]. Lanham, MD: Rowman & Littlefield.

KANE, CASE, 2004. The reliability and validity of weighted composite scores [J]. Applied measurement in education, 17 (3): 221-240.

KHANIYA, 1990a. Examinations as instruments for educational change: investigating the washback effect of the Nepalese English exams [D]. Edinburgh: University of Edinburgh.

KHANIYA, 1990b. The washback effect of a textbook-based test [J]. Edinburgh working papers in applied linguistics (1): 48-58.

KHATTRI, SWEET, 1996. Assessment reform: promises and challenges [C]//KANE M B, MITCHELL R. Implementing performance assessment: Promises, problems, and challenges. Mahwah, New Jersey: Lawrence Erlbam Associates, Inc.: 1-21.

KUNNAN, 2004. Test fairness [C]. MILANOVIC M, WEIR C. European language testing in a global context. Cambridge: Cambridge University Press: 27-48.

LAM, 1993. Washback—can it be quantified? A study on the impact of English examinations in Hongkong [D]. Leeds: University of Leeds.

LAM, 1994. Methodology washback—an insider's view [C]// NUNAN D, VANDBERRY R. Bring about change in language education. Hong Kong: University of Hong Kong: 83-99.

LI, 1990. How powerful can a language test be? The MET in China [J]. Journal of multilingual and multicultural development, 11 (5): 393-404.

LINN, 1992. Educational assessment: expanded expectations and challenges (Tech.

Rep. No. 351）. Boulder: University of Colorado at Boulder, Center for the Study of Evaluation.

LIU,2013. A study of TEM-4 washback on students'out-of-class English learning [D]. Chongqing: Chongqing University.

LUMLEY, STONEMAN, 2000. Conflicting perspectives on the role of test preparation in relation to learning？[C]//BEERY V, LEWKOWICZ J. Assessment in Chinese context, special issue of the Hong Kong journal of applied linguistics（Vol. 5）. Hong Kong: English Center of the University of Hong Kong: 50-76.

MADAUS,1988. The influence of testing on the curriculum [C] // TANNER L. Critical issues in curriculum: eighty-seventh yearbook of the national society for the study of education. Chicago: University of Chicago Press: 83-121.

MADAUS, KELLAGHAN, 1993. Testing as a mechanism of public policy: a brief history and description [J]. Measurement and evaluation in counseling, 26（1）: 6-10.

MCDONOUGH J, MCDONOUGH S, 2005. Research methods for English language teachers [M]. Beijing: Foreign Language Teaching and Research Press.

MCGREGOR, 2006. Diaries and case studies [C]. DESAI V, POTTER R V. Doing development research. London: Sage Publications: 200-206.

MCNAMARA, 2000. Language testing [M]. Oxford: Oxford University Press.

MCNAMARA, 2006. Validity in language testing: the challenge of Sam Messick's legacy [J]. Language assessment quarterly: an international journal, 3（1）: 31-51.

MEHREN, CIZEK, 2001. Standard setting and the public good: benefits accrued and anticipated [C]//CIEZEK G J. Setting performance standards: Concepts, methods, and perspectives. Mahwah, NJ: Lawrence Erlbaum: 477-485.

MERRIAM, 1988. Qualitative research and case study applications in education [M]. San Francisco: Jossey-Bass.

MESSICK, 1989. Validity[C]//3rd ed. LINN R. Educational measurement. New York: American Council on Education and Macmillan: 13–103.

MESSICK, 1994. The interplay of evidence and consequences in the validation of performance assessments [J]. Educational researcher, 23 (2): 13–23.

MESSICK, 1996. Validity and washback in language testing [J]. Language testing, 13 (3): 241–265.

MILES, HUBERMAN, 1994. Qualitative data analysis [M]. 2nd ed. Beverly Hills: Sage Publications.

MIZUTAN, 2009. The mechanism of washback on teaching and learning [D]. Auckland: The University of Auckland.

MORROW, 1986. The evaluation of tests of communicative performance [C]// PORTAL M, Innovations in language testing. London: NEFR/ Nelson: 1–13.

NORMAN, ARON, 2003. Aspects of possible self that predict motivation to achieve or avoid it [J]. Journal of experimental social psychology (39): 500–507.

OLLER, 1979. Language tests at school [M]. London: Longman.

PATTON, 1987. How to use qualitative methods in evaluation [M]. London: Sage Publications.

PEARSON, 1988. Tests as levers for change [C]//CHAMBERLAIN D, BAUMGARDNER R. ESP in the classroom: Practice and evaluation. Oxford: Modern English Publications: 98–107.

PETRIE, 1987. Introduction to "evaluation and testing". Educational policy, 1 (2): 175–180.

PHELPS, 1998. The demand for standardized student testing [J]. Educational measurement: issues and practice, 17 (3): 5–23.

PHELPS, 2003. Kill the messager: the war on standardized testing [M]. New Brunswick, NJ: Transaction Publishers.

PIERCE, 1992. Demystifying the TOEFL reading test [J]. TESOL quarterly, 26 (4):
665-691.

POPHAM, 1987. The merits of measurement-driven instruction [J]. Phi Delta
Kappan, 68 (9): 679-682.

PRODROMOU, 1995. The backwash effect: from testing to teaching [J]. ELT
journal, 49 (1): 13-25.

QI, 2004a. The intended washback effect of the national matriculation English test
in China: intentions and reality [M]. Beijing: Foreign Language Teaching and
Research Press.

QI, 2004b. Has a high-stakes test produced the intended changes? [C]. CHENG L Y,
WATANABE Y, CURTIS A. Washback in language testing: Research contexts and
methods. New Jersey: Lawrence Erlbaum Associates: 171-190.

QI, 2005. Stakeholders' conflicting aims undermine the washback function of a high-
stakes test [J]. Language testing, 22 (2): 142-173.

QI, 2007. Is testing an efficient agent for pedagogical change? Examining the intended
washback of the writing task in a high-stakes English test in China [J]. Assessment
in education, 14 (1): 51-74.

RAPP, 2002. National board certified teachers in Ohio give state education policy,
classroom climate, and high-stakes testing a grade of F [J]. Phi Delta Kappan
(83): 215-218.

READ, HAYES, 2003. The impact of the IELTS test on preparation for academic
study in New Zealand [J]. IELTS research reports (5): 153-206.

REVILLE, 2004. High standards + high stakes= high achievement in Massachuaetts [J].
Phi Delta Kappan (85): 591-597.

ROBSON, 1993. Real world research: a resource for social scientists and practitioner
researchers [M]. Oxford UK, Cambridge USA: Blackwell.

SACKS, 1999. Standardized minds: the high price of America's testing culture and what we can do to change it [M]. Cambridge, MA: Preseus.

SADKER, ZITTLEMAN, 2004. Test anxiety: are students failing tests or are tests failing students? [J]. Phi Delta Kappan (85): 740-744, 751.

SAVILLE, 2010. Developing a model for investigating the impact of language assessment [J]. Cambridge ESOL: Research Notes (42): 2-8.

SAVILLE, HAWKEY, 2004. The IELTS impact study: investigating washback on teaching materials [C]. CHENG L Y, WATANABE Y, CURTIS A. Washback in language testing: Research contexts and methods. New Jersey: Lawrence Erlbaum Associates: 73-96.

SHEPARD, 1990. Inflated test score gains: is the problem old norms or teaching the test? [J]. Educational measurement issues and practice, 9 (3): 15-22.

SHEPARD, 1991. Psychometricians' beliefs about learning [J]. Educational researcher, 20 (6): 2-16.

SHIH, 2006. Perceptions of the general English proficiency test and its washback: a case study at two Taiwan technological institutes [D]. Toronto: University of Toronto.

SHIH, 2007. A new washback model of students' learning [J]. The Canadian modern language review, 64 (1): 135-162.

SHIH, 2009. How tests change teaching: a model for reference [J]. English teaching: practice and critique, 8 (2): 188-206.

SHIH, 2010. The washback of the general English proficiency test on university policies: a Taiwan case study [J]. Language assessment quarterly, 7 (3): 234-254.

SHOHAMY, 1992. Beyond proficiency testing: a diagnostic feedback testing model for assessing foreign language learning [J]. The modern language journal, 76 (4):

513-521.

SHOHAMY, 1993. The power of test: the impact of language testing on teaching and learning [Z]. Washington, DC: National Foreign Language Center Occasional Papers. The National Foreign Language Center, Washinton, DC.

SHOHAMY, 1997. Testing methods, testing consequences: are they ethical? Are they fair? [J]. Language testing, 14 (3): 340-349.

SHOHAMY, 2001. The power of tests: a critical perspective of the uses of language tests [M]. London: Pearson Education.

SHOHAMY, DONITSA-SCHMIDT, FERMAN, 1996. Test impact revisited: washback effect over time [J]. Language testing, 13 (3): 298-317.

SMITH M L, EDELSKY C, DRAPER K, et al., 1990. The role of testing in elementary schools (CSE Tech. Rep. No. 321). Los Angeles: University of California.

SMITH M, 1991. Put to the test: the effects of external testing on teachers [J]. Educational researcher, 20 (5): 8-11.

SPOLSKY, 1994. The examination-classroom backwash cycle: some historical cases [C]// NUNAN D, BERRY R, BERRY V, Bringing about change in language education: Proceedings of the international language in education conference. Hong Kong: University of Hong Kong: 55-66.

SPOLSKY, 1995. Measured words: the development of objective language testing [M]. Oxford: Oxford University Press.

SPRATT, 2005. Washback and the classroom: the implications for teaching and learning of studies of washback from exams [J]. Language teaching research, 9 (1): 5-29.

STECHER, CHUN, BARRON, 2004. The effects of assessment-driven reform on the teaching of writing in Washington state [C]. CHENG L Y, WATANABE

Y, CURTIS A. Washback in language testing: Research contexts and methods. Mahwah, NJ: Lawrence Erlbaum: 53-71.

STONEMAN, 2006. The impact of an exit English test on Hong Kong undergraduates: a study investigating the effects of test status on students' test preparation behaviours [D]. Hong Kong: The Hong Kong Polytechnic University.

SWAIN, 1985. Large-scale communicative language testing: a case study [C] //LEE Y P, FORK A C Y Y, LORD R, LOW G, New directions in language testing. Oxford: Pergamon Press: 35-46.

TAYLOR, 2005. Washback and impact [J]. ELT J, 59（2）: 154-155.

THOMPSON, 2001. The authentic standards movement and its evil twin [J]. Phi Delta Kappan（82）: 358-362.

TSAGARI, 2007. Review of washback in language testing: How has been done? What more needs doing? [D]. Lancaster: Lancaster University.

TSAGARI, 2009. Revisiting the concept of test washback: investigating FCE in Greek language schools [J]. Cambridge ESOL: Research Notes（35）: 5-10.

VERNON, 1956. The measurement of abilities [M]. London: University of London Press.

WALL, 1996. Introducing new tests into traditional systems: insights from general education and from innovation theory [J]. Language testing, 13（3）: 334-354.

WALL, 1997. Impact and washback in language testing [C]. CLAPHAM C, CORSON D. Language testing and assessment. Amsterdam: Kluwer Academic Publishers: 291-302.

WALL, 2000. The impact of high-stakes testing on teaching and learning: can this be predicted or controlled? [J]. System, 28（4）: 499-509.

WALL, 2005. The impact of high-stakes examination on classroom teaching: a case study using insights from testing and innovation theory [M]. Cambridge: Cambridge

University Press.

WALL, ALDERSON, 1993. Examining washback: the Sri Lankan impact study [J]. Language testing, 10 (1): 41-69.

WALL, HORÁK, 2008. The impact of changes in the TOEFL examination on teaching and learning in central and eastern Europe: Phase 2, coping with change [R]. Report submitted to the TOEFL research committee, educational testing service.

WALL, HORÁK, 2011. The impact of changes in the TOEFL exam on teaching in a sample of countries in Europe: Phase 3, the role of the coursebook; Phase 4, describing change [R]. Report submitted to the TOEFL research committee, educational testing service.

WARDEN, LIN, 2000. Existence of integrative motivation in an Asian EFL setting [J]. Foreign language annals (33): 535-547.

WATANABE, 1990. External variables affecting language learning strategies of Japanese EFL learners: effects of entrance examination, year spent at college/university and staying overseas [D]. Lancaster: Lancaster University.

WATANABE, 1992. Washback effects of college entrance examination on language learning strategies [J]. JACET bulletin (23): 175-194.

WATANABE, 1996a. Investigating washback in Japanese EFL classroom: problems of methodology. Australian review of applied linguistics, series S: 208-239.

WATANABE, 1996b. Does grammar translation come from the entrance examination? Preliminary findings from classroom-based research [J]. Language testing, 13 (3): 318-333.

WATANABE, 2000. Washback effects of the English section of Japanese university entrance examinations on instruction in pre-college level EFL [J]. Language testing, (27): 42-47.

WATANABE, 2001. Does the university entrance examination motivate learners? —a case study of learner interviews [C]// MURAKAMI A. Trans-Equator Exchanges: A collection of academic papers in honour of professor David E. Ingram. Akita: Akita University: 100-110.

WATANABE, 2004a. Methodology in washback studies [M]//CHENG, WATANABE, CURTIS. Washback in language testing: research contexts and methods. New Jersey: Lawrence Erlbaum Associates: 19-36.

WATANABE, 2004b. Teacher factors mediating washback [M]//CHENG, WATANABE, CURTIS. Washback in language testing: Research contexts and methods. New Jersey: Lawrence Erlbaum Associates: 129-146.

WEIGLE, 2002. Assessing writing [M]. Cambridge: Cambridge University Press.

WEIR, 1990. Communicative language testing [M]. New York, London: Prentice Hall.

WEISS, 1998. Evaluation [M]. New Jersey: Printice Hall.

WESDROP, 1983. Backwash effects of multiple-choice language tests: myth or reality? [C]//VAN WEEREN J. Practice and problems in language testing. Arnhem: CITO: 85-104.

XI, 2010. How do we go about investing test fairness? [J]. Language testing, 27(2): 147-170.

XIE, 2010. Test design and use, preparation, and performance: a structural equation modeling study of consequential validity [D]. Hong Kong: The University of Hong Kong.

XIE, 2013. Does test preparation work? Implications for score validity [J]. Language assessment quarterly (10): 196-218.

XIE, ANDREWS, 2013. Do test design and uses influence test preparation? Testing a mode of washback with structural equation modelling [J]. Language testing, 30

（1）：149-70.

XU，2014. A study on the washback effects of TEM ［D］. Shanghai: Shanghai International Studies of University.

ZHAN，2009. Washback and possible selves: Chinese non-English major undergraduates' English learning experiences ［D］. Hong Kong: The University of Hong Kong.

ZHAN，ANDREWS，2014. Washback effects from a high-stakes examination on out-of-class English learning: insights from possible self theories ［J］. Assessment in education: principles, policy & practice, 21（1）：71-89.

ZHAN，WAN，2014. Dynamic nature of washback on individual learners: the role of possible selves［J］. Assessment & evaluation in higher education, 39（7）：821-839.

ZHENG，BORG，2014. Task-based learning and teaching in China: secondary school teachers' beliefs and practices ［J］. Language teaching research, 18（2）：205-221.

附　录

附录 1

高中生英语学习与高考英语关系研究问卷调查

亲爱的同学：

您好！我们正在进行一项调查，目的是了解您这一学年的英语学习与高考英语的关系，希望您能帮助我们填写此问卷。各题回答没有对错之分，请根据自己的真实想法和实际做法答题。本调查结果仅作研究使用，对您提供的所有信息我们会保密。填写本问卷大约需要 20 ～ 25 分钟。谢谢您的支持与配合！

★ 注：以下均为单选题，请在每题后面如实选出您认为合适的选项。（切记每题都需勾选，请勿多选或漏选。）

第一部分　个人信息

1. 以下是关于您的个人信息，请选出或填写有关您个人信息情况：

性别：（1）男　　　　（2）女	年龄：＿＿＿＿＿岁
您现就读年级：	（1）高一　　　　（2）高二　　　　（3）高三

第二部分　英语学习背景情况

2. 请从以下各项中选出您认为合适的选项：

您开始学习英语的时间：	（1）幼儿园　　　　（2）小学 1 ～ 2 年级　（3）小学 3 ～ 4 年级 （4）小学 5 ～ 6 年级　（5）初中一年级
您初中就读学校的类型：	（1）乡镇中学　　　　（2）区县普通中学　　　（3）区县重点中学 （4）省市重点中学　　（5）其他（请补充）＿＿＿＿＿

您认为你平时的英语成绩属于哪个范围：（总分150）分	（1）75 分及以下　　（2）76～90 分　　　　（3）91～105 分 （4）106～119 分　　（5）120 分以上
您对英语学习：	（1）不感兴趣　　　（2）不太感兴趣　　　（3）兴趣一般 （4）比较感兴趣　　（5）感兴趣

第三部分　高中英语学习情况

（一）英语学习目的

3. 以下是高中学生英语学习的目的，请在每项后选出符合您对这些英语学习目的赞同程度的数字：（5= 赞同　4= 比较赞同　3= 不确定　2= 有些不赞同　1= 不赞同）

为了能和他人用英语进行交流	5	4	3	2	1
为了了解英美国家的文化和习俗	5	4	3	2	1
为了以后出国旅游方便	5	4	3	2	1
为了结交外国朋友	5	4	3	2	1
为了以后有更好的学习和发展机会	5	4	3	2	1
为了在以后的求职面试中有优势	5	4	3	2	1
为了提高自身素质适应社会发展需要	5	4	3	2	1
为了拓宽视野和丰富知识	5	4	3	2	1
为了考上理想的大学	5	4	3	2	1
为了父母的期望	5	4	3	2	1
学校课程安排和老师的要求	5	4	3	2	1
英语是高考的必考科目不得不学	5	4	3	2	1

（二）课堂英语学习

4. 在这一学年的英语课堂上您进行以下英语学习活动的频率如何？请

在每项后选出一个符合您实际情况的数字：（5= 总是　　4= 经常　　3= 有时　　2= 极少　　1= 从不）

以老师讲解为主学习英语课本里的词汇、语法知识	5	4	3	2	1
在老师的指导下训练听力、口语、阅读、写作等技能	5	4	3	2	1
参加老师课堂组织的角色扮演、小组讨论等英语活动	5	4	3	2	1
做老师布置的与课本内容相关的各种辅导资料上的练习题	5	4	3	2	1
听老师讲评与课本内容相关的各种辅导资料上的练习题	5	4	3	2	1
做高考英语考试相关练习题或模拟题	5	4	3	2	1
听老师讲评高考英语考试相关练习题或模拟题	5	4	3	2	1
做往年高考英语真题	5	4	3	2	1
听老师讲评往年高考英语真题	5	4	3	2	1

（三）课后英语学习

5. 在这一学年里，您课后进行下列英语学习活动的频率如何？请在每项后选出一个符合您实际情况的数字：（5= 总是　　4= 经常　　3= 有时　　2= 极少　　1= 从不）

记英语课本中的单词	5 4 3 2 1	做高考英语往年真题	5 4 3 2 1
复习老师课堂讲授的内容	5 4 3 2 1	朗读或背诵高考英文范文	5 4 3 2 1
做英语课本上的练习题	5 4 3 2 1	做高考英语相关训练题或模拟题	5 4 3 2 1

做教辅资料（如《英语学习报》、同步练习册）上的练习题	5　4　3　2　1	记高考英语相关材料上的单词	5　4　3　2　1
听英文歌曲	5　4　3　2　1	用英文写日记或周记	5　4　3　2　1
观看英文电影、电视节目	5　4　3　2　1	用英文写便条、信件、电子邮件	5　4　3　2　1
进行听力训练	5　4　3　2　1	参加英语课外辅导班或培训班	5　4　3　2　1
与英语为母语的人士交流	5　4　3　2　1	参加校内外英语活动或竞赛	5　4　3　2　1
用英语和同学、老师交流	5　4　3　2　1	浏览英文网页或网站	5　4　3　2　1

第四部分　高考英语对您高中英语学习的作用

6. 有关高考英语考试对您以下几方面的作用，请在每项后选出一个符合您实际看法的数字：（5= 有很大促进作用　　4= 有较大促进作用　　3= 有一些促进作用　　2= 几乎没有促进作用　　1= 完全没有促进作用）

对英语听力能力的提高	5	4	3	2	1
对英语口语能力的提高	5	4	3	2	1
对阅读能力的提高	5	4	3	2	1
对写作能力的提高	5	4	3	2	1
对掌握高中阶段的英语单词	5	4	3	2	1
对掌握高中阶段的英语语法知识	5	4	3	2	1
对英语学习自信心的树立	5	4	3	2	1
对英语自主学习能力的形成	5	4	3	2	1
对英语学习策略的形成	5	4	3	2	1
对跨文化意识的形成	5	4	3	2	1

第五部分　您对高考英语的认识

7. 以下是高中生对高考英语的认识。请在每项后选出符合您对这些认识实际看法的数字：（5= 赞同　4= 比较赞同　3= 不确定　2= 有些不赞同　1= 不赞同）

高考英语是对高中三年英语学习情况的有效检测	5	4	3	2	1
高考英语能较科学、客观地反映高中生英语水平	5	4	3	2	1
高考英语使我高中阶段英语学习的目标更明确	5	4	3	2	1
高考英语是我高中英语学习的主要动力	5	4	3	2	1
高考英语备考挤占了正常英语教学时间	5	4	3	2	1
高考英语使得我平时的英语学习主要围绕高考要求进行	5	4	3	2	1
高考英语使得我平时的英语学习更关注应试策略的训练	5	4	3	2	1
高考英语要考的内容我才学	5	4	3	2	1
在高考英语中取得的成绩对我以后英语学习的自信心很重要	5	4	3	2	1
在高考英语中取得的成绩使我在同学、家人、老师面前有面子	5	4	3	2	1
在高考英语中取得的成绩对我以后继续学习英语很重要	5	4	3	2	1
在高考英语中取得的成绩对我考上心目中理想的大学很重要	5	4	3	2	1

第六部分　影响您对高考英语认识的因素

8. 以下各方面是否会影响您对高考英语的认识，请在每项后选出符

合您实际看法的数字：（5= 有很大影响　4= 有较大影响　3= 有一些影响
2= 几乎没有影响　1= 完全没有影响）

高考英语在高考总分中所占的比重	5	4	3	2	1
英语不纳入高考统考科目（即高考统考中不考英语）	5	4	3	2	1
高考英语实施一年多考	5	4	3	2	1
为高考备考学校实施高三年级假期或周末补课	5	4	3	2	1
学校平时举行与高考题型相似的考试（如月考、半期考试等）	5	4	3	2	1
让学生使用与高考英语考试题型和考试要求一致的教辅资料	5	4	3	2	1
英语老师对高考英语相关情况介绍	5	4	3	2	1
英语老师对高考应试技巧的讲解	5	4	3	2	1
英语老师布置与高考英语题型相似或一致的练习	5	4	3	2	1
父母对高考英语的看法和态度	5	4	3	2	1
父母对我在高考英语中的期望	5	4	3	2	1
邻居或亲戚对高考英语考试的看法和态度	5	4	3	2	1
同学和朋友对高考英语的态度和备考做法	5	4	3	2	1
高考英语题型（即项目）	5	4	3	2	1
高考英语各项目分值分配	5	4	3	2	1
高考英语各项目时间分配	5	4	3	2	1
高考英语总体难度	5	4	3	2	1
高考英语评分标准	5	4	3	2	1

　　问卷到此结束，非常感谢您的参与和支持！

附录2

问卷调查实施注意事项

尊敬的各位老师：

您好！此次调查对当前研究非常重要。为保证问卷完成的质量，请在问卷调查实施前认真阅读注意事项并严格遵照执行，非常感谢您的支持和配合！

1. 请学生务必如实填写问卷。

2. 请学生务必认真完成问卷，不可漏填、多填。（最好交卷前请学生检查一遍，也可每组指派学生核查或请老师您当场核查一下。）

3. 为确保问卷填写质量，请老师们把时间安排在上课时间或自习时间完成，请不要发下去学生自行完成后收回。

4. 请您给学生较充分的时间完成问卷，建议不要在上午或下午最后一节课的最后时间点进行。

5. 此次调查抽取了各年级不同层次各一个班，请在问卷收上来后，在该班问卷第一页上注明该调查班级的层次：如实验班、平行班、国防班等。请根据您做调查班级实际层次如实填写。

6. 高三年级建议在5月25号前完成，高一、高二年级6月15日前完成。

7. 问卷寄回地址：（此处略）

附：

寄回问卷的快递费。

再次真诚感谢各位老师的帮助和配合！

恭祝各位老师工作顺利，万事如意！

2014 年 5 月 12 日

附录 3

学生英语学习背景信息表

姓名		性别		年龄		年级	
父亲学历			母亲学历				
父亲职业			母亲职业				

您从何时开始学英语,迄今学了几年?	
您对高中阶段的英语学习持何看法和态度?	
您对高考英语持何看法和态度,并为此做过什么准备和打算?	
您的联系方式(电子邮箱、QQ 号、手机等)	

附录4

英语学习日志填写说明表（课堂）

填表项目	填写内容参考
学习活动	单词听写，复习上一节教学内容，作业讲评，评析试卷，课堂练习，随堂考试，课本学习，考试策略介绍等
教学内容	语言知识：词汇讲解、语法知识；技能训练：听力、口语、阅读、写作 做练习题或考题，讲评练习题或考题，学生自修或自学
学习材料 （注明材料名称以及出版机构）	教材； 教师自编的补充教学材料或者练习题 教辅资料、模拟试题、报纸、杂志 以往高考英语真题、模拟试题
教学方式方法	教师分析课文学生听课并记笔记 教师提问学生回答，然后教师针对学生回答进行反馈或评析 让学生齐声或个别朗读 组织学生两人配对练习、角色扮演、小组讨论、辩论等 进行句型操练强化语言点或语法知识 让学生做练习题巩固教学内容
参与或执行情况	老师进行各项课堂活动时你参与的情况（如是积极思考并积极参与老师组织的各项课堂活动，还是因某种原因课堂学习精力不够集中），你是否积极发言，为什么？
学习中的想法和感受	课堂上学习英语时的任何想法和感受（你听懂了内容后的喜悦与成就感，或因没听懂某些内容而沮丧与焦虑，还可以分享你好的学习经验，也可以就英语老师的英语教学和自己的英语学习发表自己的看法）
作业布置	记录老师当堂课所布置的课后作业

附录 5

英语学习日志填写说明表（课后）

填表项目	填写内容
学习活动	本表中的活动是指相对完整的一项学习任务。高中学生常见的课外英语学习活动列举如下： （1）记单词／短语　（2）做练习题（同步练习词汇练习题或语法练习题）　（3）听力训练　（4）阅读训练　（5）写作训练（注明写作话题和体裁）　（6）高考英语模拟题或以往真题　（7）朗读单词、课文　（8）背诵课文或段落　（9）阅读报纸、杂志　（10）阅读英文读物或英语故事书（故事名称或书名以及当天读了多少页）　（11）看英文电影（片名；哪个国家的；是否有字幕；字幕语种；看的过程中是否看字幕）　（12）听英文歌曲（歌曲名称，能否听懂歌词）　（13）观看英文电视节目　（14）收听英文广播节目　（15）和同学、朋友、老师、家长用英文进行交流　（16）浏览英语网站　（17）参加英语竞赛活动　（18）参加课外英语辅导班　（19）其他
时间	指每项活动的起止时间
来源／材料	填写进行此项学习活动所采用的材料或者来源（如听力来源可能是听力教程、听力专项训练题；观看英文电影，来源是电影名称和国名）
方式、方法	填写进行此项学习活动所采用的方式方法
目的和原因	进行此项学习的活动的目的或原因
学习中的想法和感受	指课外学习英语时的任何想法和感受（你听懂了内容后的喜悦与成就感，或因没听懂某些内容而沮丧与焦虑，还可以分享你好的学习经验，也可以就英语老师的英语教学和自己的英语学习发表自己的看法）
课后作业完成情况	指当天的课后作业是否完成以及完成质量，如练习题做对的比例

附录6

学生英语学习日志表（课堂）

周次：_____ 星期：_____ 日期：

学校：_____ 年级：_____ 姓名：_____ 性别：_____

	活动 1	活动 2	活动 3
学习活动			
主要内容			
使用材料			
方式／方法			
学习中想法、感受			
作业布置			

附录 7

学生英语学习日志表（课后）

周次：_____ 星期：_____ 日期：

学校：_____ 年级：_____ 姓名：_____ 性别：_____

	活动 1	活动 2	活动 3
学习活动			
时间			
来源 / 材料			
方式方法			
目的 / 原因			
学习过程中的想法和感受			
课后作业完成情况			

附录 8

学生英语学习日志填写参照表（课堂）

周次：第 1 周　　星期：一　　　　日期：2014 年 2 月 24 日

学校：×× 中学　　年级：高二年级　　姓名：×××　　性别：男

	活动 1	活动 2	活动 3
学习活动	听写单词短语句型	讲解语法	
主要内容	Unit 1 课文中重点短语句型和课后单词	虚拟语气	
使用材料	人教版教材	教材；语法学习辅导书	
方式／方法	老师读，学生写，学生互改	老师讲解语法规则，然后提供了大量的例子练习，最后还做了课堂练习题巩固	
学习中想法、感受	有些单词不会写，单词很重要，下次加强单词记忆	糟糕！老师说虚拟语气是高中阶段的重要语法知识，高考每年必考，课后我必须认真再看看书，一定要把它弄懂	
作业布置	布置新课标导学后面第 10 页的虚拟语气练习题	预习 Unit2 单词和课文	

附录9

学生英语学习日志填写参照表（课后）

周次：第 1 周　　　　星期：一　　　　日期：2014 年 2 月 24 日

学校：×××中学　　　年级：高一　　　姓名：×××　　性别：女

	活动 1	活动 2	活动 3
学习活动	记单词（20 个）	做听力练习题 1 套	做阅读理解 5 篇
时间	18：30～19：20	19：30～20：30	21：20～22：00
来源／材料	教材 Unit 3 课后的单词	《高中英语听力教程》	*English Weekly*
方式方法	先朗读单词，然后边读边写在本子上	先读题，然后再反复听，听不懂的查看原文	先读题，了解文章大意，然后阅读文章，做题，核对答案，查不认识的单词和不理解的句子
目的／原因	巩固所学的单词，明天老师课堂上要听写单词，所以要认真记	希望提高听力水平，能在高三第一次听力中考出好成绩	提高阅读理解能力，因为期末考试或高考英语考试中阅读占了很大比重
学习过程中的想法和感受	单词容易遗忘，每次记住了过一段时间又忘了，所以还是要学会使用，在使用中巩固；英语词汇很重要，是英语学习的基础	听力是我的弱项，必须加强听力训练，听力训练时应该静下心来认真听，不能着急和想别的事情	每次考试时间都不够，尤其是阅读理解，时间不够的主要原因是阅读速度太慢、词汇量太小，我一定要加强阅读理解训练
课后作业完成情况	基本记住了这 20 个单词	一套题 30 分得了 19 分，做对 60% 左右	阅读 5 篇，20 个问题对了 14 个，做对 70%

附录 10

学生英语学习日志样表（课堂）

× 周次：第 3 周　　星期：三　　　　　日期：2014 年 3 月 7 日

学校：×× 中学　　年级：高一年级　　姓名：×××　　　性别：女

	活动 1	活动 2	活动 3
学习活动	评讲 p. 50（5）	评讲报纸 27 期	讲周周练 Unit 2　单选
主要内容	翻译句子	反复强调数、人称的变化；加强情态动词的运用	讲题时加强对从句、定语、状语的理解
使用材料	教材	报纸	周周练
方式 / 方法	学生先在下面自己翻译，老师再评讲怎么翻译及翻译用的句型、搭配方式	老师批改后，针对错得普遍的题进行讲解后 + 答疑	学生先做后，先对答案，并进行相应修改后老师一一讲解并分析
参与 / 执行情况	大部分都能翻译出来，喜欢用简单句进行翻译，而不习惯用高中学到的高级句型	认真做笔记	做好笔记
学习中想法、感受	上高中后阅读这方面练习太少，忘了一些常用搭配，以后还是要多读、多记	做题还是要把整个句子用意弄明白，不能凭感觉赶写	对主语、定语、状语从句不清楚；但对于这一单元做题并没有影响，每当不会做时就把答案代进去读一遍，感觉对就填上；15 题错 2 题觉得还是有运气的成分
作业布置	无	无	英语报纸 28 期（周末作业）

× 周次：第 3 周　　星期：一　　　　　　日期：2014 年 3 月 3 日
学校：×× 中学　　年级：高二年级　　姓名：×××　　　性别：女

	活动 1	活动 2	活动 3
学习活动	背课文	讲解单词	整理笔记，并背诵一段课文（后面的课后活动 3，写错位了）
主要内容	Unit 1 课文中第一篇阅读的一段	Unit 2 中部分重点单词	对上课时的笔记进行整理，并背 Unit 1 的第二篇课文第一段
使用材料	教材	教材，英语同步解析与测评（p22-27 页）	教材 Unit 1，上课时的笔记
方式／方法	上课后，学生统一背诵，老师检查，认真背诵	老师对每个单词的意思、用法进行讲解并拓展，讲一些特定搭配、短语，学生认真听讲并做好笔记	对笔记进行整理，课余时间背诵课文
参与／执行情况	课文背熟了，语感也强了，有些句型、单词也在背诵中一并记忆了	认真听老师讲解，虽然精神不是很好，但还是坚持了下来	花的时间较少，但该做的都做了，课文也基本背熟了
学习中想法、感受	对所讲知识进行归纳总结，整理好笔记，记 Unit 2 后面部分的单词和短语，明天听写	有些知识点基本都忘了，内容太多，不容易记，要记的东西太多，跟不上节奏	对知识点进行了再一次巩固
作业布置			

学生英语学习日志表（课堂）

×周次：第　周　　星期：一　　　　日期：2014 年 2 月 24 日

学校：×× 中学　　年级：高三年级　　姓名：×××　　　性别：女

	活动 1	活动 2	活动 3
学习活动	作业讲评	评析试卷	评析报纸
主要内容	讲评练习题	讲评考题	讲评试题
使用材料	*English Weekly*	模拟试题	*English Weekly*
方式 / 方法	教师分析题，学生听课并记笔记	教师分析题目，学生听课并做标记	教师分析题，学生听课并做标记
参与 / 执行情况	未认真听讲，未积极回答问题，因为是提前做完并改正过的	听课较认真，没有整理其他事情	听课较认真
学习中想法、感受	上课还是应该跟老师讲评的进度走，就算已提前完成也要认真听讲并回顾做错的内容	以前做错的要做巩固练习，加深记忆，加强训练	再次做题时回顾以前的做题思路，有了些许收获
作业布置	预习"选修 8"，Unit 2 单词与优化探究相关部分	*English Weekly* 相关部分（未完成的做完）	预习并完成作业未完善的部分

附录 11

学生英语学习日志样表（课后）

× 周次：第 4 周　　星期：六　　　　　　日期：2014 年 3 月 15 日

学校：×× 中学　　年级：高一年级　　姓名：×××　　　性别：

	活动 1	活动 2	活动 3
学习活动	晨读	做两篇阅读	完成作业
时间	7：30-8：00	10：00-10：30	16：30-17：30
来源 / 材料	教材	《高中新课程导学》的活页	《高中新课程导学》
方法	先朗读单词，后读课文，不会读的做上标记	先浏览文章，读大意，后读题，带着问题再把文章细读一次，最后核对答案，找出原因	先完成会做的，最后核对答案
目的 / 原因	有利于培养语感，提高阅读能力，便于记单词	提高阅读能力	巩固所学知识
学习过程中的想法和感受	本单元的人名、地名较多，文章较长，读起来有一定难度，在以后学习过程中，要注意提高"读"的能力	我的弱项是完形填空，正确率一般只有 50%，需总结出一套更好的方法	平时的作业不可"明日复明日"，一旦养成这种习惯容易形成恶性循环，影响学习效果、学习质量
课后作业完成情况		完成情况较差，总共 12 道小题，错了 4 道	在一个小时内完成了 Part 2 和 Part 3 部分

✕ 周次：第 3 周　　星期：一　　　　日期：2014 年 3 月 3 日

学校：✕✕ 中学　　年级：高二年级　　姓名：✕✕✕　　　　性别：

	活动 1	活动 2	活动 3
学习活动	做同步练习词汇练习题	巩固前一单元单词	听力训练
时间	12：50-13：10（20 分钟）	11：30-11：40（10 分钟）	6：30-6：45（15 分钟）
来源／材料	《同步解析与测评》	《英语》教科书	《全国英语等级听力考试 PETS-2》
方法	先仔细阅读词汇详解，然后再做其后的相关习题	把已经听写过的单词重新默读几遍，并将有些生疏的单词重新拼写一遍	先读题，再听和回答问题，听不懂的看一遍听力原文
目的／原因	加强巩固新单元的新词汇	记牢并掌握所有的必学词汇	提高听力水平
学习过程中的想法和感受	有些习题难度较高，需重新翻阅前面的知识点才有可能做到	单词是英语学习的基础，增大词汇量是学好英语的前提	听力是我的弱项，还有很多方法没有掌握，需要通过多听多练来提高
课后作业完成情况	习题基本完成了，但还有几道题不懂	有些单词的汉语意思记不牢	听力已经完成

×周次：第7周　　星期：二　　　　　日期：2014年4月8日

学校：××中学　　年级：高三年级　　姓名：×××　　　性别：

	活动1	活动2	活动3
学习活动	记名言	做完形填空与阅读理解	记单词
时间	18:40-19:00	19:00-19:20	19:20-19:30
来源／材料	《高中英语写作微技能》（译林出版社）	完形填空与阅读理解，《周秘计划》（湖南师范大学出版社）	Unit 3 的课后的单词
方法	边记边写	先阅读全文，然后填空，再读全文，先看问题，快速阅读，选答案	先朗读单词，然后在本子上边读边写
目的／原因	以便以后在英语作文中用到	提高做题速度	巩固所学的单词
学习过程中的想法和感受	就怕记了以后用的时候还是记不起	某些句子不能理解	单词容易遗忘，要经常复习
课后作业完成情况	记了20句	错得多	还有几个容易混淆，明天听写前再复习一下

附录 12

教师访谈提纲

访谈对象	访谈目的	访谈要点与访谈问题	访谈方式与地点	记录方式
高中英语教师	了解高中英语老师对高考英语的看法以及高考英语在高中学生英语学习中所起的作用	★了解老师的年龄、职称、从事高中英语教学的时间等信息 ★了解老师对高中英语教学的看法和感受 ★了解老师对高考英语的看法和感受 ★让老师谈谈高考英语考试在高中学生英语学习中所起的作用	电话访谈，研究者家里	电话录音
	针对问卷调查和学习日志中反映出的一些现象通过对教师的访谈进行阐释	★为什么高一、高二进行写作活动频率较低，在高三年级活动频率迅猛增长？ ★为什么课堂日志中反映出在整个高中阶段口语训练都很少？ ★为什么布置课外作业时基本都是让学生做练习题？	电话访谈	电话录音

附录 13

学生访谈提纲

访谈对象	访谈目的	访谈要点和访谈问题	访谈方式与地点	记录方式
高中学生	了解学生对高考英语的看法、英语学习动机类型、课堂课外英语学习情况为编制问卷和日志表提供参考	★了解学生对高考英语考试的看法和感受 ★了解学生对英语学习的看法 ★了解学生课堂英语学习情况 ★了解学生课外英语学习情况	小组访谈；教师办公室	纸笔记录要点
	了解学生英语学习的动机以便与问卷调查中的数据形成交互验证，同时也进一步探究不同年级学生英语学习动机存在差异的原因	★了解学生在高中阶段英语学习的动机 ★了解高考英语是否影响学生英语学习的动机 ★了解高考英语对高中学生英语学习的影响或作用	面对面个别访谈；教师办公室	专业录音棒录音
	针对问卷调查和学习日志中反映出的一些现象通过对学生的访谈进行阐释	★为什么课外英语学习中高一、高二年级很少进行写作训练，到高三频率明显增加？ ★为什么整个高中阶段课外进行口语训练很少？ ★为什么课外英语学习中做练习题成了学生主要的学习活动？	面对面个别访谈；教师办公室	专业录音棒录音

附录 14

教师访谈转写稿（节选）

研究者：黎老师，请问您工作几年了？

黎老师：这是第六年。

研究者：那您教过几届高三？

黎老师：两届。

研究者：我想请您谈谈您对目前高考英语考试的认识和看法，好吗？

黎老师：嗯，高考英语考试……

研究者：也就是说，您认为目前高考英语考试对您的教学和学生的英语学习是否有影响？

黎老师：我们现在的教学分两块进行。一方面，我们学校是名校，必须要抓学生升学率，一方面我们的教学，特别是基础知识这块靠高考的考点去抓。因为高考一方面是考英语的基础，比如说单词、语法基础知识的储备，另一方面是考对知识的运用，比如完形、阅读，把语言运用到语境中去。这样的话，我们平常的教学一方面往高考这方面靠，我们讲课的时候，语言点往高考靠，还有平时做的训练都是以高考的模式训练。比如说现在重庆高考的完形有两篇，大完形和小完形。我们从高一开始就在练这种题型，使学生熟悉这种做题技巧。总体上，我们的教学一方面往高考方面抓，另一方面我们学校学生的英语能力比较强，我们也要把他们的语言能力提升上去，不只是为了考试来教学。比如说在语言这块的话，我从高一开始都在搞"Daily Report"每日报告，发动学生用英语来表达自己对……高一比较简单，因为他们才上高中，让

他们介绍西方的东西，如旅游、饮食、西方的一些地方。慢慢地，
他们做完一段之后，就提高要求，就可以把文化呀，还有习俗呀，
加入进去给大家介绍。真的说，语言表达能力这块，我们在加强
这方面的训练，因为语言本身是用来交流的，所以这块我们也很
重视，不只是为了做题呀！当然，题肯定是要做的，分两块走。
现在我的教学大概采用这两种方式，一方面肯定要靠高考，另一
方面也不能忽视学生英语语言能力的运用。上课这两块都是揉在
一起的。

研究者：也就是说，在您的课堂上，比如高一、高二的话基本上是正常的
教学，除了关注高考外，还要关注学生语言能力方面。

黎老师：对，除了考试外，还是要让他们去运用，不是每天都是做笔记，
做题呀，这样的话也很枯燥，而且这样的话也丧失了语言教育的
根本目的，最根本的目的是让他们能够交流，能够表达出一些东
西。

研究者：您认为考试对您的教学产生了正面还是负面的影响，或者兼而有
之？

黎老师：每一个事情都有正面和反面之分。比如高考，每年都会发考纲给
老师，好处是给我们这些年轻老师以指导，而且指导很清晰，（教
学中）应该讲什么，讲到哪个程度，这块的话，就指导来说让我
们的教学有条线去抓，有个导向和限制，不是尽量扩展，它还是
有个限制，因为要往（高考）这方面去靠，对我们还是有一定指
导性。另一方面，高考……特别是高三的时候，高一、高二还好，
特别是高三的时候就更多向高考倾斜了。上了两届高三，现在这
个高三觉得很无聊，因为高三的更多时间放在练题上面，对于高
三的话影响还是很大。我们的教学完全都是很枯燥的，复习，语
法复习，单词复习，做题，每天都是做这些。娃儿（学生）他们

也麻木了……

研究者：你们高三复习是什么样的思路？

黎老师：高三的时候我们还是要复习教材，我们用的是外研社的教材。高一高二必须把必修六上完，必修七的话……其实我们学校还是在思考这个问题，在高三的时候，每天都做题很无聊，娃儿（学生）也不喜欢，也很被动。其实我们高三上学期的时候还是坚持用教材，要娃儿去读些东西，不要成天一味地去做题，相当于刷题嘛！第一轮我们边上新东西，上新教材，学习新文章。只是在这轮我们加入了复习，加入了语法复习，语法专项复习，我们每年都是这种做法，到高三后面我们把必修七上完后，进行字、词、句二轮复习。专门复习做题。

研究者：您觉得高考英语考试在您的学生英语学习过程中扮演了什么角色，或者说起了什么作用？比如，高考中有阅读理解题型，您认为学生在高考阅读备考过程中是否会促进阅读理解能力的提高？

黎老师：我觉得应该有促进作用。比如听力，高考要考，虽然我们学校走两条线，但是高考要考的，我们在日常教学中就要去练，要去听，相应地这块就会得到加强。因为听力在高考中已规定了，你就必须要达到这个水平才能拿这个分数，现在这些学生有些功利心理，高考要考什么，学生心里很清楚，要考的东西，老师要给他们介绍，比如某个题型，它要考什么，学生应该注意什么问题，都会告诉学生，而且学生自己也晓得，学生潜意识中就会去关注这块。比如说，听力，高三9月份就要考听力了，现在都在加强听力方面的训练，而且这方面弱一点的学生，会主动向老师寻求他可不可以再听点额外的东西，或其他听力资料，听力需要哪些方法和策略呀，他都会主动问老师，我觉得这点对学生的主动性还是有一定影响，至少对我们学校的学生来说是这样。

研究者：换句话说，您认为高考英语考试，如听力考试对学生的听力有促进作用，是吗？

黎老师：因为有规矩定在那里，你必须要考这个分数，它对学生由一定促进作用，如果没有这个考试，很多学生就不会去做这些事，如听力吧，他就不会去听。

研究者：高考中没有口语考试，在您平常的教学中会不会因为考试不考，就不太重视甚至忽视？

黎老师：口语在我们学校是不会这样的。我们学校高一还有专门的外教口语课。正如我前面说到的，我们学校一方面要抓高考，因为有高考在那里，学生肯定会去关注那些东西。另一方面，我们也要抓学生语言能力的运用，口语是语言能力运用中很重要的部分，我们学校不会（只关注考试，忽视语言能力），很多学生心里也很清楚，语言这个东西交流需要，中国将更加国际化，学生也会主动去接触这块。很多学生问要不要去补口语，问我怎么练口语，补口语，很多学生还向我咨询这方面的问题。整体上，高考英语考试有没有口语考试对我们没有很大的影响，大部分学生都会这样，但还是有个别学生觉得不考口语就不去关注和重视口语。我觉得高考对学生还是有积极作用的，因为没有高考，显得很散，不仅是高考，还有很多学生出国，考托福、雅思等。比如托福分四块，听力、口语、阅读、写作，新东方针对这四个科目对学生进行培训，肯定对学生水平有提高，也必须要提高。

研究者：高考英语考试对学生词汇、语法有没有提高？

黎老师：有，毕竟考试存在肯定会促进学生去学去记。比如高考要求词汇3500，你就必须达到这个水平才能参加这个考试，如只有1000单词的词汇量，你去考试，你就考不上。

附录 15

学生访谈转写稿（节选）

研究者：你学习英语的动机是什么？

何同学：主要是课程学习的需要，此外，也由于学习英语有些用处。在以后的学习、生活中比较有用。现在学习英语的目的是高考。学习英语对以后可能会有很多用处，但就目前而言，最重要的是高考。现在学英语主要是为了考试，可能以后会有不同。看到有的学生在求职时因英语不好而拉后腿时，感觉到学英语的重要性。也担心自己英语不好影响以后找工作或自己的发展，因此有促使自己要去学英语的意识。

研究者：请你谈谈你对高考的看法？

何同学：高考很公平，尤其对我们这些农村的孩子来说，要是没有高考，就不知道未来的路该怎么走，高考给了我们公平竞争的机会，对我们农村人是一条很好的路子，通过高考可以改变我们的命运。

研究者：如果高考不考英语，你还会学英语吗？

何同学：可能会学。

研究者：你觉得高考英语考试对你有什么影响？

何同学：由于自己英语成绩不好，我的整体成绩被英语拉下来了，影响我的高考总分。

研究者：你觉得你英语不好的原因是什么？

何同学：从小英语学习就在乡镇，初中才开始接触英语，起步晚。

研究者：你平时课外怎么学习英语？

何同学：做各种练习题。

研究者：主要做哪方面的练习题？

何同学：模拟题和真题。

研究者：做模拟题多一点还是真题？

何同学：模拟题多点，平时做题主要是按照老师的要求完成，老师让做什么就做什么。

研究者：平时课外练习题为什么更多是做题，比如课外为什么是做阅读训练题而不是阅读课外读物？

何同学：因为高考就是这种题型，平时训练采用这种方式更直接，更有针对性。通过做题还可以积累更多单词，而且做题印象比较深刻。

研究者：做课外练习时主要涉及哪些题型？

何同学：阅读、完形填空、单项选择等。听力考过了所以现在不再听了。写作平时很少练。

研究者：写作在高考中占的分数较高，如果平时很少写怎么能应对高考呢？

何同学：写作主要是应对考试。写作很简单，基本有一个固定的模式，按照这个模式去做就可以了。因为得高分难，所以没想过要拿高分。稍微准备下，就可拿一定分数，而且写作分数拉不开差距，大多数写作的分数差不多。

研究者：你们平时如何去备考写作的？

何同学：看了题目后直接就写，没想很多。我也不知道是否达到要求，感觉只要不偏离主题，得到的分数还可以。

研究者：你指的分数指大概多少分？

何同学：高考英语写作有 35 分，我心目中如果能拿到 23 ~ 24 分就基本满意了。

研究者：平时课外练习中，你们进行口语训练吗？

何同学：我自己的发音不好，所以不愿意开口说。口语比较重要，但由于从小没有这种说英语的感觉，没有练习口语的意识，导致口语训练较少。还有就是现在高考英语口试不计入总分。如果计入总分，肯定会去练习。总的来说，目前英语学习主要是为了高考。

研究者：高考英语考试对你的英语学习有何影响？

何同学：影响比较大。高考有一些积极作用，它可以促使我们学英语。我赞成高考考英语，高考是促进英语学习的一种好的方式。除了高考外，还可以通过其他方式促进英语学习，如过级。如果过级了，表明英语学得差不多了。

研究者：你赞成高考英语一年多考吗？

何同学：我觉得高考实施一年多考比较好，一来机会多，二来可以促使自己经常学英语。一年多考也有不足，如在时间分配上会有问题。

研究者：你觉得高考有不好的方面吗？

何同学：考试内容太死板。英语选择题比较多，猜测成分较多，运气成分较大，对于英语学习一般和英语学习不好的学生有时因为运气原因导致之间差距不大，因此，感觉不够公平。作文不好的地方，层次拉不开，只要大家稍微准备下，得的分数差距不大。这样会影响学生学习的积极性和学习热情。

附录 16

2015 年高考考试说明——英语

I. 考试性质

普通高等学校招生全国统一考试是由合格的高中毕业生和具有同等学力的考生参加的选拔性考试。高等学校根据考生的成绩，按已确定的招生计划德、智、体全面衡量，择优录取。因此，高考应有较高的信度、效度，适当的难度和必要的区分度。

II. 考试内容和要求

根据普通高等学校对新生文化素质的要求，依据中华人民共和国教育部 2003 年颁布的《普通高中课程方案（实验）》和《普通高中英语课程标准（实验）》，确定本学科考试内容。

考核目标与要求

一、语言知识

要求考生掌握并能运用英语语音、词汇、语法基础知识以及所学功能意念和话题（见附录 1 至附录 5），要求词汇量为 3500 左右。

二、语言运用

1. 听力

听力是与外国人直接交往中必不可少的一种语言能力。该部分要求考生听懂有关日常生活中所熟悉话题的简短对话和独白。考生应以：

（1）理解主旨和要义

任何一段对话或独白总会围绕一个主旨或者一个中心思想展开。有时，主旨要义会比较明确；有时则会贯穿整个对话或独白，考生需自己去归纳、概括。

（2）获取事实性的具体信息

为了说明和支持主旨，对话或独白中总会出现一些具体信息，如时间、地点、人物等。这些信息是理解和把握对话或独白主旨必不可少的内容，也常常是听力部分的重点考查项目。

（3）对所听内容作出简单推断

话语发生的场合、说话者之间的关系等对话含义的理解起着举足轻重的作用，对这些背景知识的推断能力在一定程度上可以体现一个人对口语的理解能力，因而也是听力测试所要考查的重点项目之一。

（4）理解说话者的意图、观点和态度

一般来讲，说话者总会有说话的意图，或是提出或回答问题，阐述自己的想法，或者表明自己的态度或意见，对此的理解或推断在一般交往中非常重要。有时，说话者的意图或观点是明说出来的；有时，则隐含在对话的字里行间，需要听者自己去揣摩、推断。

2．阅读理解

阅读文章是我国考生接触外语的最主要途径，因此，阅读理解在试卷中占权重较大。该部分要求考生读懂熟悉的有关日常生活话题的简短文字材料，例如公告、说明、广告以及书、报、杂志中关于一般性话题的简短文章。考生应能：

（1）理解主旨和要义

任何一篇文章都会有一个主旨要义。有时从文章的第一个段落，甚至第一个句子即可得出文章的主旨要义，从这一段或这个句子读者会知道文章描述的是谁或什么（即文章的主题），亦会了解作者希望读者了解主题方面的哪些内容。有时，文章的主旨要义则需从文章的字里行间进行推断。这类试题主要考查考生略读文章、领会大意的能力，它对考生的归纳、概括能力有一定的要求。

（2）理解文中具体信息

文章主题和中心思想的阐述往往需要大量细节信息的支持，这些细节对于理解全文内容至关重要，同时也是归纳和概括文章中心思想的基础。命题人员往往会要求考生根据不同的要求，阅读文章以获得某些特定的信息或准确地寻求所需的细节。这类试题有时比较直接，理解字面意思即可答题；有时则较为间接，需要归纳、概括和推理才能答题。

（3）根据上下文推断生词的词义

正确理解文章中单词或短语的含义是理解文章的第一步，也是理解文章的基础，不懂单词含义根本就谈不上理解文章。但英语单词的含义并非完全等同于词典中所标注的汉语意思，其含义随不同的语境会有所不同。能根据上下文正确理解灵活变化的词义，才算是真正初步具备了一定的阅读理解能力。此外，阅读文章时，常常会遇到一些过去未见过的词，但许多这类生词的词义可以通过上下文推断出来。这种不使用词典而通过阅读上下文来推断生词含义的能力，是一个合格的读者所必须具备的能力，因此也是阅读测试中经常检测的一种能力。

（4）作出判断和推理

阅读文章的主要目的是获取信息，即作者所要传达的信息。在实际的阅读活动中，有时需要根据文章提供的事实和线索，进行逻辑推理，推测作者未提到的事实或某事发生的可能性等。

（5）理解文章的基本结构

英语文章讲究使用主题段和主题句。主题段通常在文章开头，简要概括文章的中心思想，主题句可能在一段的开头，也可能在中间或末尾，作用是交代该段的中心思想，再由全段展开或讨论这个意思。各个段落通常由某些起连接作用的词语连接，以使文章行文连贯。如果希望准确、深刻地理解一篇文章，必须对文章的结构有所了解，把握住全篇的文脉，即句与句段与段之间的逻辑关系。

（6）理解作者的意图、观点和态度

每篇文章都有一个特定的写作目的，或是向读者传递某个信息，或是愉悦读者，或是讲授某个道理。而这些信息通常并不是明确表达出来，而是隐含在文章之中。因此，这类问题要求考生在理解文章总体内容的基础上，去领会作者的言外之意。

3．写作

写作是四项语言技能中不可分割的一个重要部分，更是语言生成能力的重要表现形式。该部分要求考生根据提示进行书面表达。考生应能：

（1）准确使用语法和词汇

语言的准确性是写作中不可忽视的一个重要方面，因为它直接或间接地影响到信息的准确传输。应用语法结构和词汇的准确程度是写作部分评分标准中的一项重要内容。

（2）使用一定的句型、词汇，清楚、连贯地表达自己的意思

任何一篇文章都需要有一个主题，作者应该围绕该主题，借助一些句型、词汇等的支持，清楚、连贯地表达自己的思想。

III. 关于考试形式与试卷结构的说明

试卷由第 I 卷和第 II 卷两部分组成。第 I 卷包括第一、二和第三部分的第一节，为选择题。第 II 卷包括第三部分的第二节和第四部分，为非选择题。

第一部分：听力

本部分共两节，测试考生理解英语口语的能力。

第一节：共 5 小题，每小题 1.5 分。要求考生根据所听到的 5 段简短对话，从每题所给的 3 个选项中选出最佳选项。每段录音材料仅读一遍。

第二节：共 15 小题，每小题 1.5 分。要求考生根据所听到的 5 段对话或独白，从每题所给的 3 个选项中选出最佳选项。每段录音材料读两遍。

听力考试进行时，考生将答案标在试卷上；听力部分结束后，考生有两分钟的时间将试卷上的答案转涂到答题卡上。

本部分所需时间约 20 分钟。

第二部分：阅读理解

本部分共两节，测试考生阅读理解书面英语的能力。

第一节：共 15 小题，每小题 2 分。要求考生根据所提供短文的内容（不少于 900 词），从每题所给的 4 个选项中选出最佳选项。

第二节：共 5 小题，每小题 2 分。在一段约 300 词的短文中留出 5 个空白，要求考生从所给的 7 个选项中选出最佳选项，使补足后的短文意思通顺、前后连贯。

本部分所需时间约为 35 分钟。

第三部分：语言知识运用

本部分共分两节，考查考生对语法、词汇和语用知识的掌握情况。

第一节：共 20 小题，每小题 1.5 分。在一篇约 250 词的短文中留出 20 个空白，要求考生从每题所给的 4 个选项中选出最佳选项，使补足的短文意思通顺、前后连贯、结构完整。

第二节：共 10 小题，每小题 1.5 分。在一篇 200 词左右的语言材料中留出 10 个空白，部分空白的后面给出单词的基本形式，要求考生根据上下文填写空白处所需的内容（1 个单词）或所提供单词的正确形式。

本部分所需时间约为 30 分钟。

第四部分：写作

本部分共两节，测试考生的书面表达能力。

第一节：满分 10 分。本题给出一篇约 100 个单词的短文，文中有 10 处错误，错误类型包括语法、句法、行文逻辑等。要求考生对每个句子进行判断，如有错误即将其改正。

第二节：满分 25 分。要求考生根据所给情景，用英语写一篇 100 个单词左右的短文。情景包括目的、对象、时间、地点、内容等；提供情景的形式有图画、图表、提纲等。

本部分所需时间约为 35 分钟。

试卷题目数、计分和时间安排如下：

内容	节	题量	计分	时间（分钟）
第一部分：听力	一	5	7.5	20
	二	15	22.5	
第二部分：阅读理解	一	15	30	35
	二	5	10	
第三部分：语言知识运用	一	20	30	30
	二	10	15	
第四部分：写作	一	10	10	35
	二	1	25	
总计：		80+1	150	120

（http：//wenku. baidu. com/link？ url=eU9CXQzh-Ij9JY-r52137a05-qpX-G9hM4HIEnfpm8qoizsU Up4HpmPhYR2MV1Nfxyt_L9Tzyq9Lr3nVCGdvo2kT0XdU6TvMgKFNK8Lsl4C）

附录 17

2015 年普通高等学校招生全国统一考试（重庆卷）

英语试题卷共 10 页。满分 120 分。考试时间 100 分钟。

注意事项：

1. 答题前，务必将自己的姓名、准考证号填写在答题卡规定的位置上。

2. 答选择题时，必须使用 2B 铅笔将答题卡上对应题目的答案标号涂黑。如需改动，用橡皮擦擦干净后，再选涂其他答案标号。

3. 答非选择题时，必须使用 0.5 毫米黑色签字笔，将答案书写在答题卡规定的位置上。

4. 所有题目必须在答题卡上作答，在试题卷上答题无效。

5. 考试结束后，将试题卷和答题卡一并交回。

一、单项填空（共 15 小题；每小题 1 分，满分 15 分）

请从 A、B、C、D 四个选项中，选出可以填入空白处的最佳选项，并在答题卡上将该选项的标号涂黑。

1. —Is Peter coming？

   —No，he ＿＿＿ his mind after a phone call at the last minute.

   A. changes   B. changed   C. was changing   D. had changed

2. The meeting will be held in September，but ＿＿＿ knows the date for sure.

   A. everybody   B. nobody   C. anybody   D. somebody

3. I just heard ____ bank where Dora works was robbed by ____ gunman wearing a mask.

    A. the; /   B. a; /   C. the; a   D. a; the

4. If you miss this chance, it may be years ____ you get another one.

    A. as   B. before   C. since   D. after

5. —I can drive you home.

    — ____ , but are you sure it's not too much trouble?

    A. That would be great   B. Don't bother

    C. I'm afraid not   D. Take care

6. ____ in the poorest area of Glasgow, he had a long, hard road to becoming a football star.

    A. Being raised   B. Raising   C. Raised   D. To raise

7. Without his wartime experiences, Hemingway ____ his famous novel *A Farewell to Arms*.

    A. didn't write   B. hadn't written

    C. wouldn't write   D. wouldn't have written

8. We must find out ____ Karl is coming, so we can book a room for him.

    A. when   B. how   C. where   D. why

9. Bach died in 1750, but it was not until the early 19th century ____ his musical gift was fully recognized.

    A. while   B. though   C. that   D. after

10. Last year was the warmest year on record, with global temperature 0.68℃ ____ the average.

    A. below   B. on   C. at   D. above

11. Like ancient sailors, birds can find their way _____ the sun and the stars.

　　A. used　　B. having used　　C. using　　D. use

12. You _____ be Carol. You haven't changed a bit after all these years.

　　A. must　　B. can　　C. will　　D. shall

13. In my hometown, there is always a harvest supper for the farmers after all the wheat _____ cut.

　　A. will have been　　B. will be　　C. was　　D. has been

14. He wrote many children's books, nearly half of _____ were published in the 1990s.

　　A. whom　　B. which　　C. them　　D. that

15. —Hello Jenny, can I see Ms. Lewis?

　　— _____ . I'll tell you're here.

　　A. With pleasure　　　　B. Never mind

　　C. You're welcome　　　D. Just a minute

二、完形填空（共 20 小题；每小题 1.5 分，满分 30 分）

请阅读下面两篇短文，掌握大意，然后从 16-35 各题所给的四个选项（A、B、C 和 D）中，选出最佳选项，并在答题卡上将该选项的标号涂黑。

A

When Alice was sixteen, I was the one who wanted to run away from home. It was __16__ to see the changes coming over her. She skipped school, and refused to communicate. I tried being firm, but it didn't __17__ . I saw a dark future for my once sweet daughter.

One school day Alice returned home very late. With a quarrel in view. I was surprised to see Alice was __18__ .

"I hope I did the right thing, Mom, " Alice said. "I saw a cat, all bloody but alive. I __19__ it to the vet's（宠物医院）, and was asked to make payment __20__ . As I couldn't reach anyone at the phone number on the cat's tag（标牌）, I had to pay the bill. "

In the following days, the owner still couldn't be __21__ . Alice paid the vet to continue treatment. I grew __22__ : what if the family had simply left the cat behind ?

A week went by. A woman called to speak to Alice.

"She is at school, " I said.

"You have a __23__ daughter, " she said, apparently in tears.

Her family had just returned from abroad, and got a（n）__24__ from the vet. Their cat was recovering, thanks to Alice's __25__ . "We can't wait to hug Cuddles again, " she sobbed.

Upon her return home, Alice was filled with __26__ at the news. So was I. I learned through another woman's eyes that my daughter was still a good person despite her __27__ teenage years. Her warm heart would surely guide her in the right direction.

16. A. pleasant   B. painful   C. unwise   D. inspiring

17. A. remain   B. match   C. appear   D. work

18. A. annoyed   B. amused   C. worried   D. interested

19. A. carried   B. followed   C. returned   D. guided

20. A. monthly   B. honestly   C. generously   D. immediately

21. A. trusted   B. contacted   C. persuaded   D. satisfied

22. A. active   B. rude   C. anxious   D. proud

23. A. pretty　　　B. grateful　　　C. wonderful　　　D. curious

24. A. apology　　　B. invitation　　　C. message　　　D. reply

25. A. suggestion　　B. donation　　　C. encouragement　D. help

26. A. love　　　　B. anger　　　　C. regret　　　　D. joy

27. A. troubled　　B. long　　　　C. boring　　　　D. quiet

B

Imagine the first days in a new time zone. Slow to respond to the 28 , your body clock is confused. You're sleepy all day, but when it's time for bed, you can hardly fall asleep. Obviously you are 29 jet lag （时差反应）.

Travelers have traditionally fought this 30 with sleeping pills or alcohol. There are actually healthier ways that can work just as 31 .

For example, the moment you get on the airplane, start 32 your biological block to the destination's time. If it's daytime in your destination, try to stay 33 . Walking around the cabin（客舱） can be of help. When it's nighttime, try to sleep. In that case, eat before the flight, 34 an empty stomach will prevent you from sleeping. These tips will help you start a new 35 of sleep and wakefulness.

28. A. flight　　B. change　　　C. demand　　　D. climate

29. A. suffering from　　　　B. working on

　　C. looking into　　　　　D. leading to

30. A. danger　　　B. problem　　C. waste　　　D. fear

31. A. briefly　　　B. slowly　　C. suddenly　　D. effectively

32. A. checking　　B. sending　　C. adjusting　　D. stopping

33. A. awake   B. alone   C. hungry   D. calm

34. A. though   B. so   C. whole   D. or

35. A. understanding   B. cycle   C. research   D. trend

三、阅读理解（共 20 小题；每小题 2 分，满分 40 分）

请阅读下列短文，从每题所给的四个选项（A、B、C 和 D）中，选出最佳选项，并在答题卡上将该选项的标号涂黑。

A

At thirteen, I was diagnosed（诊断）with kind of attention disorder. It made school difficult for me. When everyone else in the class was focusing on tasks，I could not.

In my first literature class, Mrs. Smith asked us to read a story and then write on it，all within 45 minutes. I raised my hand right away and said，"Mrs. Smith, you see, the doctor said I have attention problems. I might not be able to do it."

She glanced down at me through her glasses，"You are no different from your classmates，young man."

I tried，but I didn't finish the reading when the bell rang. I had to take it home.

In the quietness of my bedroom, the story suddenly all became clear to me. It was about a blind person, Louis Braille. He lived in a time when the blind couldn't get much education. But Louis didn't give up. Instead, he invented a reading system of raised dots（点），which opened up a whole new world of knowledge to the blind.

Wasn't I the "blind" in my class，being made to learn like the "sighted" students ? My thoughts spilled out and my pen started to dance. I completed the task within 40 minutes. Indeed, I was no different from others; I just needed a quieter place. If Louis could find his way out of his problems, why should I ever give up ?

I didn't expect anything when I handled in my paper to Mrs. Smith, so it was quite a surprise when it came back to me the next day—with an "A" on it. At the bottom of the paper were these words: "See what you can do when you keep trying ? "

36. The author didn't finish the reading in class because _____.

    A. he was new to the class

    B. he was tired of literature

    C. he had an attention disorder

    D. he wanted to take the task home

37. What do we know about Louis Braille from the passage?

    A. He had good sight.

    B. He made a great invention.

    C. He gave up reading.

    D. He learned a lot from school.

38. What was Mrs. Smith's attitude to the author at the end of the story ?

    A. Angry.   B. Impatient.   C. Sympathetic.   D. Encouraging.

39. What is the main idea of the passage?

    A. The disabled should be treated with respect.

    B. A teacher can open up a new world to students.

    C. One can find his way out of difficulties with efforts.

    D. Everyone needs a hand when faced with challenges.

B

In ancient Egypt, a shopkeeper discovered that he could attract customers to his shop simply by making changes to its environment. Modern businesses have been following his lead, with more tactics(策略).

One tactic involves where to display the goods. For example, stores place fruits and vegetables in the first section. They know that customers who buy the healthy food first will feel happy so that they will buy more junk food（垃圾食品）later in their trip. In department stores, section is generally next to the women's cosmetics（化妆品） section: while the shop assistant is going back to find the right size shoe, bored customers are likely to wander over cosmetics they might want to try later.

Besides, businesses seek to appeal to customers' senses. Stores notice that the smell of baked goods encourages shopping, they make their own bread each morning and then fan the bread smell into the store throughout the day. Music sells goods, too. Researchers in Britain found that when French music was played, sales of French wine went up.

When it comes to the selling of houses, businesses also use highly rewarding tactics. They find that customers make decision in the first few seconds upon walking in the door, and turn it into a business opportunity. A California builder designed the structure of its houses smartly. When entering the house, the customer would see the Pacific Ocean through the windows, and then the poll through an open stairway leading to the lower level. The instant view of water on both levels helped sell these $10 million houses.

40. Why do stores usually display fruits and vegetables in the first

section?

A. To save customers times.

B. To show they are high quality foods.

C. To help sell junk food.

D. To sell them at discount prices.

41. According to Paragraph 3, which of the following encourages customers to buy?

A. Opening the store early in the morning.

B. Displaying British wines next to French ones.

C. Inviting customers to play music.

D. Filling the store with the smell of fresh bread.

42. What is the California builder's story intended to prove?

A. The house structure is a key factor customers consider.

B. The more costly the house is, the better it sells.

C. An ocean view is much to the customers' taste.

D. A good first impression increases sales.

43. What is the main purpose of the passage?

A. To explain how businesses turn people into their customers.

B. To introduces how businesses have grown from the past.

C. To report researches on customer behavior.

D. To show dishonest business practices.

C

Join the discussion……

Lake Lander · 2 hours ago

Today, a man talked very loud on his phone on a train between Malvern and Reading, making many passengers upset. I wonder how he would react if I were to read my newspaper out loud on the train, I have never had the courage to do it, though.

Pak50 · 57 minutes ago

Why not give it a try? Perhaps you should take lessons on a musical instrument. The late musician Dennis Brian is said to have asked a fellow train passenger to turn off his radio. When his request was refused, he took out his French horn（号） and started to practice.

Angie O'Edema · 42 minutes ago

I don't see how musical instruments can help improve manners in public. Don't do to others what you wouldn't like to be done to yourself. Once, a passenger next to me talked out loud on his mobile phone. I left my seat quietly, giving him some privacy to finish his conversation. He realized this and apologised to me. When his phone rang again later, he left his seat to answer it. You see, a bit of respect and cooperation can do the job better.

Taodas   • 29 minutes ago

I did read my newspaper out loud on a train, and it turned out well. The guy took it in good part, and we chatted happily all the way to Edinburgh.

Sophie76   • 13 minutes ago

I have not tried reading my newspaper out loud on a train, but, several years ago, I read some chapters from *Harry Porter* to my bored and noisy children. Several passengers seemed to appreciate what I did.

44. The passenger made an apology to Angie O'Edema because

_____.

A. he offered his seat to someone else

B. he spoke very loudly on his phone

C. he refused to talk with Angie

D. he ignored Angie's request

45. Who once read a newspaper out loud on a train?

    A. Pak50.   B. Angie O' Edema.   C. Taodas.   D. Sophie76.

46. What is the discussion mainly about?

    A. How to react to bad behavior.

    B. How to kill time on a train.

    C. How to chat with strangers.

    D. How to make a phone call.

47. Where is the passage most probably taken from?

    A. A webpage.   B. A newspaper.   C. A novel.   D. A report.

D

There are many places to go on safari（观赏野生动物）in Africa, but riding a horse through the flooded waters of Botswana's Okavango Delta must rank as one of the world's most exciting wildlife journeys.

Several safari camps operate as the base for this adventure, providing unique rides twice a day to explore deep into the delta. The camps have excellent horses, professional guides and lots of support workers. They have a reputation for providing a great riding experience.

The morning ride, when the guides take you to beautiful, shallow lakes full of water lilies, tend to be more active. It is unlike any other riding experience. With rainbows forming in the splashing water around you and the sound of huge drops of water bouncing off your body and face. It is truly exciting. You are very likely to come across large wild animals, too. On horseback it is possible to get quite close to elephants, giraffes and many other animals. The sense of excitement and tension levels rise suddenly though, as does your heart rate, as you move closer to them.

In the evening, rides are usually at a more relaxed and unhurried pace. With golden light streaming across the grassy delta and the animals coming out to eat and drink. <u>Sedate</u> though they are, rides at this time of day are still very impressive. As the sun's rays pass through the dust kicked up by the horses, the romance of Africa comes to life.

Back at the camp you can kick off your boots and enjoy excellent food and wine. Looking back on your day, you will find it hard to deny that a horseback Safari is as close as you will ever come to answering the call of the wild.

48. What does the underlined word "They" refer to?

    A. Flooded waters.   B. Wildlife journey.

    C. Safari camps.   D. Unique rides.

49. What does the author find most exciting about a horse safari?

    A. Seeing and feeling the real African life.

    B. Enjoying good food and wine at the camp.

    C. Hunting large animals just as our ancestors did.

    D. Being part of the scene and getting close to animals.

50. What does the underlined word "sedate" probably mean?

    A. Wild and romantic.   B. Slow and peaceful.

    C. Hurry and thirsty.   D. Active and excited.

51. The author introduced the riding experience in the Okavango Delta mainly by _____.

    A. following space order   B. following time order

    C. making classifications   D. giving examples

E

The values of artistic works, according to cultural relativism（相对
主义）, are simply reflections of local social and economic conditions.
Such a view, however, fails to explain the ability of some works of art
to excite the human mind across cultures and through centuries.

History has witnessed the endless productions of Shakespearean
plays in every major language of the world. It is never rare to find that
Mozart packs Japanese concert halls, as Japanese painter Hiroshige does
Paris galleries. Unique works of this kind are different from today's
popular art, even if they began as works of popular art. They have set
themselves apart in their timeless appeal and will probably be enjoyed for
centuries into the future.

In a 1757 essay, the philosopher David Hume argued that
because "the general principles of taste are uniform（不变的） in human
nature, " the value of some works of art might be essentially permanent.
He observed that Homer was still admired after two thousand years.
Works of this type, he believed, spoke to deep and unvarying features of
human nature and could continue to exist over centuries.

Now researchers are applying scientific methods to the study of the
universality of art. For example, evolutionary psychology is being used
by literary scholars to explain the long-lasting themes and plot devices
in fiction. The structures of musical pieces are now open to experimental
analysis as never before. Research findings seem to indicate that the
creation by a great artist is as permanent an achievement as the discovery
by a great scientist.

52. According to the passage, what do we know about cultural relativism?

    A. It introduces different cultural values.

    B. It explains the history of artistic works.

    C. It relates artistic values to local conditions.

    D. It excites the human mind throughout the world.

53. In Paragraph 2, the artists are mentioned in order to show that _____.

    A. great works of art can go beyond national boundaries

    B. history gives art works special appeal to set them apart

    C. popular arts are hardly distinguishable from great arts

    D. great artists are skilled at combining various cultures

54. According to Hume, some works of art can exist for centuries because _____.

    A. they are results of scientific study

    B. they establish some general principles of art

    C. they are created by the world's greatest artists

    D. they appeal to unchanging features of human nature

55. Which of the following can best serve as the title of the passage?

    A. Are Artistic Values Universal?

    B. Are Popular Arts Permanent?

    C. Is Human Nature Uniform?

    D. Is Cultural Relativism Scientific?

四、写作（共两个写作任务，满分 35 分）

写作一（满分 15 分）

请就以下话题，按要求用英文写作。

If you could give your younger self one piece of advice, what would you say?

要求：（1）做出回答并说出理由；（2）词数不少于 60；（3）在答题卡上作答。

写作二（满分 20 分）

Bookcrossing.com 是一个面向全球的图书分享网站。该网站组织的分享活动有两种参与方式：一是自由分享（wild release），即把书放在指定地点，由其他参与者自由获取；二是定向分享（controlled release），即直接传递给另一位参与者。假设你是李华，请用英文写信申请参加。内容应包括：

- 表明写信目的
- 选择一种分享方式
- 简述做出该选择的理由
- 希望了解更多信息

注意：（1）词数不少于 80；

（2）在答题卡上作答；

（3）书信格式及开头已给出（不计入总词数）。